海南国际旅游岛建设发展报告. 2018

海南国际旅游岛发展研究院　编著

九州出版社
JIUZHOUPRESS

图书在版编目(CIP)数据

海南国际旅游岛建设发展报告. 2018 / 海南国际旅
游岛发展研究院编著. -- 北京：九州出版社，2019.11
ISBN 978-7-5108-8604-1

Ⅰ. ①海… Ⅱ. ①海… Ⅲ. ①地方旅游业-经济发展
战略-研究报告-海南-2018 Ⅳ. ①F592.766

中国版本图书馆 CIP 数据核字(2019)第 278048 号

海南国际旅游岛建设发展报告. 2018

作　　者　海南国际旅游岛发展研究院　编著
出版发行　九州出版社
地　　址　北京市西城区阜外大街甲 35 号(100037)
发行电话　(010)68992190/3/5/6
网　　址　www.jiuzhoupress.com
电子信箱　jiuzhou@ jiuzhoupress.com
印　　刷　北京九州迅驰传媒文化有限公司
开　　本　787 毫米×1092 毫米　16 开
印　　张　14.75
字　　数　360 千字
版　　次　2020 年 5 月第 1 版
印　　次　2020 年 5 月第 1 次印刷
书　　号　ISBN 978-7-5108-8604-1
定　　价　78.00 元

目　录

第一章　2018年海南经济社会发展综述及2019年展望

2018年是全面贯彻党的十九大精神的开局之年,海南迎来千载难逢的自贸试验区建设新机遇。在省委、省政府正确领导下,各地区各部门以习近平新时代中国特色社会主义思想为指导,深入贯彻落实习近平总书记"4·13"重要讲话和中央12号文件精神,坚持稳中求进工作总基调,深入贯彻新发展理念,落实高质量发展要求,以供给侧结构性改革为主线,着力深化改革扩大开放,加快推进自由贸易试验区(港)建设,经济运行总体平稳、稳中有进,质量效益稳步提升,人民生活持续改善,保持了经济持续健康发展,社会建设取得积极进展,朝着实现全面建成小康社会的目标迈出了新的步伐,为加快建设美好新海南注入了新的动力。

一、自贸试验区建设全面启动,经济实现平稳较快发展

(一)自贸试验区建设稳步推进,一系列重要政策加快落地。

2018年,海南迎来千载难逢的历史发展新机遇,全面启动了自贸试验区建设。中国通过推动自由贸易试验区建设,构建更高水平的开放型经济新体制,是推动新型全球化的重要举措。4月13日,习近平总书记出席庆祝海南建省办经济特区30周年大会并发表重要讲话,中央出台支持海南全面深化改革开放的指导意见(中央12号文件),支持海南全岛建设自由贸易试验区,逐步探索、稳步推进中国特色自由贸易港建设。此举进一步彰显了自由贸易试验区建设在中国全面对外开放格局中的最重要地位。海南紧紧抓住千载难逢的重要机遇,全力推动一系列重要政策加快落地,先导性项目取得阶段性进展。积极与中央和国家有关部门对接,中央明确的第一批11个配套方案,7个方案已经中央全面深化改革委员会审议通过,其中5个方案已印发实施。不断压实推进实施责任,第一时间将工作任务分解落实到单位、具体到项目。按照"明、短、快"原则,梳理出12个先导性项目并加快推进,取得阶段性成果。继上海之后第二个获批建设的自由贸易账户体系,2019年1月1日正式上线;国际贸易"单一窗口"国家标准版覆盖海空港口岸并拓展至海关特殊监管区,海南升级版启动建设;国家深海基地南方中心、国家南繁科研育种基地、全球动植物种质资源引进中转基地建设稳步推进;提升大数据中心功能,初步建立人流、物流、资金流进出岛有效管控的技术框架;海口江东新区、三亚总部经济及中央商务区规划编制和基础设施建设取得重要进展;空域精细化管理改革取得实质性进展,实现琼湛高空管制一体化,进出岛空中通道更加便捷通畅;对外资全面实行准入前国民待遇加负面清单管理制度。简化企业"走出去"流程,全程网上申报审批,3个工作日办结。口岸建设和服务水平提高,整体通关时间压缩三分之

一。入境旅游免签放宽到 59 个国家,停留时间延长至 30 天,由团队放宽为个人免签,构筑全面开放新格局。

(二)经济继续保持平稳增长,三次产业趋于协调发展。

自贸区试验区建设激发巨大潜力,助力海南高质量发展。全年全省生产总值(GDP)实现 4832.05 亿元,按可比价格计算,比上年增长 5.8%。增速放缓主要是受房地产降幅较大影响,如果扣除房地产业因素,全省生产总值增速为 7.6%,比全年预期目标快 0.6 个百分点。其中,第一产业增加值 1000.11 亿元,增长 3.9%;第二产业增加值 1095.79 亿元,增长 4.8%;第三产业增加值 2736.15 亿元,增长 6.8%。

——热带特色高效农业稳定发展。全年农林牧渔业增加值完成 1034.44 亿元,增长 4.1%,增速比上年加快 0.3 个百分点,农业经济运行稳中有升。农业气候等生产条件总体良好,粮食、蔬菜(含菜用瓜)、水果稳产增收,产量分别增长 6.4%、2.5% 和 6.5%;特色作物种植面积扩大,花卉收获面积增长 4.4%,槟榔产量增长 7.5%。林业受橡胶价格走低、胶农生产积极性不足、改种其他经济作物等因素影响,橡胶收获面积和产量分别下降 3.0% 和 6.4%;胶园更新改造和天然橡胶新品种种植的推广带动木材采伐量增长 11.2%。牧业平稳增长,肉类总产量 79.81 万吨,增长 1.1%,生猪、禽类出栏量分别增长 2.5% 和 2.9%。受海洋渔业资源总量调控影响,水产品产量 175.82 万吨,下降 2.7%,其中海水产品产量下降 3.8%。

——工业生产增长明显加快。全年全省规模以上工业增加值完成 507.62 亿元,增长 6.0%,增速比上年加快 5.5 个百分点,工业生产呈现逐步加快态势。主要原因是石油化工龙头企业完成检修全面恢复生产带动,石油加工业增加值增长 12.9%,增速比规模以上工业快 6.9 个百分点,对规模以上工业增长的贡献率为 56.3%,是拉动全省工业增长的首要因素;受 GMP 影响,部分龙头医药制造企业产能集中在上半年释放,全年医药制造业增长 15.9%,增速比规模以上工业快 9.9 个百分点,对规模以上工业增长的贡献率为 34.5%。

——服务业保持较快增长。全年服务业增加值 2736.15 亿元,比上年增长 6.8%,高于地区生产总值增速 1 个百分点,但增速有所趋缓。从行业看,其他服务业增加值增长 20.5%,对 GDP 增长的贡献率为 60.4%;交通运输仓储和邮政业增加值增长 12.5%,批发和零售业增加值增长 3.8%,住宿和餐饮业增长 6.1%,金融业增加值增长 0.8%,房地产业增加值下降 12.0%。全年全省旅游业完成增加值 392.82 亿元,比上年增长 8.5%。接待游客总人数 7627.39 万人次,比上年增长 11.8%;其中接待旅游过夜游客 6329.66 万人次,增长 11.7%。旅游总收入 950.16 亿元,增长 14.5%。

(三)投资下降幅度较大,消费品市场平稳增长,出口保持增长。

投资下降幅度较大。全年固定资产投资比上年下降 12.5%。全年投资增长呈现高开低走态势,一季度以 25.3% 的增速高开,但自 4 月起全省实施房地产全域限购"主动调控"政策及新开工项目支撑不足等因素影响,房地产开发投资及全省固定资产投资大幅下降。从投资种类看,全年房地产开发投资下降 16.5%,非房地产开发投资下降 8.4%;从产业看,第一产业投资下降 22.0%,第二产业投资增长 15.8%,第三产业投资下降 14.4%;从区域看,东部地区投资下降 10.8%,中部地区投资下降 6.4%,西部地区投资下降 19.8%。

消费品市场保持平稳增长。全年社会消费品零售总额1717.08亿元，比上年增长6.8%。全年消费经济增势总体趋缓，主要受汽车销量大幅回落影响，如扣除汽车销售因素，全省社会消费品零售总额可实现增长10.6%。按经营地分，城镇市场实现零售额增长6.2%，农村市场实现零售额增长9.4%；按消费类型分，餐饮收入增长7.8%，商品零售增长6.6%。

出口保持增长。全年全省对外贸易进出口总值848.96亿元，比上年增长20.8%。其中，出口总值297.67亿元，增长0.7%；进口总值551.29亿元，增长35.4%。分地区看，对香港出口38.57亿元，增长30.1%；对非洲出口14.76亿元，增长108.3%；对日本出口12.70亿元，下降10.3%；对美国出口16.75亿元，下降3.5%；对欧盟出口17.36亿元，下降20.6%；对东盟出口104.11亿元，下降15.3%。出口方式中，一般贸易和加工贸易总值分别为74.20亿元、75.73亿元，同比分别增长2.5%和40.6%。主要出口商品中，机电产品出口值35.34亿元，增长57.0%；高新技术产品出口值15.99亿元，增长201.0%；农产品出口值33.46亿元，下降6.3%；成品油出口值122.48亿元，下降3.5%。

（四）积极培育壮大新的经济增长点，不断夯实产业基础。

深化供给侧结构性改革，积极发展新产业、新业态，不断培育壮大新动能。依托海南独特优势，重点培育南繁育种、深海科技、航天科技三大高新技术产业，崖州湾科技城建设前期工作基本就绪。全省高新技术企业增加到381家，增长46.1%。互联网产业保持高速发展，全年营业收入增长40%。医疗健康、会展、现代物流业实现较快发展。创新博鳌乐城国际医疗旅游先行区运营模式，"国九条"优惠政策逐步实质性落地，临床急需进口少量药品和医疗器械审批权下放我省；"超级医院"已有17个顶尖学科团队入驻，创造了多项全国第一；国际知名整形外科医院开业运营，一批国际知名医学机构签约入驻。在上交所成功发行全国首支知识产权证券化产品。全面深化改革开放的重大利好，吸引国内外知名企业加快在海南的布局，4月13日以来，签约项目230个，注册项目公司106家，其中，世界500强27家，国际四大会计师事务所等8家知名专业服务机构入驻，中国旅游集团总部落户海南，30家企业认定为省总部企业，项目落地率和含金量明显提高。消费动能不断增强，离岛免税购物年度限额从1.6万元提高到3万元，取消购物限次，增加免税品种，受惠对象扩大到乘轮船离岛旅客，实行岛内外居民旅客相同政策，海口、博鳌各新设一家免税店，免税品销售额增长26%。

（五）统筹城乡区域发展，良性互动格局逐步形成。坚持把协调作为发展的内生特点，积极推进区域协调、城乡统筹，着力解决发展不平衡不充分问题。乡村振兴战略有力实施。实施乡村振兴战略规划，13个特色产业小镇、566个美丽乡村基本建成。城乡一体化的"五网"基础设施加快建设。区域协同发展取得明显进展。"海澄文"一体化综合经济圈、"大三亚"旅游经济圈建设取得重要进展。美兰机场二期扩建项目完成飞行跑道建设，铺前大桥合龙，琼中至乐东高速公路通车，农村公路建管养运水平提升，路网密度不断提升。自然村光纤宽带网络覆盖率达81%，4G网络信号覆盖率达98%。电网改造成效明显，全省年户均停电时间降到23.5小时。新开通10个乡镇管道天然气。红岭灌区和南渡江引水主体工程基本完工。坚持陆海统筹发展，加快生态岛礁建设，岛礁服务设施与功能进一步完善。港口资源整合取得实质性进展。城乡区域发展协调性持续增强。

总体来看,经济运行整体平稳、稳中有进,质量效益稳步提升:

1. 自贸试验区建设稳步推进,外向型经济加快发展。自贸区一批重点工作取得初步成效。以制度创新为核心,加快推进营商环境法治化、国际化、便利化,为建设全面深化改革开放试验区搭建更加开放、高效的平台。全年新增市场主体14.40万户,比上年增长15.5%;完成国际贸易"单一窗口"基本功能建设,综合简化率达59%。开展"百日大招商(项目)"活动,年内全省共签署战略框架协议、投资合作协议230个,已注册项目公司106家,已运营或开工建设的项目54个。太平金融服务有限公司、大唐集团国际贸易有限公司、中免集团(海南)运营总部有限公司等30家企业正式认定为总部企业。实施"百万人才进海南"行动计划,全年引进人才3万余人。实施59国人员入境旅游免签政策,进一步调整了离岛旅客免税购物政策。举办首届海南岛国际电影节。2019年1月1日,海南自由贸易账户体系(FT账户体系)正式上线运行,成为继上海自贸区之后国内第二个拥有FT账户的自贸区。

外向型经济加快发展。"一带一路"国际合作不断深化,与香港共同启动旅游、经贸等10个领域合作。国际航线增至74条,集装箱国际班轮航线增至9条,洋浦开通至新加坡、越南集装箱班轮,成为国际陆海贸易新通道的新支点。对外资全面实行准入前国民待遇加负面清单管理制度。简化企业"走出去"流程,全程网上申报审批,3个工作日办结。口岸建设和服务水平提高,整体通关时间压缩三分之一。入境旅游免签放宽到59个国家,停留时间延长至30天,由团队放宽为个人免签。利用外资较快增长。全年全省新设外商投资企业167家,比去年增加80家,其中,中外合资企业52家、外资企业109家、外商投资股份制企业3家、中外合作企业2家、合作开发企业1家;实际利用外资7.33亿美元,同比增长112.7%(未含投资性公司数据)。货物进出口贸易加快增长。全年货物进出口总值比上年增长20.8%,增速比上年加快27.3个百分点。全年接待入境游客126.36万人次,增长12.9%;实现国际旅游收入7.71亿美元,增长13.1%;年内累计运营国际航线74条。

2. 供给侧结构性改革持续深化,三大攻坚战取得实效。积极稳妥去杠杆、降成本,全年规模以上工业企业资产负债率为54.8%,低于同期全国平均水平2.0个百分点,每百元主营业务成本为77.4元,比上年降低0.6元。商品房库存进一步消化,全年销售面积1432.25万平方米。扎实有效补短板,全年"五网"基础设施投资344亿元,完成年度计划投资的112.0%。

精准扶贫成效明显。全年脱贫退出21593户86742人,81个贫困村脱贫出列,完成年度目标任务。金融风险总体可控。2018年末,全省银行业不良贷款率4.7%,在可控范围之内。污染防治工作持续推进。全省燃煤电厂完成超低排放改造。能源资源综合利用率进一步提升,规模以上工业万元增加值能耗下降1.91%,降幅比上年扩大1.6个百分点。全省地级城市集中式饮用水水源地34个环境问题全部完成整治,海口、三亚黑臭水体消除比例达到100%。全省城镇污水集中处理率83.5%,提高1.2个百分点,共完成401个农村生活污水处理设施建设。城市生活垃圾无害化处理率为99.9%,保持较高水平。

3. 新动能加快转换,结构调整持续优化。以十二个重点产业、现代服务业为主导的新动能进一步成长。实施"百日大招商"、总部经济企业引进等重大政策措施加快了我省旅游、金融、互联网、电信、跨境电商等产业领域的发展。全年十二个重点产业完成增加值3066.63亿元,占全省经济的比重为63.5%,对经济增长的贡献率为66.9%;其中,互联网业、医药产业和医疗健康产业实现较快增长,增加值分别增长27.4%、18.7%和10.4%,是经济增长的重要拉动力;新兴服务业发展迅速,战略性新兴服务业、高技术服务业、科技服务业、健康服务业营业收入分别增长16.1%、13.1%、15.9%和22.9%,分别比上年加快1.1、0.9、7.8和13.7个百分点。

产业结构进一步优化。三次产业结构由上年的21.6∶22.3∶56.1调整为20.7∶22.7∶56.6;第三产业经济规模稳步提升,比重较上年提高0.5个百分点。需求结构进一步改善。房地产开发投资占全部投资的比重比上年回落1.3个百分点;住宿和餐饮业投资增长11.6%,金融业投资增长74.4%,居民服务和其他服务业投资增长26.0%,均明显快于全部投资增速。与社交需求、居住改善、健康养生相关的升级类服务产品持续旺销。限额以上单位通信器材类、家具类、化妆品类商品零售额分别增长16.2%、17.8%和32.9%;免税类商品销售额破百亿大关,达到100.99亿元,增长24.8%;全省接待游客总人数7627.39万人次,增长11.8%,实现旅游总收入950.16亿元,增长14.5%。农村消费市场增速快于城镇消费市场增速3.2个百分点。

4. 质量效益稳步提升,经济高质量发展态势进一步显现。宏观效益和微观效益总体向好。财政收入增长加快,税收占比继续提高。全年地方一般公共预算收入752.66亿元,同口径增长11.7%,高于上年0.2个百分点;其中,税收收入增长15.7%,占地方一般公共预算收入的83.5%,比重提高2.9个百分点。企业经营效率提高,盈利水平提升。全年规模以上工业产品产销率达到97.6%,比上年提高1.3个百分点;1—11月规模以上工业综合效益指数421.2%,同比提高42.3个百分点;实现利润总额143.67亿元,增长33.4%;主营业务收入利润率为7.2%,提高0.7个百分点。

总的来看,过去一年取得的成绩来之不易。面对深刻变化的外部环境,经济全球化遭遇波折,国际金融市场震荡,特别是中美经贸摩擦给一些企业生产经营、市场预期带来不利影响;面对的是经济转型阵痛凸显的严峻挑战,新老矛盾交织,周期性、结构性问题叠加,经济运行稳中有变、变中有忧。但经过全省上下共同努力,经济发展实现了总体平稳、稳中有进,社会大局保持稳定,成绩来之不易。

在充分肯定成绩的同时,要清醒看到海南发展面临的问题和挑战,世界经济增速放缓,保护主义、单边主义加剧,国际大宗商品价格大幅波动,不稳定不确定因素明显增加,外部输入性风险上升。经济下行压力加大,经济稳增长、稳预期压力仍然较大,消费增速减慢,有效投资增长乏力。实体经济困难较多,民营和小微企业融资难、融资贵问题尚未有效缓解,自主创新能力不强,营商环境与市场主体期待还有差距。深度贫困地区脱贫攻坚困难较多。在社会建设领域,群众还有不少不满意的地方,政府服务意识和服务能力还有待提高,教育卫生等社会事业历史欠账较多,短板尚未补齐,城乡差距依然较大。

1. 主要行业拉动力回落,经济增长压力明显。2018年全省生产总值增速比上年回落1.2个百分点,服务业主要行业增长放缓是重要影响因素。服务业增加值增速比上年回落3.4个百分点,对经济增长的拉动率为3.9个百分点,比上年回落1.7个百分点。分行业看,房地产业对经济增长的下拉影响最大。在严厉的宏观调控政策环境下,房地产市场急剧萎缩,全年销售面积下降37.5%,房地产增加值下降12.0%,拉低经济增长1.2个百分点。2018年房地产业增加值占GDP比重仍高达8.1%,2019年房地产市场如继续延续下滑趋势,仍将对整体经济实现较快增长带来压力,需要其他行业加快增长来弥补房地产业的缺口。此外,服务业其他行业也出现放缓。受房地产投资开发放缓影响,银行存贷规模收窄,金融业增加值仅增长0.8%,对经济增长拉动率为0.1个百分点,低于上年0.7个百分点。

受华信公司业务暂停影响,批发零售业对经济增长拉动率为0.4个百分点,比上年低0.3个百分点。

2.投资下降,消费需求放缓,拉动经济增长动力不足。2018年固定资产投资下降12.5%,大部分市县、部分行业、部分领域投资出现下滑。一是房地产开发投资占比仍然较大,对投资下拉幅度明显,2018年房地产开发投资下降16.5%,拉低全省投资增长8.4个百分点。在房地产开发投资持续下滑的情况下,2019年需要其他项目投资加大建设力度,才能弥补房地产开发投资的缺口,为投资增长补充动力。二是受规划调整、审批进度慢等因素影响,新开工项目支撑不足。2018年新开工项目个数、新建项目投资额比去年分别下降0.7%和10.9%,新开工项目减少有可能影响2019年续建项目投资规模减小,投资增长动力趋弱。三是储备项目前期准备不充分,不少储备项目还未具备开工条件,储备项目库里计划2018年开工的项目仅占14%。四是招商项目落地存在困难。项目建设用地涉及永久基本农田、耕地占补指标、林地占用、土地性质调整、征地拆迁等问题协调难的现象较为突出。

2018年全省社会消费品零售总额增长6.8%,比上年回落4.6个百分点。从商品结构看,汽车销售下滑是消费增速放缓的主要因素,限额以上单位汽车零售额下降21.2%,拉低消费增速2.7个百分点;石油及制品类、化妆品类、日用品类等主要商品零售额增速也不同幅度放缓。从居民收支看,居民收入增速有所放缓一定程度上影响到消费增速,城镇、农村常住居民人均可支配收入增速分别放缓0.1和0.5个百分点;居住类支出较快增加会削弱其他消费支出,城镇、农村常住居民居住支出占人均消费支出的比重分别扩大3.0和1.8个百分点。从消费者信心看,消费者意愿减弱,前三季度家庭收入、物价水平、购买耐用消费品的信心指数分别为91.6%、71.7%和90.5%,均低于临界值。

3.行业发展不平衡,区域发展不协调。行业经济发展不同步。主要行业方面,其他服务业、工业及农林牧渔业增加值增速比上年有所加快,而其他主要行业的增加值增速均不同程度放缓。企业经营效益的行业分化明显。规模以上工业利润总额中66.4%的利润来自石油加工业、化学原料和化学制品制造业、医药制造业,3大行业利润对规模以上工业利润增长贡献率高达90.1%,而汽车制造业持续亏损,造纸和纸制品业利润总额比上年下降3.8%。全省规模以上服务业营业利润整体维持下降格局,但信息传输、软件和信息技术服务业营业利润比上年增长43.6%。

市县经济对全省贡献的差距明显。全年海口、三亚、文昌、屯昌、白沙、东方、儋州、昌江8个市县GDP增速高于全省平均水平,除洋浦下降2.9%外,其余市县增速介于0.5%—5.1%之间。海口、三亚经济在促进全省经济增长作用中具有较强的稳定和拉动作用,两地区GDP增速超出全省平均水平1.8和1.4个百分点。全年海口、三亚对全省GDP增长的贡献率为57.3%,拉动GDP增长3.3个百分点;其余市县(区)对全省经济增长的拉动率为2.5个百分点。

4.资金减少费用增加,企业运营成本加大。2018年末,非金融企业本外币存款余额为2991.52亿元,比年初减少709.02亿元,同比减少719.24亿元,比上年下降19.4%,降幅比上年扩大34.9个百分点。降幅扩大主要原因是企业经营不善或项目未落地使得投资款转出省外,引起企业活期存款流失加速,加上部分企业内保外贷业务结清导致保证金存款大幅减少。

全年规模以上工业主营业务成本同比增长20.0%,销售、管理、财务等三项费用支出同比增长29.0%,其中销售费用支出增速比主营业务收入增速高32.5个百分点。2018年全省制造业PMI均值为49.8%,处于临界点之下,其中小微型企业为42.2%,比上年回落2.1个百分点,在市场竞争加剧下小微型企业经营面临严峻考验。全年规模以上服务业营业成本同比增长22.1%,比主营业务收入增速高4.1个百分点。2018年全省非制造业商务活动指数均值为49.3%,其中道路运输业、水上运输业、餐饮业、互联网相关服务及软件信息技术服务业、房地产业和社会服务业的指数均值均在临界点以下。

5.经济外向度不高,外贸外资结构单一。2018年,全省货物进出口总值与地区生产总值的比例为17.6%,明显低于全国33.9%的平均水平。从货物贸易看,一般贸易进出口占进出口总值比重为30.9%,低于全国57.8%的平均水平,加工贸易占比较大,占进出口总值的比重为14.8%,与海南自贸区发展"不以转口贸易和加工制造为重点"的要求存在差距。中美经贸摩擦对我省出口负面影响有所显现。2018年对美出口值下降3.5%,影响全省货物出口值增速放缓0.2个百分点,主要对美出口商品(如变压、整流、电感器及零件)出口值7944万元,比上年下降12.7%。从服务贸易看,市场主体少、抵抗风险能力低、产业聚集度低。从利用外资看,利用外资行业流向不均衡。外商直接投资中房地产业所占比重为25.4%,资金流入位居行业前列,金融、教育、文化等领域利用外资不足。

二、人民群众获得感不断增强,社会建设取得积极进展

(一)城乡居民收入继续提高,人民群众获得感不断增强。

突出共享发展,人民群众获得感不断增强。坚持把共享作为发展的根本目的,顺应新期待、加快补短板,着力解决事关人民群众切身利益的"头等大事"和"关键小事"。全年全省居民收入增速快于人均GDP增速。2018年海南居民人均可支配收入24579元,同比名义增长9.0%,扣除价格因素,实际增长6.3%,实际增速快于人均GDP增速1.5个百分点。城镇居民人均可支配收入33349元,名义增长8.2%,扣除价格因素实际增长5.7%;农村居民人均可支配收入13989元,名义增长8.4%,实际增长5.8%。城镇非私营单位在岗职工平均工资75089元,比上年增长8.7%。住户存款4215.26亿元,比上年增长10.5%。城镇居民人均现住房建筑面积32.1平方米,增长4.1%;农村居民人均现住房建筑面积32.8平方米,增长8.7%。

(二)社会建设取得积极进展,保持了经济社会协调发展。

就业稳定增长。全年城镇新增就业人数12.84万人,比上年增长7.0%;年末城镇登记失业率2.3%,降低0.03个百分点。农村劳动力转移就业14.06万人,下降4.9%。年末全省从业人员603.73万人,比上年末增长3.4%。其中,城镇从业人员277.81万人,增长8.2%。

教育健康发展。全年普通高等学校20所,比上年增长5.3%;招生5.94万人(不包含成人和网络本、专科),增长4.9%;在校学生19.61万人,增长2.5%。中等职业教育学校82所,下降7.9%;招生4.95万人,增长9.0%;在校学生13.46万人,下降0.6%。普通高中119所,增长2.6%;招生5.70万人,增长0.7%;在校学生17.01万人,下降0.5%;高中阶段毛入学率91.4%,提高0.9个百分点。普通初中401所,增长1.0%;招生12.74万人,增长

5.0%;在校学生 35.28 万人,增长 5.9%;初中毛入学率 103.3%,提高 1.6 个百分点。普通小学 1377 所(含教学点),下降 0.8%;招生 15.29 万人,增长 7.2%;在校学生 83.19 万人,增长 2.8%;小学毛入学率 102.2%,提高 0.4 个百分点。

医疗卫生取得新成就。基本医疗保障水平持续提升。全省共有卫生机构 5367 个,比上年增长 3.6%,其中医院(卫生院)521 个,增长 3.2%;卫生机构人员总数为 8.09 万人,比上年增长 4.1%,其中各类卫生技术人员 6.35 万人,增长 4.9%,乡(镇)卫生院卫生技术人员 0.92 万人,增长 3.9%;社区卫生服务中心(站)187 个,比上年增长 6.9%。参加新型农村合作医疗农民 472.43 万人,比上年增长 0.8%,全年报告甲、乙类传染病发病人数为 3.76 万人,比上年增长 0.3%;报告死亡 74 人,下降 3.9%;报告传染病发病率每十万人 375.53 人,下降 8.2%;死亡率为每十万人 0.74 人,下降 12.1%。

保障性住房取得新进展。全年全省城镇保障性住房新开工 1.39 万套,占年度计划的 102.2%。城镇保障性住房基本建成 1.65 万套。农村危房改造 2.86 万户,占年度计划的 114.6%,改造面积 205.73 万平方米;其中,竣工 2.79 万户,占全年计划的 111.7%,竣工面积 200.92 万平方米。

精准扶贫成效明显。全年全省脱贫退出 21593 户 86742 人,81 个贫困村脱贫出列,完成年度目标任务。全省共建成农村饮水安全巩固提升工程 263 处,受益贫困人口 4.48 万人。建立从学前教育到高中阶段教育特惠性资助体系,全年共发放 3.43 亿元,其中春季学期 1.89 亿元,惠及 13.8 万人;秋季学期 1.54 亿元,惠及 12.7 万人。全省村卫生室标准化建设达到 96.1%,每个村卫生室都有村医并配备了常用药物。2018 年,建档立卡贫困户危房改造竣工 17087 户,竣工率 100%,入住 17084 户。创建 40 个庭院经济扶贫示范村,2752 个"五带动主体"参与产业扶贫,组织化帮扶贫困户达 90% 以上。建成乡村旅游扶贫重点村 90 个,在各景区、乡村旅游点、酒店设立旅游扶贫商品销售专区 135 个。实现就地就近就业 39659 人,跨省转移就业 4835 人,开发就业扶贫公益性岗位 12991 个,3768 户零就业贫困家庭至少 1 名劳动力实现就业,就业率达 100%;创建扶贫车间 87 个,吸纳贫困劳动力就业 1754 人。共将符合条件的建档立卡贫困户 2669 户 7764 人纳入低保(特困)范围;将低保(特困)家庭 8389 户 19843 人纳入建档立卡贫困户;将 60 周岁以上(含)贫困人员纳入无须缴费直接领取城乡居民基本养老保险待遇范畴,为低保人员、五保户按最低档次全额代缴保费。

科技事业取得丰硕成果。全省获批国家自然科学基金项目 201 项,比上年增长 6.3%。新增省级重点实验室 4 家和工程技术研究中心 2 家,省级重点实验室和工程技术研究中心总数达到 106 家。新增申报 183 家高新技术企业。修订《海南省科技企业孵化器和众创空间认定管理办法》,推荐新认定 4 家孵化器、17 家众创空间。引进和培养省"百人专项"12 人,省创业英才人选 31 人,认定 26 家省院士工作站,柔性引入 29 名院士和近百名高层次专家。新认定农业科技 110 服务站 12 个,全省农业科技 110 服务站总数达到 271 个。"省部共建空间对地观测国家重点实验室"已纳入科技部省部共建国家重点实验室建设年度计划。引进中科院南海所建立三亚中科海洋研究院。在三亚市建设"中科院空天信息研究院三亚分院"。依托博鳌超级医院筹建全国首家"省部共建先进技术临床医学研究中心",认定 6 家省级临床医学研究中心。

文化事业繁荣兴盛。年末全省共有各类艺术表演团体(含社会民营团体)77 个、文化艺术馆23个、博物馆19个、公共图书馆24个。全省有线电视用户132万户，比上年下降5.8%。广播电视台20座，广播综合人口覆盖率和电视综合人口覆盖率分别达99.05%和99.07%。全省共有报社17家，杂志社42家，全年出版报纸2.04亿份、杂志734万册、图书6344万册。圆满完成2018年央视春晚海南分会场活动，举办纪念建省30周年大型民族交响音乐会《绚丽海南》、第三届海南省艺术节、国际剧协70周年庆典暨首届海口国际戏剧周等大型活动。全年共引进省外优秀剧目22场，组织全省文艺院团开展惠民演出送戏下乡演出432场。扶贫题材琼剧《扶真贫》全省巡演场次达到60场。优秀剧目《黎族家园》入选文化和旅游部门举办的"2018年全国舞台艺术优秀剧目展演"。琼剧《母瑞红云》入选中宣部、文化和旅游部举办2018年度全国基层院团戏曲会演。舞剧《东坡海南》入选2018年上海国际艺术节。海南地方剧种琼剧、临剧、儋州山歌剧入选2018戏曲百戏（昆山）盛典。琼剧《圆梦》入选文化部2018年舞台艺术现实题材创作作品计划，是文化和旅游部2018年十大戏曲剧本扶持项目之一，获第三届海南省艺术节"文华大奖"，受邀参加全国优秀现实题材舞台艺术作品展演（广东站）演出。

体育蓬勃发展。本省运动健儿在亚洲运动会中获得金牌1枚、银牌1枚、铜牌2枚。成功举办第五届省运会、第九届环海南岛国际大帆船赛、第十三届环海南岛国际公路自行车赛、2017-2018克利伯环球帆船赛、第二届"一带一路杯"海口国际沙滩足球邀请赛、中国（陵水）国际羽毛球大师赛等赛事。承办2018年沙滩排球巡回赛总决赛、沙滩排球年会及发展论坛、2018年中国帆船年度盛典系列活动、中超颁奖典礼、中国男子足球国家队比赛、2018全国英式七人制橄榄球冠军赛、全国U23摔跤大奖赛、全国U系列男子举重总决赛等赛事和活动。

（三）深入贯彻绿色发展理念，推动生态文明建设迈上新台阶。

节能减排取得新成效。能源资源综合利用率进一步提升，规模以上工业万元增加值能耗下降1.91%，降幅比上年扩大1.6个百分点。全省燃煤电厂完成超低排放改造。道路机械化清扫率提升到80%。完成19个市县城区9558家餐饮服务单位油烟净化设施安装。全年淘汰黄标车7615辆，完成年度淘汰任务。淘汰老旧柴油车4432辆，完成本省老旧柴油车提前淘汰任务。

生态环境质量保持优良。突出绿色发展，坚持绿水青山就是金山银山，推动生态环境高颜值和经济发展高素质协同共进。全年造林绿化面积15.4万亩，比上年增长0.7%。城市建成区绿化覆盖率39.2%。年末全省有自然保护区49个，其中国家级10个、省级22个；自然保护区面积270.23万公顷，其中国家级15.41万公顷，省级253.40万公顷。列入国家一级重点保护野生动物有18种，列入国家二级重点保护野生动物有105种；列入国家一级重点保护野生植物有9种，列入国家二级重点保护野生植物有39种。新建文明生态村664个，累计达到18598个。全省空气质量总体保持优良，优良天数比例为98.4%。$PM_{2.5}$年均浓度为17微克/立方米，比上年下降5.6%。各项污染物指标均达标，且远优于国家二级标准；其中SO_2、NO_2、CO、PM_{10}四项指标均符合国家一级标准，$PM_{2.5}$和O_3接近国家一级标准。与2017年相比，全省空气质量稳中向好，其中空气质量优良率上升0.1%，主要污染物$PM_{2.5}$浓度下降1微克/立方米。地表水环境质量总体优良，水质总体优良率（达到或好于Ⅲ类标准）为94.4%，在开展监测的52条主要河流110个断面、23座主要湖库32个点位中，94.6%

河流断面、93.8%湖库点位水质符合或优于可作为集中式生活饮用水源地的国家地表水Ⅲ类标准,南渡江、昌化江、万泉河三大河流干流、主要大中型湖库及大多数中小河流的水质保持优良状态,但个别湖库和中小河流局部河段水质受到一定污染。开展监测的18个市县30个城市(镇)集中式生活饮用水水源地水质达标率为100%,均符合国家集中式饮用水源地水质要求。近岸海域水质总体为优。海南岛近岸海域水质总体为优,绝大部分近岸海域处于清洁状态,一、二类海水占96.6%,95.9%的功能区测点符合水环境功能区管理目标的要求。西沙群岛近岸海域水质为优,均为一类海水。洋浦经济开发区、东方工业园区和老城经济开发区三大重点工业区近岸海域,20个主要滨海旅游区近岸海域水质总体为优,监测点位水质均达到或优于《海水水质标准》(GB3097-1997)二类标准。

三、加快经济社会发展的建议

今年是新中国成立70周年,是全面建成小康社会、实现第一个百年奋斗目标的关键之年;也是海南全面深化改革开放,深入贯彻落实习近平总书记"4·13"重要讲话和中央12号文件精神,全面推进自贸试验区建设的关键一年。在以习近平同志为核心的党中央坚强领导下,以习近平新时代中国特色社会主义思想为指导,全面贯彻党的十九大精神,按照省委、省政府的决策部署,统筹推进"五位一体"总体布局,协调推进"四个全面"战略布局,坚持稳中求进工作总基调,坚持新发展理念,坚持推动高质量发展,坚持以供给侧结构性改革为主线,坚持深化市场化改革、扩大高水平开放,加快建设现代化经济体系,继续打好三大攻坚战,着力激发微观主体活力,创新和完善宏观调控,统筹推进稳增长、促改革、调结构、惠民生、防风险工作,保持经济运行在合理区间,进一步稳就业、稳投资、稳预期,提振市场信心,增强人民群众获得感、幸福感、安全感,抓住建设自贸区(港)良好机遇,保持经济持续健康发展和社会大局稳定,为全面建成小康社会收官打下决定性基础,以优异成绩庆祝中华人民共和国成立70周年。

(一)举全省之力,高标准高质量建设好海南自贸试验区。建设海南自贸试验区,是以习近平同志为核心的党中央统筹国内国际两个大局,统筹全面深化改革和扩大对外开放做出的一项战略举措,是党中央治国理政新理念新思想新战略的重大实践成果。随着中国(海南)自贸试验区启动建设,不仅有利于我们更好融入全球经济大循环,打造适应国际经贸规则新变化的试验田,还有利于我们更好地服务"一带一路"建设等,深化与沿线国家和地区的经贸投资合作,携手推动更高水平、更深层次的大开放大交流大融合。同时,有利于海南更好健全开放型经济新体制,推动更多高端产业项目落户海南,进一步厚植发展优势、增强发展动力,加快推进经济转型升级,为实现建设美丽新海南注入强劲动力。

新一轮自由贸易试验区建设要有新作为,就需要有科学新理念引领。海南自贸试验区要坚持"五大发展理念"引领,把握基本定位,强化使命担当,继续解放思想、勇于突破、当好标杆,努力形成更多高质量的可复制可推广的经验,推动形成更高层次的开放型经济新格局。

全力推动自贸试验区政策落地,加快推进"三区一中心"建设。以习近平总书记"4·13"讲话精神为指引,全力抓好组织一系列重要政策落地,精准落实"三区一中心"功能定位,加快转型发展步伐,坚持全省一盘棋、全岛同城化理念,全面深化改革开放试验区、国家旅游消费中心、国家重大战略服务保障区,适应经济全球化新形势,实行更加积极主动的开放政策,将世界最先进经验、技术、产品和服务引入海南,有力推动自贸试验区发展和中国特色自由贸易港取得新突破,给海南带来巨大的变化和美好前景。

推进制度创新和科技创新。在新的历史起点上,自贸试验区建设要牢牢把握制度创新这个核心,大力推进制度创新。一方面,正如习近平总书记强调的,要牢牢把握国际通行规则,加快形成与国际投资、贸易通行规则相衔接的基本制度体系和监管模式。另一方面,深入推进政府职能转变,实现更好的"放管服"改革,加强事中事后监管,改变审批"迷恋"、监管"迷茫"的状态。大力推进科技创新,自贸试验区应根据自身产业特点,提高在国际产业链中的位置,增强国际竞争优势。

坚持全方位对外开放,不断提升开放水平。自贸试验区外资准入负面清单还可以减少到两位数以内。进一步放宽服务业准入,放宽会计审计、建筑设计、评级服务等领域外资准入,逐步放宽银行类金融机构、证券公司、证券投资基金管理公司等外资限制。同时,通过搭建对外投资服务平台,助力海南企业参与"一带一路"建设和对外投资。

协调处理自贸试验区发展的重大关系。加强自贸试验区之间、区内外之间和省市之间、政府部门之间、政策法规之间的协调关系,理顺产城融合发展关系等。新旧政策文件,应有清晰的内在逻辑关系,并提高行政透明度,接受社会公众评议。随着互联网、信息技术、大数据等技术的成熟,自贸试验区建设国际贸易"单一窗口"、公共信用信息服务平台、事中事后监管平台等成为必然,在此过程中,应避免碎片化和重复建设。

坚持绿色发展,使自贸区成为节约资源和保护环境示范区。自贸区绿色发展,内容丰富、大有可为。如推动建立绿色低碳循环发展产业体系,构建科学合理的城市化格局、农业发展格局、生态安全格局,实施近零碳排放区示范工程,推动低碳循环发展,全面节约和高效利用资源等。在全球贸易和投资中,绿色发展理念达成了广泛共识,并形成了新的国际规则,绿色贸易、绿色金融等新概念日益重要。

共享改革成果,使得众多企业和相关群众具有更多获得感。"人民对美好生活的向往,就是我们的奋斗目标。"自贸试验区的前期建设,给企业家和海内外人才提供了更大舞台,提供了更多就业机会,给消费者提供了更多的选择,更多的国际医疗机构、国际学校进驻,提供了更为丰富的国际化服务模式。建设国际化、市场化、法治化营商环境,提升城市文明水平。按照习近平总书记的要求,努力走出一条符合海南特点和规律的社会治理新路子。

(二)着力扩大投资和促进消费,增强经济发展拉动力。投资与消费是海南经济增长的两大动力。要着眼调结构增加投资,顺应居民需求新变化扩大消费,形成供给结构优化和总需求适度扩大的良性循环,为经济发展注入强大动力。

着力扩大有效需求。主动适应新发展理念,准确把握有效投资的新要求。以重大项目为抓手,突出抓好大项目投资,扩大合理有效投资,着力提高供给质量、优化供给结构。进一步发挥大项目投资的带动和引领作用,形成有利于转型升级的投资结构。突出抓好产业转型、基础设施、城乡统筹、社会民生、生态环保等领域的重大项目投资,大力推进十二个重点产业项目建设。激发民间投资活力。全面落实鼓励民间投资的各项政策措施,鼓励和引导民间资本投资铁路、公路、民航、水利等重大基础设施项目,参与学校、医院、养老院等民生和社会事业建设。大力弘扬企业家精神,切实保护民营企业和企业家的合法利益,让创业创新的企业家有名有利有地位。制定出台构建"亲""清"新型政商关系的具体规定,畅通企业和群众表达诉求的途径和渠道,让企业提出的诉求有人办,群众反映的问题有人管。加大招商引资力度。大力开展招商引资、招展引会、招才引智,争取引进一批世界 500 强、全国 500 强、民营 500 强企业。加强与中央企业和在海南单位的合作开发,积极推进在海南投资建设的各类重点项目落地实施。积极创新投融资机制。着力解决项目建设中的资金瓶颈,将投资、财政、金融、产业等政策有机紧密结合,动员银行、证券、保险、资本市场等各种资本拓宽项目融资渠道,促进金融资金流向实体经济。建立完善产业信息发布服务制度。发挥政府的信息优势,及时向社会公布产业信息,引导企业做好投资决策。不断完善 PPP 模式。创新 PPP 项目风险分担和利益分配机制,强化 PPP 项目违约行为责任追究,提高项目对民间资本的吸引力。

推动消费提档升级。推进消费升级,发展消费新业态新模式。支持社会力量增加医疗、养老、教育、文化、体育等服务供给。继续创建全域旅游示范区,降低重点国有景区门票价格。推动网购、快递健康发展。对各类侵害消费者权益的行为,要依法惩处,决不姑息。围绕建立国际旅游消费中心目标,用足、用好自贸区(港)政策,全面深化实施更加开放便利的离岛免税措施,大力推进旅游、消费、金融等领域的对外开放,增强消费需求对经济增长的拉动作用。切实落实促消费各项政策,不断满足岛内居民持续增长的消费需求。针对岛内居民探索更加优惠的离岛免税消费政策,在促进本地居民享受自贸区(港)政策红利的同时,提升本地居民自贸区(港)建设的参与度。改进和完善就业服务政策,大力推进大众创业万众创新,提升从业人员收入水平。健全与自贸区(港)相适应的社会保障体系,减轻居民在住房、医疗、养老等方面的支出负担,有效释放居民消费能力。

(三)坚持创新引领发展,培育壮大新动能。推动传统产业改造提升。围绕推动制造业高质量发展,强化工业基础和技术创新能力,促进先进制造业和现代服务业融合发展。打造工业互联网平台,拓展"智能+",为制造业转型升级赋能。支持企业加快技术改造和设备更新,将固定资产加速折旧优惠政策扩大至全部制造业领域。强化质量基础支撑,推动标准与国际先进水平对接,提升产品和服务品质。

促进新兴产业加快发展。深化大数据、人工智能等研发应用,培育新一代信息技术、高端装备、生物医药、新能源汽车、新材料等新兴产业集群,壮大数字经济。坚持包容审慎监管,支持新业态新模式发展,促进平台经济、共享经济健康成长。加快在各行业各领域推进"互联网+"。持续推动网络提速降费。改造提升远程教育、远程医疗网络,推动移动网络基站扩容升级,让用户切实感受到网速更快更稳定。

提升科技支撑能力。加大基础研究和应用基础研究支持力度,强化原始创新,加强关键核心技术攻关。健全以企业为主体的产学研一体化创新机制。扩大国际创新合作。科技创新本质上是人的创造性活动。要充分尊重和信任科研人员,赋予创新团队和领军人才更大的人财物支配权和技术路线决策权。要在推动科技体制改革举措落地见效上下功夫,决不能让改革政策停留在口头上、纸面上。大力简除烦苛,使科研人员潜心向学、创新突破。加强科研伦理和学风建设,惩戒学术不端,力戒浮躁之风。营造良好的科研生态,就一定能够迎来各类英才竞现、创新成果泉涌的生动局面。

(四)加快推进乡村振兴,拓展高质量发展新空间。全力打好精准脱贫攻坚战。坚持精准方略,下好绣花功夫,攻克难中之难。加大产业、就业、搬迁、生态、金融、教育、健康扶贫力度,促进稳定脱贫、防止返贫。着手解决收入水平略高于建档立卡的贫困户群体缺乏政策支持等新问题。强化驻村帮扶,大力发展村级集体经济。做到"两个确保、一个巩固、一个提升、一个延伸",即确保五指山、临高、白沙等3个国定贫困县摘帽和剩余的3个贫困村出列;确保剩余的4.5万贫困人口基本脱贫,严格控制脱贫人口错退率、贫困人口漏评率,群众认可度高于90%。

加快发展特色现代热带农业。深化农业供给侧结构性改革,引进和选育若干优质热带农产品种源,从源头上提高农产品竞争力。加快种植养殖结构调整,调减低效作物10万亩,恢复撂荒地农业生产10万亩,扩大热带水果、蔬菜、椰子等高效品种种植。以规模化种植支撑加工业发展,力争农产品加工业产值与农林牧渔业总产值比重提高到0.8∶1。引导农业品牌资源整合,重点打造海南杧果、莲雾、火龙果、黑猪等10个省级公共品牌。发挥中国热带农业科学院等科研机构作用,针对槟榔黄化病、淡季叶菜生产等难题开展集中科研攻关。加快推动琼海农业对外开放合作试验区建设。引进国际农产品检测认证机构,为农产品拓展国际市场创造更好条件。想方设法使海南的农产品达到国际最高的安全标准。改善农田水利设施,加快建设高标准农田,守住耕地红线。推进农村土地、集体产权、林权制度改革,加快农垦、供销社等改革发展,大力培育农业新型经营主体和社会化服务组织,把小农户引入现代农业发展轨道。

推动城乡融合发展。提升城乡规划建设和精细化管理水平。实施县域改造提升工程,规范推进特色小镇和小城镇建设。推动城乡基础设施一体规划、互联互通,促进农村基础设施和公共服务提档升级。鼓励工商资本、各类人才参与乡村振兴,促进资源要素向乡村流动。推进以人为核心的城镇化,推动符合条件的农业转移人口在城市落户安居,加快实现基本公共服务常住人口全覆盖。

(五)着力优化营商环境,激发市场主体活力。以简审批优服务便利投资兴业。市场配置资源是最有效率的形式。要进一步缩减市场准入负面清单,推动“非禁即入”普遍落实。政府要坚决把不该管的事项交给市场,最大限度减少对资源的直接配置,审批事项应减尽减,确需审批的要简化流程和环节,让企业多用时间跑市场、少费功夫跑审批。今年,要对所有涉企经营许可事项实行“证照分离”改革,使企业更便捷拿到营业执照并尽快正常运营,坚决克服“准入不准营”的现象;在全省推开工程建设项目审批制度改革,使全流程审批时间大幅缩短。推行网上审批和服务,加快实现一网通办、异地可办,使更多事项不见面办理,确需到现场办的要“一窗受理、限时办结”“最多跑一次”。持续开展“减证便民”改革行动,不能让烦琐证明来回折腾企业和群众。

以公正监管促进公平竞争。公平竞争是市场经济的核心,公正监管是公平竞争的保障。改革完善公平竞争审查和公正监管制度,加快清理妨碍统一市场和公平竞争的各种规定和做法。政简易从。规则越简约透明,监管越有力有效。国家层面重在制定统一的监管规则和标准,地方政府要把主要力量放在公正监管上。推进“双随机、一公开”跨部门联合监管,推行信用监管和“互联网+监管”改革,优化环保、消防、税务、市场监管等执法方式,对违法者依法严惩、对守法者无事不扰。深化综合行政执法改革,清理规范行政处罚事项,坚决治理多头检查、重复检查。对监管者也要强监管、立规矩,决不允许搞选择性执法、任性执法,决不允许刁难企业和群众。依法打击制售假冒伪劣商品等违法行为,让违法者付出付不起的代价。用公正监管管出公平、管出效率、管出活力。

着眼于自贸试验区建设全力打造国际化营商环境。推动投资贸易监管与国际接轨,经济活动遵循相关国际惯例。引进国际化的法律、会计、仲裁等专业服务机构,建立完善国际经济贸易仲裁和国际争端多元纠纷解决机制,公正保护投资者权益。支持知识产权和涉外民商事法庭建设。深化"放管服"改革,以"多规合一"改革推动政府职能转变与流程优化,调整优化省与市县间权限划分,事关全省发展大局的职能上收,项目管理、规划报建审批等具体职能下放,处理好加强省级统筹与发挥市县积极性的关系。坚持服务为上,对企业高看一眼、厚爱一分,牢固树立重商亲商安商理念。

(六)着力保障和改善民生,共享高质量发展新成果。坚持以人民为中心的发展思想,尽力而为,量力而行,不断增强人民群众获得感、幸福感和安全感。

着力提升社会保障水平。实施就业优先战略和更加积极的就业政策,重点抓好高校毕业生、农民工等群体就业和退伍转业军人就业安置工作。确保零就业家庭动态清零。加强就业援助,扶持城镇困难人员、残疾人就业。深入实施全民参保计划,推进养老保险制度改革,健全低保标准自然增长机制,完善医疗、失业、工伤等保险制度。统筹城乡社会救助体系,落实扶残助残政策,加强农村留守儿童关爱保护和城乡困境儿童保障,发展残疾人事业、社会福利和慈善事业。健全促进房地产市场平稳健康发展长效机制,夯实城市主体责任,编制实施住房发展规划,切实稳地价、稳房价、稳预期。坚持租购并举,推进棚户区改造,加强共有产权住房和租赁房建设,培育住房租赁市场,完善住房保障体系。

加快补齐民生短板。深入贯彻全国教育大会精神,坚持教育优先发展,加大教育投入,落实立德树人根本任务,努力办好人民满意的教育。积极破解学前教育"入公办园难、入民办园贵"、义务教育"择校热""大班额"等问题,支持普惠性民办幼儿园建设。开展形式多样的中小学课后服务。实施城镇中小学扩容工程、消除义务教育大班额专项规划,推进义务教育优质均衡发展。实施高中阶段教育提升计划。推动海南大学加快建设世界一流学科和国内一流大学,支持海南师范大学大力振兴教师教育、海南医学院医教协同、海南热带海洋学院等高校向应用型发展,优化中小学和中等职业学校布局,确保全省通过"全国义务教育发展基本均衡县(市、区)"国家评估认定,加快学位紧张地区公立幼儿园建设步伐。大力实施基础教育提质工程,实现基础教育主要指标达到全国中等偏上水平。以小病不进城、大病不出岛、基层卫生服务水平全国领先为目标,扎实推进基层医疗卫生机构标准化建设三年行动计划。扩大医疗卫生服务供给。提高城乡居民基本医保人均财政补助标准。健全妇幼健康、育幼托幼服务体系。发展养老产业,推进医养结合,完善养老服务体系。

加强民生兜底保障。把菜价稳定作为今年提高群众满意度的重要民生工作来抓,认真落实好"菜十条"。制定切实可行措施,确保物价稳定。推动建立以社会保障卡为载体的"一卡通"服务管理模式。落实就业优先政策,促进高校毕业生、农民工等群体就业创业。做好退役军人接收安置、服务管理和保障工作。合理调整最低工资标准,提高技术工人待遇,保障农民工工资足额发放。完善住房保障和供应体系,加快建设面向本地居民和引进人才的商品住房和租赁住房。

文化是一个国家、一个民族的灵魂。积极培育和践行社会主义核心价值观,完善现代公共文化服务体系,实施中华优秀传统文化传承发展工程,开展优秀传统文化进乡村、进社区、进企业、进校园活动,增加组织各级各类演出场次。加强基层图书馆、文化馆建设。

(曾德立)

第二章　海南自贸区（港）建设回顾

2018年4月13日，习近平总书记在庆祝海南建省办经济特区30周年大会上宣布，党中央决定支持海南全岛建设自由贸易试验区，支持海南逐步探索、稳步推进中国特色自由贸易港建设，分步骤、分阶段建立自由贸易港政策和制度体系。这是党中央着眼于国际国内发展大局，深入研究、统筹考虑、科学谋划做出的重大决策，是彰显我国扩大对外开放、积极推动经济全球化决心的重大举措。这是海南继建省办特区、建设国际旅游岛之后迎来的最重要的一次历史机遇。海南自此进入自由贸易试验区、中国特色自由贸易港的新时代。

第一节　海南自贸区建设的溯源

一、1984年中央首次决定开发海南

1983年，谷牧在海南岛调研后提出综合意见，报请中央审议。中共中央、国务院批转《关于加快海南岛开发建设问题讨论纪要》，并发出通知决定加快海南岛的开发建设，在政策上放宽，并从人、财、物方面给海南岛以必要的直接支持。

为了扩大对外开放，改善外商来华投资环境，1984年，中央决定把14个沿海港口城市作为对外开放城市。同年，邓小平在视察深圳、珠海等经济特区后，高度评价了经济特区的成就，提出了用20年时间把海南岛经济发展到台湾的水平的设想。同年5月，六届全国人大二次会议审议并通过了国务院关于撤销广东省海南行政公署、成立海南行政区人民政府的建议。

二、1988年建省办特区

1988年4月13日，第七届全国人民代表大会第一次会议通过了国务院提出的关于设立海南省和建立海南经济特区的议案。4月26日，海南省人民政府在海口市正式挂牌成立。从此，海南岛成为我国第31个省。5月4日，国务院发布了《关于海南岛进一步对外开放加快经济建设座谈会纪要》和《关于鼓励投资开发海南岛的规定》，揭开了海南岛改革开放的新的一页。1988年8月1日，省政府发布琼府（1988）22号文件《海南省人民政府关于贯彻国务院（1988）26号文件加快海南经济特区开发建设的若干规定》，这就是被称为"比特区还特"的"三十条"。主要内容包括：鼓励境内外企业、其他经济组织或个人投资开发海

南,兴办各项经济和社会事业。各级政府及有关部门要用好、用活、用足优惠政策,从简、从快办理审批、登记及其他手续。鼓励外商成片承包、综合开发工业区及本省沿海岛屿;简化土地使用权出让、转让的手续和环节,建立土地市场,土地出让采取公开拍卖或竞投的方式;还有货物、资金和人员的自由进出等。

三、2010 年海南国际旅游岛建设纳入国家战略

2010 年 1 月 4 日,国务院发布国发〔2009〕44 号文件《国务院关于推进海南国际旅游岛建设发展的若干意见》(简称国务院《若干意见》),海南正式进入国际旅游岛时代。国务院《若干意见》中给海南确立了"六个战略定位":我国旅游业改革创新的试验区;世界一流的海岛休闲度假旅游目的地;全国生态文明建设示范区;国际经济合作和文化交流的重要平台;南海资源开发和服务基地;国家热带现代农业基地。海南国际旅游岛建设作为国家的重大战略部署,计划在 2020 年将海南初步建成世界一流海岛休闲度假旅游胜地,使之成为开放之岛、绿色之岛、文明之岛、和谐之岛。

以上三次主要机遇都与自贸区建设相关联,有经验但更多的是教训。

海南建省办特区是中国改革开放的重要窗口之一。三十年来海南在"特"的道路上不断探索,积累了许多经验,收获了成功。但也得到了很多的教训。1990 年后,上海开放,海南既不再是最"特"的特区,也不再是最"后"的特区。海南所享受的优惠不久就变为了普惠,失去了"特"的优势。海南最初规划时曾比照深圳,但深圳周边有庞大的配套加工体系,有通向内地的市场,有背靠香港的资本运作空间,还能享受海外和香港的产业承接,海南是落后岛屿型经济体缺少战略腹地的支撑,不具备深圳的条件。珠三角非但不能拉动海南,而且还吸纳了东南亚一带的投资资源。由于没有工业,海南经济发展也曾一度陷入了房地产泡沫当中,经济发展不健康。海南坐拥众多政策优势,并未能完全释放其所蕴含的红利,经济总量小,开放水平低,对总部经济支撑不足。营商环境不佳阻碍企业生产发展。综合生态优势大但并未形成自身的特色及文化。服务业大而不强,现代服务业体量小,高素质人力资源缺乏。这些都是海南发展过程中的短板也是教训。海南迎接新的历史性大机遇,应当以史为鉴。

四、习总书记"4·13"重要讲话和中央 12 号文件赋予了海南前所未有的历史性大机遇

2018 年 4 月 13 日,习近平总书记在庆祝海南建省办经济特区 30 周年大会上宣布,党中央决定支持海南全岛建设自由贸易试验区,支持海南逐步探索、稳步推进中国特色自由贸易港建设,分步骤、分阶段建立自由贸易港政策和制度体系。4 月 14 日,国务院发布《关于支持海南全面深化改革开放的指导意见》(12 号文件),海南被赋予了全面深化改革开放试验区、国家生态文明试验区、国际旅游消费中心和国家重大战略服务保障区的战略定位。建设自贸港是我国推动形成全面开放新格局和众多新对外开放举措中的战略性步骤,既是千载难逢的历史机遇,同时也存在挑战。研究海南自贸港建设面临的机遇与挑战,具有一定的实践意义。习总书记强调,党中央对海南改革开放发展寄予厚望,研究制定《关于支持海南全面深化改革开放的指导意见》,赋予海南经济特区改革开放新的重大责任和使命,为海南深化改革开放注入了强大动力。海南正式进入自由贸易试验区、中国特色自由贸易港的新时

代。这是海南发展面临的新的重大历史机遇。

第二节 海南自贸区(港)建设的独特优势与短板劣势

一、独特优势

(一)"试验田"优势

自由贸易试验区是全面深化改革开放的综合试验田。海南岛是相对独立的地理单元,改革试错成本低,海南自贸试验区有着突出全岛试点的整体优势,最大特点就是"全域性"试点。海南全岛地区既有发达区域,也有欠发达区域,因此具有更广阔的试验空间、更多元的试验基础、更全面的试验内容,通过差别化的探索,能更好地服务国家战略。海南能在充分吸收现有11个自贸试验区试点内容的基础上突出海南特色内容,充分体现"三区一中心"的发展定位,可以形成更多元的试点经验,与其他自贸试验区形成互补。

(二)地缘优势

海南地处南海的国际要冲,背靠祖国大陆,面向东南亚,位于北部湾经济圈、南海经济圈、东盟经济圈、泛珠三角经济圈等各经济圈叠加和交错的关键区位点,可便捷高效地服务国际国内两个市场,利用国际国内两种资源。同时,海南还是二十一世纪海上丝绸之路重要支点,随着自贸试验区、自贸港建设的推进,未来海南发展的战略区位优势将更加凸显。

(三)生态环境优势

海南生态环境冠居全国,是国家生态文明示范区,历年来全省各项污染物指标均达标,且长期远优于国家二级标准。2013习近平总书记视察海南并做重要讲话以来,海南空气质量优良天数占比逐年增长。良好的生态环境对医药产业、新材料产业发展具有明显支撑作用。与此同时,海南地处亚热带,光热资源十分丰富,农田终年可以种植,冬季仍能有100多种瓜菜供应市场,是发展热带特色高效农业的宝地。也是建设中国特色自由贸易港的独特优势。

(四)组织保障优势

中共中央政治局常委、国务院副总理韩正亲自担任推进海南全面深化改革开放领导小组组长。省委省政府大力推进"百日大招商""百万人才进海南"的行动计划,为海南自贸区(港)建设提供了强大动力和组织保障。

二、短板劣势

(一)开放水平不高,开放意识不强

海南对外开放水平偏低,特别是在服务产业金融保险领域,业务水平一流的外资金融机构进驻极少。实体经济欠发达和服务业开放水平低的现状,很难给予在建设自贸区(港)当中提供核心支撑力。只有通过全面深化改革开放,不断提升海南地区经济实力和开放水平,才能为发展打下良好基础。

此外,海南省总体开放意识较为薄弱,与开放发展相适应的思想观念、工作导向、政策举措和制度安排等方面存在滞后,没有形成如上海的"海派文化"相同的开放的文化氛围。还没有充分释放各项政策所蕴含的红利,带动提升全岛总体开放能力。

(二)战略腹地不足

海南是一个经济落后的岛屿型经济体,经济发展缺乏广阔的经济腹地支撑,在资源要素的获取方面缺乏纵深和广度,对内对外经济竞争时竞争力不够。海南是连接亚太地区与世界最主要的海上运输通道之一,根据《岛屿经济发展报告》,每年经过南海海域的船舶达 10万艘,中国 3/4 的外贸出口货物、全球 1/3 的国际贸易,都要通过南海航线。但海南作为海上丝绸之路的关键节点的重要地位。在南海海运中并未获得大量货运业务,节点优势并未充分体现。这是海南省在发展自贸区(港)之前就存在的一个短板。

(三)政策红利释放不充分

自 1984 年中央决定开放海南以来,海南坐拥众多有利政策,但由于政策之间不配套、不便利、不落地,政策红利释放不充分等一系列原因,发展始终没有达到预期的效果。

例如海口和三亚曾出台过总部经济相关政策(《海口市人民政府关于鼓励总部经济发展的暂行规定》《三亚市培育促进总部经济发展暂行规定》),对入驻企业实施包括办公用地用房扶持、新入驻企业奖励、税收突出贡献奖励、财税扶持和高级管理人员个人所得税扶持等一系列鼓励政策措施。海口、三亚通过实施政策取得了一定的成效,但海南省人才储备、研发能力、专业服务、开放程度等客观条件不足问题在一定程度上影响了经济政策的正常推进,实施优惠政策兑现不充分,政策缺乏连续性和稳定性,如 2011 年 12 月实行的《海口市人民政府关于鼓励总部经济发展的暂行规定》有效期仅 2 年,到 2014 年 1 月文件已终止执行,致使企业在本地开办、经营、退出的各个过程中无法得到全方位保障和服务。政策叠加的优势未能有效发挥。

(四)营商环境是最大短板

自贸区(港)建设要求与之配套一流营商环境。海南长期以来营商环境都是制约发展的最大短板。对外招商方面。虽然海南已经进入自贸区(港)"全球招商""百日招商""百万人才进海南"的新时代。但是入驻企业的数量和质量不是很理想,要适应总部经济的发展还需要制定更加具体有针对性的招商政策。逐步建立统一、开放、竞争、有序的市场环境。在经济要素方面,海南省产业结构偏失衡,缺乏完善的配套服务。经济增速缓慢,经济总量

和发展速度在全国中还比较靠后。关键的金融领域发展规模小、发展速度较慢,目前难以形成集聚优势。还需在金融体制突破上做文章,引导建立更加完善的金融体系和市场功能、金融发展环境、健全的公共服务体系和各类齐全的保障制度。在行政监管方面。海南省政府积极发挥着监管、监督职能,推动改善着营商环境。但是真正形成法治化、国际化、便利化的营商环境和公平高效统一的市场环境,成为全面深化改革和扩大开放的试验田。还需要全面提升政府治理能力、办公效率。在法律法规要素方面,我省离法治社会还有较大的差距,借鉴新加坡香港等地法治方面的先进经验,及时从立法、执法和司法等环节补课,不断深化完善自贸区(港)背景下的营商环境法治体系。在社会要素方面。近年来海南省在社会要素方面如扶贫工作、教育普及、医疗卫生、养老保障、文体事业、安居保障、物价调控等方面已经得到了一定的提升。但是要继续提升社会保障服务方面能力使其匹配自贸港区建设的要求,还需要政府、社会与相关企业共同努力改善社会环境。

(五)人才保障不能满足建设需要

海南长期以来各类人才缺乏,尤其是高层次的专业技术人才和管理人才,引进难、留住也难。从本地人才的培养体系来看也不具优势。根据海南统计年鉴数据,海南普通高等学校 18 所,其中包括本科院校 7 所,其他机构(教学点)11 所。而上海有普通高等院校 64 所,广州 82 所。可以看到海南高等教育资源相对匮乏。此外,海南人力资源储备,与上海、广州、深圳等沿海城市有较大差距。在海南国际旅游岛建设近 10 年及海南建省办经济特区 30 年的时间节点,审视海南人力资源状况和人才大环境,仍然不乐观。以海南国际旅游岛建设急需的国际人才为例,根据《2017 年中国区域国际人才竞争力报告》[1]蓝皮书,海南的区域国际人才竞争力综合指数仅位列全国 31 个省市的第 25 位[2](见表 2-1)。

表 2-1 2017 年海南区域国际人才竞争力指数

国际人才竞争力项目	排名
子项目 1:国际人才规模指数	16
——来华留学生规模指数	19
——境外来华专家规模指数	14
子项目 2:国际人才结构指数	30
——国际人才学历结构指数	26
——国际人才职业结构指数	21

---

[1] 资料来源:《2017 年中国区域国际人才竞争力报告》
[2] 应验. 人才环境指标体系及优化路径研究——以海南为例[J].经济与社会发展,2017,15(06):78—83.

续　表

国际人才竞争力项目	排名
子项目 3:国际人才创新指数	20
——国际人才创新基础指数	17
——国际人才创新贡献指数	21
子项目 4:国际人才政策指数	23
——国际人才政策创新指数	24
——国际人才政策配套指数	25
子项目 5:国际人才发展指数	10
——外资企业发展环境指数	9
——对外贸易发展环境指数	11
子项目 6:国际人才生活指数	18
——国际人才社会保障指数	28
——国际人才居住环境指数	4
——国际人才旅游指数	26

在人才保障方面,海南在综合配套性民生建设的服务方面不健全,进而成为制约自贸区发展的重要社会因素。一是户籍与教育。企业将总部迁至海南,为了长期安心的工作,企业员工首先面临的就是落户问题和孩子的教育问题。海南目前基础教育水平与大陆相比落后较多,这影响着企业员工在海南就业的稳定性。这些不利因素间接引起了企业人才的流失,不利于企业的长远发展,进而在一定程度上制约了经济的发展。二是医疗保障。目前,海南省内医保发展程度有限,联网程度不尽如人意。三是外语环境与高端消费、娱乐。海南省缺乏较成熟的高端消费场所和适合外籍人员消费的外语环境场所,岛内现有的外语环境难以支撑引进型企业的长远发展。而海南省的现有的高端消费和娱乐主要集中于免税购物和部分旅游行业,且发展区域主要集中在海口和三亚,其他市县较少。

第三节　海南自贸区(港)建设的主要举措

一、密集出台系列政策

习总书记 4.13 重要讲话、中央 12 号文件、《中国(海南)自由贸易试验区总体方案》正式发布(2018 年 10 月 16 日)以及《国务院关于支持自由贸易试验区深化改革创新若干措施的通知》(2018 年 11 月 23 日)以外,中央各部委先后出台政策:

(一)交通部:《贯彻落实〈中共中央　国务院关于支持海南全面深化改革开放的指导意见〉实施方案》(2018 年 7 月 25 日)

(二)国家市场监督管理总局、国家药品监督管理局和国家知识产权局:《关于支持中国

(海南)自由贸易试验区建设的若干意见》(2018年11月15日),6类24项措施支持海南自贸区建设。

(三)财政部、海关总署和税务总局会同有关部门:对海南离岛旅客免税购物政策部分内容进行了调整(2018年11月28日)。调整事项如下:一是将离岛旅客(包括岛内居民旅客)每人每年累计免税购物限额增加到30000元,不限次。二是增加部分家用医疗器械商品,在离岛免税商品清单中增加视力训练仪、助听器、矫形固定器械、家用呼吸支持设备(非生命支持),每人每次限购2件。三是公告自2018年12月1日起执行。

(四)人力资源社会保障部:《支持海南人力资源和社会保障事业全面深化改革开放的实施意见》(2018年11月27日),从三个方面八个部分,提出了支持海南人力资源和社会保障事业全面深化改革开放的总体要求、重点任务和保障措施。

(五)生态环境部:与海南省政府签订《全面加强海南生态环境保护战略合作协议》(2018年12月28日),共同推进生态环境保护顶层设计、绿色经济高质量发展、生态系统保护与修复等9方面合作,提升海南自贸区(港)的绿色发展水平。

(六)海南省内政策动向:成立中国特色自由贸易港研究院(2018年5月10日);海南省实施59国人员入境旅游免签政策(2018年5月1日);发布《海南省人民政府办公厅关于促进总部经济发展的工作意见》(2018年5月19日);《海口市支持总部经济发展若干政策》(2018年6月7日);《三亚市促进总部经济发展暂行办法》(2018年6月8日);海南启动百日大招商(2018年5月21日);百万人才进海南行动计划(2018—2025年)(2018年5月22日);《关于引进人才住房保障的指导意见》的通知(2018年6月15日);关于印发海南省信息基础设施水平巩固提升三年专项行动方案(2018-2020年)的通知(2018年7月27日);百万人才进海南行动计划(2018-2025年)责任分工(2018年9月11日);省规划院与美国设计公司合作成立美中合资规划与设计机构致力于海南建设自贸区建设(2018年9月14日);"海南无假货"品牌建设行动方案(2018年9月28日);《关于深入推进审批服务便民化的实施意见》(2018年11月23日);离岛免税提额(2018年12月2日);海南省优化营商环境行动计划(2018—2019年)(2018年12月11日)。

二、启动海南自贸区先导项目

海南自贸区十大先导项目:一是推进海南自由贸易账户(HNFT)体系建设。二是国际贸易"单一窗口"顺利推进。三是谋划举办海南国际电影节。四是推进全球动植物种质资源引进中转基地建设。五是加强国家南繁科研育种基地建设。六是设立海口江东新区。七是推进国家深海基地南方中心建设。八是启动设立海南热带雨林国家公园。九是提升大数据中心功能。十是加快启动"禁塑"工作。

此外,中国(海南)自由贸易试验区三亚总部经济及中央商务启动区城市设计暨概念性建筑方案国际征集资格预审公告(2018年6月15日)正式发布;海南省17个市县同时举行,海南自由贸易试验区建设项目(第二批)集中开工和签约活动(2018年12月28日)。在对外开放方面,充分利用博鳌亚洲论坛等国际交流平台,推进与"一带一路"沿线国家和地区开展更加务实高效的合作;起草《中新(海南)国家级试验项目的建议实施方案》,推动海南与新加坡的务实交流合作;医疗方面,《海南省关于推进大健康产业发展的实施方案》、《海南省大健康产业发展规划》编制完成。

第四节　海南自贸区(港)将展示出的独有特色

一、不是小范围的,而是大范围的

从范围方面来看,国内除海南外十一个自贸区面积范围偏小,一般不超过 200 平方公里,规划设计分散在两三个片区,都有围墙隔离。而海南自贸区面积最大,范围覆盖整个海南岛 3.39 万平方公里,国内十一个自贸区面积加起来不到海南自贸区的十分之一,而且没有围墙,岛界就是区界。将来海南自贸区建成即将成为世界上面积最大的自贸区。

二、不是园区型的,而是社区型的

从功能方面来看,国内其他自贸区本质上都是园区型自贸区,其功能主要是生产相关性,基本功能不外乎包括:生产功能、贸易功能、旅游功能和金融功能等四种。而海南自贸区由于范围覆盖全岛,因而具有了典型意义上的社区型自贸区的功能,这种社区型自贸区除了生产功能、贸易功能、旅游功能和金融功能这四种之外,还将增加生活功能和环境保护功能。因此海南自贸区在其功能上的最大特色体现在:是生产、生活、生态三生融合型的自贸区。

三、不是单一模式的,而是复合模式的

从模式方面看,境内除海南以外其他自贸区目前都没有得到自由贸易港建设的国家授权,而自由贸易港是比自由贸易区更开放更优惠的制度安排,按照我国一贯倚重的试点推广模式的经验,不会在短期内授权多地建设自由贸易港,将主要以局部试点为主。又因海南是相对独立的地理单元,具有独特的地缘优势从而幸运地得到了担当试点的这一殊荣,有机会继续发挥国家全面改革开放"试验田"的作用。

所以海南不仅全岛建设自由贸易试验区,而且还将逐步探索、稳步推进中国特色自由贸易港建设。这说明海南自贸区在模式上不同于其他自贸区的方面,应该是往"先区后港、区港联动和一区多港"的发展方向。近期国务院印发的《中国(海南)自由贸易试验区总体方案》中也明确了海南要用两年多的时间在自由贸易试验区取得重要进展的基础上,积极推进中国特色自由贸易港的建设。这将进一步渲染"海南因改革开放而生,也因改革开放而兴"的美好前景。

四、不是"两线"结构,而是"四线"结构的设计

从结构方面看,其他几个自贸区都是通行的"两线结构"设计,即将来成熟的自贸区实行"境内关外",在管理上"一线放开,二线管住"。在这里"一线"指的是海关,"放开"是实现人员、货物和资金的进出自由,关税大幅度减免;"二线"是指自贸区围墙与国内其他区域的边界,"管住"就是要求自贸区内特许的活动和政策不可外溢到区外,否则就突破了自贸区的有效范围。

　　未来海南自贸区和自贸港结构设计则不同,它将是独特的"四线结构"。即在管理上实行"一线高度放开""二线普通放开""三线管住""四线管严"。这里的"一线"仍然是海关,从海关到各个自贸港区域,实行"高度放开",即依托空港和海港形成的特殊关税监管区,适用最开放最优惠的政策。这里的"二线"是指自贸港与自贸区的边界,实行"普通放开",虽然还属于"境内关外",但已经没有前述自贸港这个核心区的开放和优惠力度大,由自贸港进入自贸区要增加一些手续或关税。这里的"三线"是指自贸区围墙与国内其他区域的边界,"管住"就是要求自贸港和自贸区内特许的活动和政策不可外溢到区外。这里的"四线"是指海南岛内各个生态保护区与岛内其他区域的边界,"管严"就是实行严格的生态保护制度以确保绿水青山永不变色,任何个体未经允许不可擅自闯入生态保护区。

五、不是以都市型为主的,而是以乡村型为主的

　　从城乡方面来看,国内十一个自贸区无一不在都市,都属于都市型自贸区。境外的香港、新加坡等成熟自由港地区城市化率都接近100%。而海南则属于乡村型自贸区,未来即使城市化率大幅度提高,从城乡区域面积结构来看,仍然是以乡村为主。所以,海南全岛建设自由贸易试验区,最终的关键点以及突破口还需依赖乡村发展。如果没有乡村振兴,那么就没有可能建成海南自贸区。因此,自贸区顶层设计与乡村振兴战略充分融合,能充分体现全岛自贸区的这一要求,也应是海南自贸区的最大特色之一。

第五节　总结与展望

　　海南自贸区(港)建设以来,海南全岛上下都对这新一轮的发展机遇满怀期待,各界人士齐心协力献计献策,各类企业纷纷入驻。未来发展形势令人期待。但从历史经验来看,岛屿经济在发展过程容易形成惰性,需要人们时刻保持精神振奋。按照中央要求,服务国家发展大战略,自觉地推动海南高标准、高质量的自由贸易试验区建设。发展是一个持续而动态的过程,以史为鉴,牢记过往的经验教训。对海南未来的展望本报告认为需要做好以下五个方面的工作。

　　一是用好中央授权。海南自贸区(港)是习近平总书记亲自谋划亲自部署亲自推动。中央授权的方向已定,但操作层面上还需要具体的推动。因为从自贸港的境外经验来看,新加坡是主权国家,香港是在《中华人民共和国香港特别行政区基本法》框架下的特别行政区,实行高度自治。而海南只是一个省级行政区,自主权有限,中央所授的权力,原本分散在各部委,这必须由海南地方去积极争取,涉及与全国人大、中央各部委的对接沟通。最近国务院批准了《中国(海南)自由贸易试验区总体方案》,其中也要求各部门应及时向海南下放管理权限。而在此之前交通部已出台《实施方案》支持海南在国际海运领域全面对外开放。与此类似的还有很多工作需要开拓。

　　二是重视立法工作。立法是自贸区(港)建设的基础和前提,按照惯例,自贸区奉行的是"法无禁止皆可为"原则,立法立规很重要,在城乡建设、生态环境和历史文化保护方面,要用好地方立法权;在全面改革开放的创新方面,还要充分利特区立法权,发挥先行先试的

优势。因为特区立法权适用范围更广,在一定条件下还可适当突破上位法的限制。海南应该积极而为,尽快形成自贸区法律体系。

三是系统设计整体推进。从国外成熟的自贸区自贸港运行来看,都是系统工程,因此必须整体推进。我国十二个自由贸易试验区都处在试验阶段,能否试验成功,关键是要学习借鉴国内外比较成功的自贸区(港)建设经验,综合各方情况应完成十项修炼:提高行政体系效率、提高投资自由化水平、提高金融自由化水平、提高贸易便利化水平、提高海关监管效率、简明税制降低税负、完善法制体系、实现人员出入境自由、加强人才保障和做好本地居民住房保障等。

四是选好方向重点突破。从区域布点来看,应抓好洋浦开发区和海口江东新区这两个点,一个依托海港,一个依托空港,是未来中国特色自由贸易港的优选之地。

洋浦经济开发区是国务院批准设立的享受保税区政策的国家级开发区,拥有良好的基础,建议在此基础上将洋浦打造成热带农产品集散、加工和中转中心,以及开放型结算中心。

海口江东新区将是全面深化改革开放试验区的创新区、建设国家生态文明试验区的展示区、建设国际旅游消费中心的体验区以及建设国家重大战略服务保障区的示范区。江东新区的发展应作为重点统筹规划。最近,省政府出台了总部企业的认定办法和发展总部经济的指导意见,海口市和三亚市分别出台奖励政策。充分依托政策优势和资源优势,海南在吸引和培育总部经济方面大有可为。

五是试点自贸港业务。第一,在洋浦开发区和海口江东新区这两个自贸港区范围内尝试"三零"试验,即零关税、零壁垒和零补贴的试点,取得经验后可逐步推广到所有自由贸易港区。第二,有限扩大免签入境政策。经国务院批准,海南省自 2018 年 5 月 1 日起实施 59 国人员入境旅游免办签证政策。虽然有学者建议海南自贸区(港)建设应给予所有中国邦交国人员免签入境政策,但本报告认为应分层次解决此问题。先在洋浦开发区和海口江东新区内尝试所有邦交国免签入境政策,取得经验后可扩大到未来所有自贸港区范围内;但在全岛其余自贸区范围内不可轻易扩大免签入境政策的适用范围。第三,推出自贸港负面清单。国家发改委、商务部 2018 年 6 月 30 日发布了针对所有自由贸易试验区的《自由贸易试验区外商投资准入特别管理措施(负面清单)(2018 年版)》,自 2018 年 7 月 30 日起施行。2018 年版负面清单共 45 条措施,比 2017 年版 95 条减少了 50 条。但对自贸港的建设来看还不够。新加坡对外资准入政策宽松,除国防相关行业及个别特殊行业外,还有一些对外国投资禁止或限制的行业包括广播、印刷媒体、法律和住宅产业;银行、金融、保险、证券等特殊领域需向主管部门报备,此外绝大多数产业领域对外资的股权比例等无限制性措施。所以,在未来海南多个自贸港区域内,负面清单还可以进一步缩减,向国际成熟的自由贸易港看齐。

(李仁君　李师慧)

第三章　自贸区（港）背景下的海南金融开放与金融业发展

党中央支持海南建设中国特色自由贸易港，是党中央着眼于国内国际大局、着眼于未来发展做出的重大国家战略。落实好党中央的决策部署，实现中央 12 号文件提出的战略目标，必须构建与自贸区（港）建设相适应的海南金融开放框架和金融业发展的制度体系，探索更加灵活的政策体系、监管模式和管理体制，打造开放层次更高、营商环境更优、辐射作用更强的开放新高地。因此，要紧紧围绕"三区一中心"战略定位，从服务实体经济、防控金融风险、深化金融改革与创新等方面实现更高层次金融开放，推动金融高质量发展。首先要明确自贸区（港）金融的定位和核心任务。借鉴国际自贸区（港）金融开放和发展的经验，探索自贸区（港）金融制度体系的构建模式与推进路径。并结合海南实际、构建金融开放框架和制订金融业发展推进策略。

一、自贸港建设背景下海南金融的定位

自由贸易港在金融领域的核心特征就是市场准入自由、资金流动自由、人员流动自由。习近平总书记在庆祝海南建省办经济特区 30 周年大会上讲话时明确提出："海南建设自由贸易港要体现中国特色，符合中国国情，符合海南发展定位，学习借鉴国际自由贸易港的先进经营方式、管理方法。"海南更应对标新加坡、中国香港，明确未来在市场资金人员自由流动的蓝图，给市场以精准的政策信号，给投资者以充分的信心。

自贸港金融的发展应立足于服务实体经济、防控金融风险、深化金融改革的根本要求，在考虑我国目前金融对外开放的整体进程、所处阶段和开放层次的基础上，结合自身条件和特性，合理确定开放重点，明确自贸港金融发展的核心任务。

（一）提升自贸港金融的服务功能。为满足自由贸易对金融的各项需求，不断提升服务实体经济的能力，完善金融机构体系、优化金融服务、提升金融市场功能、做好金融产业布局，打造金融支持自贸港发展的特色金融服务体系，突出金融服务于自贸港建设的重要作用。

（二）探索自贸港金融的开放创新。在金融开放方面，应立足于我国金融开放的总体进程，在利率、汇率、资本项目开放上进行有益的探索和尝试，逐步实现资本的自由流动。在金融创新方面，应立足于充分发挥金融中心的聚集和辐射作用，建立完整的金融创新体系，提升自贸港作为金融中心对金融要素的配置效率，形成自贸港强大的资源整合能力。

（三）研究防范金融风险的有效模式。风险防范的重点在于搭建有效的金融安全网，维护自贸港金融发展的安全。需要建立跨境资金自由流动的风险防范机制，防止资本大规模

异常流动对地区经济金融造成的冲击,探索建立跨境资金流动宏观审慎管理体系,实现金融开放与金融稳定目标的相互平衡和协调。

二、海南省金融业发展概况

(一)海南省金融业发展现状

1. 海南省金融企业基本概况

截至 2018 年四季度,海南省地方金融企业共有 121 家。按经营类型划分:信用社类 21 家;银行类 61 家(其中:城市商业银行 1 家、村镇银行 17 家,农村资金互助社 3 家,小额贷款公司 38 家,财务公司 2 家);证券类 4 家(证券公司 1 家,期货公司 3 家);保险类 1 家;担保类 25 家;金融控股集团类 1 家,其他金融机构 8 家。

2018 年全省地方金融企业营业收入①6,233,161.04 万元,比上年同期减少 15.91%;营业支出 5,531,149.96 万元,比上年同期减少 19.74%;利润总额 702,011.08 万元,比上年同期增加 34.62%;期末实现净利润 633,822.57 万元,较上年同期增加 44.42%。

表 3-1　2018 年海南省地方金融企业利润情况　　　　　　　单位:万元

经营类型	利润总额			期末净利润		
	金额	上年同期	增幅(%)	金额	上年同期	增幅(%)
信用社类	260,856.63	247,029.16	5.60	197,232.00	180,224.66	9.44
银行类	77,630.55	79,233.08	-2.02	61,268.41	59,192.16	3.51
证券类	6,365.60	26,080.97	-75.59	4,324.25	19,357.87	-77.66
保险类	345,372.67	168,327.92	105.18	357,026.23	170,816.70	109.01
担保类	9,086.18	6,954.85	30.65	6,895.50	5,328.77	29.40
金融控股集团类	1,344.72	2,837.01	-52.60	948.45	2,105.59	-54.96
全行业	700,656.35	530,462.99	32.08	627,694.84	437,025.75	43.63

数据来源:中国人民银行海口中心支行统计报表

---

① 金融企业营业收入包括金融企业往来收入、贴现利息收入、证券自营差价收入、利息收入、保费收入、证券发行差价收入、买入返售证券收入、手续费收入等。

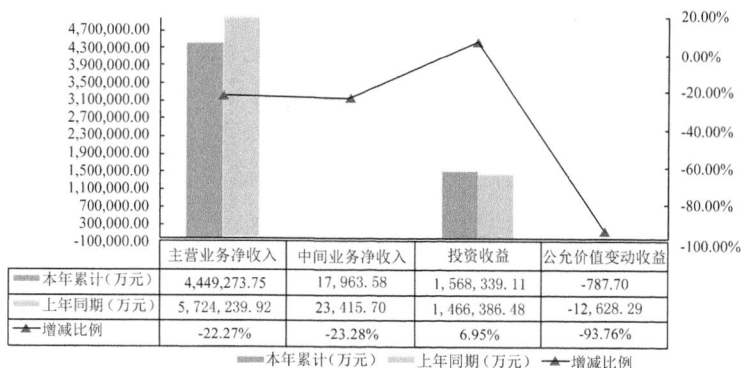

	主营业务净收入	中间业务净收入	投资收益	公允价值变动收益
本年累计(万元)	4,449,273.75	17,963.58	1,568,339.11	-787.70
上年同期(万元)	5,724,239.92	23,415.70	1,466,386.48	-12,628.29
增减比例	-22.27%	-23.28%	6.95%	-93.76%

本年累计(万元)　　上年同期(万元)　　增减比例

图 3-1　2018 年海南地方金融企业营业收入情况

数据来源:中国人民银行海口中心支行统计报表

从表 3-1 看,除证券类和金融控股集团类企业外,我省大部分金融企业实现利润,其中保险类企业扭亏为盈,利润较上年同期实现大幅增长。

从营业收入构成来看:主营业务净收入仍占主导地位, 占比 71.38%,投资收益较上年同期有所上升,主营业务净收入、中间业务净收入均较上年同期下降。

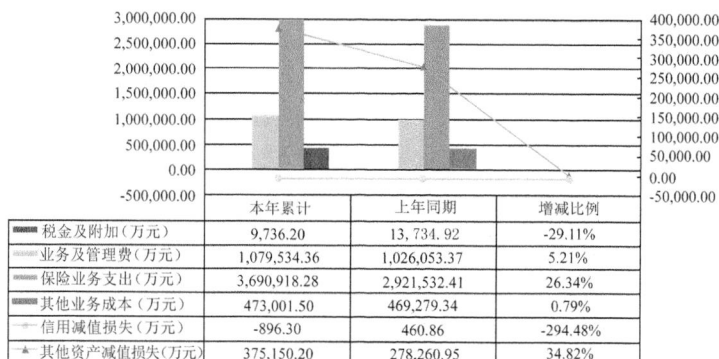

	本年累计	上年同期	增减比例
税金及附加(万元)	9,736.20	13,734.92	-29.11%
业务及管理费(万元)	1,079,534.36	1,026,053.37	5.21%
保险业务支出(万元)	3,690,918.28	2,921,532.41	26.34%
其他业务成本(万元)	473,001.50	469,279.34	0.79%
信用减值损失(万元)	-896.30	460.86	-294.48%
其他资产减值损失(万元)	375,150.20	278,260.95	34.82%

图 3-2　2018 年海南地方金融企业营业支出情况

数据来源:中国人民银行海口中心支行统计报表

从营业支出构成来看:保险业务支出仍占较大比重,占比 66.73%,较上年同期增加 26.34%;税金及附加较上年同期减少 29.11%;业务及管理费用较上年同期增长 5.21%;其他资产减值损失较上年同期增长 34.82%。

2. 海南省金融业运行总体情况

2018 年,我省金融业增速放缓,部分领域风险逐步暴露,但总体风险可控。

(1)全省金融业增加值①占比有所下降。金融业增加值 309.09 亿元,占 GDP 和第三产业的比重分别为 6.4% 和 11.3%,同比分别下降 0.73 个百分点和 1.49 个百分点,金融业对经济增长的贡献率为 1.1,低于去年 11.2 的贡献率。

---

① 金融业增加值是一定时期内金融业生产经营活动最终成果的反映。本章中的金融业增加值采用收入法核算,即金融业增加值(收入法)=劳动者报酬+固定资产折旧+生产税净额+营业盈余。

（2）银行业增速趋缓。银行业金融机构各项贷款余额8821.18亿元，同比增长4.28%；各项存款余额9278.36亿元，同比下降8.10%；不良贷款余额416.04亿元，比年初增加292.25亿元，不良贷款率4.72%，比年初上升3.26个百分点，不良贷款、不良率"双升"；银行业利润-189.79亿元。

（3）保险保障供给能力持续提升。全省保费收入182.55亿元，同比增长10.75%；赔付支出55.93亿元，同比增长13.95%。

（4）资本市场直接融资渠道不断拓宽。截至2018年末，全省有沪深证券交易所上市公司31家（无新增）；全国股转系统挂牌企业39家（2018年减少4家）；海南股权交易中心挂牌企业1417家（2018年新增203家），其中交易板71家，展示板1346家。2018年，省内企业在资本市场累计融资192.56亿元，其中，4家企业在A股市场融资70.87亿元，8家企业在"新三板"融资3.93亿元，86家企业在海南股交中心融资117.7亿元。

2. 海南省金融业发展存在的问题

（1）金融体系不完善

我省法人金融企业偏少，财产保险公司、信托公司、金融租赁公司、消费金融公司尚属空白，金融业态不够丰富，不利于活跃金融市场。金融体系仍以商业银行为主，2017年末，全省地方金融企业营业收入318.21亿元，其中商业银行占75%左右；商业银行的业务收入中，信贷业务占比约为70%。社会融资中，间接融资为主未有根本动摇，2017年海南社会融资规模856亿元，直接融资仅占4%，同为东部沿海省份的广东为7.8%、浙江为15.6%、江苏为17.7%、山东为10.4%。全省30家上市公司中，大多数由于经营不佳等原因，已阶段性丧失直接融资能力。

（2）金融创新不足

主要表现在金融工具创新不足，创新速度较慢，对新工具的运用慢于东部其他城市，运用广度和频度也较低。如海南的互联网金融发展明显落后于东部省市，再如在全国金融脱虚向实的过程中，海南金融业基本无虚可脱。此外，海南金融业同质化现象较其他省区更为严重。这一方面体现在法人服务对象的高度同质化，基本集中于少数几家大企业和房地产行业；另一方面体现在产品供给品种的高度同质化。

（3）金融业的发展依赖性过强

具体表现为：其一，依赖房地产。近年来，海南金融业对房地产的依赖度有所降低，但总体趋势仍未改变。2017年末，四大国有银行房地产贷款余额占比平均达39%；其二，依赖大企业。海南金融业尤其是银行资产业务的发展主要依赖大企业。2017年末，国开行、进出口银行、农发行及工、农、中、建四大行前十户贷款余额之和占全部法人贷款余额的占比达58.2%；其三，依赖大城市。2017年末，海口和三亚各金融机构存款余额为7096亿元，占全省存款总量的70.28%，贷款余额为6871亿元，占全省贷款总量的81.22%。

（4）金融机构的经营能力有待加强

①融资性担保机构盈利空间很小。我省融资性担保机构普遍受制于资本金规模较小、银行准入门槛高、业务创新不足等因素影响，难以开展业务，盈利空间十分有限；近年来，外部宏观经济环境不景气、加之担保对象又多为"三农"，易发生失信违约造成代偿损失，从一定程度上也加重了担保机构的代偿压力和日常资金运转。

②小额贷款公司风险控制能力。受银行类金融机构的健全和战略重心转移、小贷公司

数量增多且严重同质化、互联网金融快速发展的多重影响,我省小额贷款公司竞争压力加大,生存发展空间备受挤压。此外,小额贷款公司尚未加入人民银行企业征信系统,难以及时通过系统获取借款企业或个人的信用记录,同时也无法将借款人在小额贷款公司的贷款的信用记录反馈到人民银行的征信系统,由此产生的信息不对称加大了小额贷款公司风险控制难度。

三、国内外经验借鉴

(一)国内经验借鉴

1. 上海自贸区

上海自贸区从2013年9月底开始建设,进一步扩大金融开放,适度放开货币自由兑换、利率市场化、汇率自由汇兑、金融业的对外开放、产品创新等多方面进行试点。目前已基本形成了以资本项目可兑换和以金融服务开放为主要内容的金融创新制度基本框架,以及更加开放、多样的金融市场和金融机构体系。

(1)发展经验

①以负面清单管理模式为核心的外资投资管理机制已经开始运行,修订出台的负面清单中,外商投资准入的禁止项逐年递减。

②为实现贸易便利化而设立的贸易监管机制正常运行,严守"一线放开、二线安全、高效管住"的监管制度。

③在资本项目可兑换和金融业的对外开放方面有了实足的进展,以开放为核心的金融改革方向基本确立,其中包括了人民币跨境自由使用、外汇市场化改革,以及自由贸易账户金融服务功能。

④政府职能逐步由事前审批机制逐步转变为导向性的事中事后监管机制,审批流程不断简化,政府权力不断精简,透明度不断提升。

(2)启示

①完善管理机制,提高决策效率

中央与地方共同管理是上海自贸区目前采用的管理架构,所以说也会产生很多问题,中央和地方的金融政策与节奏往往缺乏协同,出台细则也不到位,从而影响区内金融业务的拓展与创新;再者,目前区内金融监管原则不利于金融资源与监管协调统一,自贸区金融监管应与国家宏观审慎监管体系相一致,不能缺乏统一性与完整性。

②提高金融制度改革的协同性,加快具体细则落地。

由于金融领域相关法律没有及时调整到位,目前,自贸区金融创新与开放的法律框架仍依赖于是金融市场利率、金融监管机构出台的部门规章,特别汇率与资本项下开放更需要顶层设计与宏观指导。与此同时,区内金融部门发展的细则仍处于酝酿阶段,业务管理办法还未生成,要拓展区内业务还缺少法律指引。

③制度建设既要对标国际又要服务实体经济

自贸区将是中国参与世界经济合作的一个重要平台,所以自贸区制度必须与国际标准接轨,这样才能吸引外资流入,从而加速与国际社会的一体化进程。自贸区在金融领域的先行先试,应更好地服务实体经济与符合国家宏观经济政策,这样才能建成与国际接轨的"金融开放高地"。

2. 天津自贸区

天津自贸区深化金融领域开放创新,基本形成了以扩大人民币跨境使用、深化外汇管理改革、扩大金融机构和业务开放、提升租赁业发展水平为重点,以做好金融风险防控工作为基础,以推动京津冀区域金融市场一体化为发展方向的金融体系。

(1)发展经验

①发挥产融结合优势

天津自贸区依托京津冀一体化、滨海新区开发开放及金融示范区等国家战略,以及天津大制造、大工业的产业特色将金融和产业相结合,将融资租赁业作为特色产业打造。建立了中国天津租赁平台、中国金融租赁登记流转平台,实施了融资租赁企业进出口飞机等大型设备海关异地委托监管、融资租赁企业设立登记备案限时办结、允许融资租赁企业开展主营业务相关的保理业务和福费廷业务、允许收取外币租金等制度改革,建立完善了租赁企业服务体系。

②增强金融服务创新

天津自贸区积极推动金融服务业对符合条件的民营资本开放,全国首批筹建的三家民营银行之一的天津金城银行运营良好;开展了跨国公司外汇资金集中运营管理改革;通过离岸配资业务和跨境双向人民币现金池业务,将借款主体和标的企业有效衔接;通过供应链金融服务方案将金融服务对象扩大到上百家企业;建设分账核算系统和核算单元,积极参与人民币跨境投融资业务;积极结合京津冀一体化政策,推动人民币结算业务建设、引导基金和资金流向、推动资产证券化发展。

③推进金融基础设施建设

天津自贸区持续改善金融生态环境,促进动产融资业务发展,通过"政府推动+司法释义+征信保障+市场运作"制度建设机制,推动建立动产权属统一登记制度,促进社会诚信体系建设,探索金融纠纷司法替代性解决机制。

(2)启示

从天津自贸区的建设看,自贸区的建设需要深化金融体制改革,创新业务模式,加强风险控制。大力发展科技金融,为科技型企业提供全生命周期的金融服务。加快金融组织体系建设,吸引全国性和外资金融机构在自贸区设立区域总部或分支机构。加强区域金融中心建设,吸引各类金融要素聚集,逐步健全多层次金融机构和金融市场体系,打破制约自贸区金融发展的制度瓶颈。

3. 前海自贸区

前海自贸区战略定位于依托港澳、服务内地、面向世界,将前海自贸区建设成为粤港澳金融深度合作示范区。

(1)发展经验

①发挥地缘优势

深圳政府与香港政府"双向"合作。第一,降低"引进来"门槛,支持香港金融机构到前海开展金融业务。第二,放开"走出去"束缚,鼓励前海金融机构赴香港开展国际金融业务。第三,协同合作、同步进行的共享型双向合作模式。

②借助改革开放经验优势

前海自贸区金融创新目标主要是围绕人民币国际化、利率、汇率市场化以及投融资便利化等改革议题，依托香港离岸人民币中心建设，重点在跨境人民币业务创新发展、深港金融市场互联互通、投融资便利化以及资本项目开放先行先试等，并通过打造深港共同资本市场，使金融要素及资源在深港率先实现自由流动与市场配置，建设开放型金融示范窗口。推进跨境人民币业务创新改革，推动金融服务贸易自由化，推动投融资便利化。

③凭借深圳科技之城实力，构建国际化现代科技金融服务体系

前海自贸区采取了一系列切实可行的具体举措来推动金融支持高新技术企业发展战略，包括搭建科技金融服务平台，鼓励创新创业企业借力资本市场，支持企业在前海股权交易中心、全国中小企业股份转让系统、深交所、港交所等境内外多层次资本市场挂牌或上市，建立健全财政资金支持形成的知识产权处置和收益机制，促进创新要素自由流动，依托前海深港青年梦工场、创业创新产业带等项目，发挥以梦基金为代表的前海基金集群优势等。

（2）启示

深圳前海自贸区在市场准入、金融业创新、贸易便利化和行政管理创新四个方面取得一系列创新成果的同时，也存在市场准入水平较低、金融改革协同性不足及金融监管能力滞后、贸易自由化程度不高、政府监管法制化建设滞后的问题。因此，为了加快前海自贸区的发展进程，应做好以下几方面的工作：简化负面清单，增加其透明度和可操作性；加快推进金融业对内对外开放，创新金融监管能力建设；完善贸易单一窗口制度建设，提高贸易便利化和自由化水平；进一步推动政府职能转变，使政府治理透明化。

4. 香港自贸港

香港经济的繁荣得益于其灵活的金融政策、宽松的企业经营环境以及实行的低税率和零关税政策。

（1）发展经验

①灵活的金融政策

香港的外汇管制一直较为宽松，但并不是对所有的金融活动都采取完全放开的态度，在某些关键的金融活动方面如保持港币与美元的联系汇率制，发行货币银行以及对发行货币银行的监管都会直接干预，以保持社会的稳定。

对一些特殊的金融活动会采取短暂性干预。短暂性干预是香港政府对金融市场采取的一种临时措施，例如按揭率管制、外汇基金等，主要用来应对经济运行过程中出现的突发的短期性问题。

②自由的经营环境

除了关于民生的基础核心部门，香港政府对各个行业的外商直接投资不做任何限制。在香港经营企业只要按照香港法律合法经营，不论是本地企业还是外商企业都会得到公平对待。正因于此，香港吸引了大批的金融机构在香港设立总部或分行。这一开放的企业经营体系加速了国际资本之间的流动，也持续推进香港的金融发展。

③实行低税率和零关税政策

在香港除了几类政府管控的商品的进出口之外，对一切商品都不征收关税，商品可以在自由港与国际市场自由进出。另外，香港的企业经营不征收流转税。增值税和销售税都不予征收。在港企业只要每个会计年度申报一次即可，申报税收的审批流程也几乎采取互联

网申报,大大提高了运行效率。

（2）启示

①完善的金融监管制度和司法体系。香港的银行金融体系、外商投资和货币政策一直以来以自由著称,税率比较灵活,比英美等国都低,廉洁高效的政府提供一个宽松的金融创新与开放的良好环境。

②先进的金融基础设施的优势。香港拥有全世界最先进的结算、支付和托管系统,可提供多币种的外汇交易同步交收,为跨境金融活动提供安全稳定的运行环境,使其能在香港安全有效地进行。

③拥有丰富的人力资源优势。相对于其他国际金融中心,香港因为其良好的从业环境,比东京、伦敦拥有较为丰富的人力资源。

（二）国外经验借鉴

1. 新加坡

1968 年,新加坡着手建立离岸金融市场,这也是新加坡金融开放走出的第一步。1975 年实现了国内利率市场的自由化,1978 年取消了外汇市场的管制,1995 年推出国际板,1991 年对本币的管制也取消。这些有序的金融改革措施,加快了新加坡金融开放的进程。

（1）发展经验

①统一的金融管理体系

在国家的金融管理体制方面,新加坡当前的金融市场主要由金融管理局、新加坡投资公司以及货币委员会共同管理。这种统一的金融管理体制有利于在扩大金融开放的框架下对金融体系进行宏观调控,防范金融风险,为新加坡的金融开放发展奠定了一个良好的基础。

②降低金融准入门槛

逐步放开对外商投资的限制。1999 年以后,政府为鼓励对外开放,在银行领域增设特许完全业务牌照和部分业务牌照,取消了外资在本土银行 40%的投资上限。在外汇监管上,政府逐步解除了对外汇的管制,开放了对外直接投资,当前新加坡允许所有国际机构发行新币债券和股票,境外企业在新加坡上市与本土企业的条件一致。另外,金融机构积极推进金融衍生品的场外交易,在国内金融市场做到外商直接投资的零门槛、零限制。在券商行业,所有证券公司在新加坡市场的交易完全实现自由化,每家证券公司可自主决定自身的佣金率。金融监管的不断改善大大促进了新加坡跨境金融的发展。

③重视金融人才的发展

新加坡在国内实行专业技能计划,并以丰厚的待遇和薪资条件吸引境外优秀金融人才来新加坡工作。制订优惠政策吸引高层次人才,只要具备官方承认的本科及以上学历就可以长期在新加坡工作生活,三年之后即可申请成为永久居民。金融人才的培养和引进为新加坡的金融发展提供智力支持。

④优惠的税收政策。

新加坡和香港之间的一个共同点便是在税收上政府都采取了低税率、免关税的政策。新加坡的税收采取区域税制度,低税率吸引了大批国际机构前来投资,极大地带动了跨境金融业的发展。在关税方面,目前除了酒类、烟草类、石油类以及车辆四类产品需要缴纳关税外,其余物品进出新加坡都免征关税。

（2）启示：

①建立金融业的综合监管协调机制

自贸区在金融创新与开放过程中,要借鉴新加坡等国的金融监管经验,建立金融业的综合监管协调机制,在金融开放的过程中,要考虑开放的次序,特别是关注人民币的跨境使用,保证金融业的持续健康发展。

②建立有利于风险管理的账户体系

新加坡在早期的发展过程中,为了控制风险,对银行业实行了专门账户的"内外分离"和"分类牌照管理"。之后,随着金融市场的不断完善,取消了对专用账户的限制,向"渗透型"转变。可以借鉴新加坡的有益经验,对银行业务牌照进行分类,设立专用账户,逐步过渡到"特许完全业务"牌照等。此外,要建立有利于风险管理的账户体系,有效隔离自由贸易账户和境内区外银行结算账户之间的资金流动。

③简化审批流程,提高审批效率

自贸区在实行单一窗口受理后,办事效率大大提高。应加快审批制度改革,放权于市场,让市场机制调节经济活动。未来,在"大数据"时代,商业模式悄然改变,要加快信息统一监管体系建设,建立信用负面清单制度和企业信用评价体系,将失信企业、个人限制甚至排除在市场之外。

2. 科隆自贸区

（1）发展经验

巴拿马科隆自贸区是全球第二大自贸区,仅次于香港。自贸区以批发业为主,已发展为西半球最主要的自贸区。科隆自贸区位于巴拿马运河的入海口,连接大西洋,其独特的地理位置优势是其成功的重要因素之一。除去地理位置优势,总结科隆自贸区的成功经验主要有以下三个方面:稳定的政策,便捷的跨境结算以及低税率的优惠政策。

①稳定的政策

从1948年成立以来,几十年的发展过程中自贸区都秉承着一切为自由贸易化的根本原则。巴拿马政府给予了境内外投资者在法律上的保障,使他们在自贸区内可以自由贸易且效率很高。政府对在自贸区内登记注册的公司都实行简便的审批政策,审批流程简捷高效。与此同时,自贸区在区内设立管理委员会,对企业在各个方面提供专业的服务和帮助。管理委员会的存在为园区管理提供了方便也为境内外企业提供法律保障,保证了自贸区的安全长久发展。

②便捷的跨境结算体系

科隆自贸区另一个显著的特征便是投资者在巴拿马投资不用考虑汇率市场变动带来的不利影响。巴拿马官方货币巴波亚与美元的汇率固定在1:1的水平,央行仅发行辅币。在跨境结算方面,由于全球绝大部分银行都在巴拿马设有分行,跨境资金的结算非常便捷。另外,巴拿马政府取消了存款利息税,放开了外汇的管制,境外机构在当地投资所得的利润可以百分之百回流使用。高度自由便捷的跨境结算体系使当今的巴拿马金融业走向了国际化。

③接近零税率的政策

在税率方面,科隆自贸区相较于香港自由港和新加坡而言,商业活动几乎可以用免税来形容。货物的进口、进口再加工继而再出口都不征收税收;区内企业的资本输出和股息免税;区内生产销售商品免征生产税和销售税;境内企业的海外利润也无须缴纳所得税。除了对外资获利部分征收2%至5%的低税收,自贸区对所有商品和服务几乎实行免税制。

（2）启示

①采取分片治理的管理模式

园区内的各个行业分布在不同的区域,相互之间尽可能不进行混合,在此基础上对每个区域进行统一管理。发展的过程中自贸区不断改善管理体制,力求实现自贸区的长久发展。

②税收政策的创新

税收政策对跨境贸易起到了很大的促进作用。在货物进口上实行延迟支付关税制,对境外退货的产品不再进行二次征收关税。另外,自贸区为吸引境内外企业机构来园区投资设厂,对在区内生产的企业降低其生产原料的进口关税,提高产品的进口关税,鼓励企业在自贸区建设工厂生产,从而推动自贸区的发展。当自贸区的产值不断提升也必然会带动区内金融业的发展。对所有的自贸区而言,通过贸易促进金融发展是自贸区跨境金融的发展路径。

四、金融业开放的框架

海南金融开放必须找准中国国情与海南定位的结合点。当前我国金融对外开放的目标是推动中国与全球的双向联通,试验任务包括提升人民币国际化水平、探索资本和金融账户可兑换、增强国际金融治理话语权、有效运作国家资本、推进金融机构国际化运营等各个方面。自由贸易试验区的金融开放主要针对的是跨境金融服务,但现有自由贸易试验区金融改革和金融市场发展明显低于预期,表现在资本账户自由兑换推进低于预期、金融业的对外开放仍有待进一步推进以及金融交易平台建设还处于起步阶段等方面。海南自由贸易区（港）可以在以下两个领域重点发力:

（一）金融服务业的双向开放

金融机构集聚是优化金融服务的前提,要以国际化视野,更开放的措施,配合国家"一带一路"倡议实施等节奏,吸引世界银行、国际货币基金组织、亚洲开发银行、亚洲基础设施投资银行等到海南开设地区总部或运营分部,与有条件的"一带一路"沿线国家和地区在金融机构互设准入和金融市场有序相互准入等方面进一步放宽限制,吸引各类外资金融机构在海南集聚;支持海南银行等法人金融机构引进境外金融机构入股,有序到周边国家和地区开设分支机构。

1. 继续放宽对外资金融机构股比限制

目前国家已有明确的开放时间表,如对基金、证券、期货等持股比例放宽至51%,三年后投资比例不受限制;保险公司投资比例三年放宽至51%,五年后不受限制。对此海南可针对当地的法人金融机构,争取外商持股比例一步到位的政策。

在引进外资金融机构过程中可以遵循循序渐进的原则,先期允许外资银行逐步参股、入股海南本地的银行类金融机构,比如具备一定规模的农信社。待经营管理机制逐步成熟后,再放开各类城市商业银行与外资银行进行合作与合资,最后再惠及所有的金融机构。

引进的外资银行参股、入股本地金融机构之后,应该形成城市商业银行的特色,就是充分服务国际旅游消费中心的建设需求,解决海南本地旅游产业在融资、投资方面的各类问题。同时也需要政府部门能够提供相应的绿色通道，比如在税收优惠、人才落地、企业注册、政府补助等方面向这类合资银行予以倾斜，鼓励城市商业银行与外资金融机构的合作。另一方面，政府部门在精简流程、提升行政效率的同时，也要制定配套的监管措施，防止企业钻政策漏洞反而给本地金融业发展带来风险。

2. 以自由贸易账户为抓手，推动资本项目可兑换，探索投融资汇兑便利化，为实体经济和贸易投资便利化提供优质金融服务。

开展跨境融资投资贸易结算，抓住有利的改革窗口期，按照"服务实体，循序渐进，统筹兼顾，风险可控"的原则，稳步推进人民币资本项目可兑换。

（1）增加或扩大与境内市场的回流通道

一方面，在现有的 RQFII、沪港通、深港通以及即将开通的"伦港通"等境内外资本市场对接通道安排中，针对在海南设立的金融机构和企业，专门给予新的增量额度，为离岸人民币回流提供更多的资本市场投资通道。另一方面，通过设计符合海南自贸区以及未来的自贸港发展需要的外汇管理制度，建立常规化的跨境人民币贷款通道，采用绝对额度模式或相对参数模式进行管理，为离岸人民币进入和支持境内实体经济提供通道。

（2）增加或扩大境内资本项下的人民币的流出通道

一方面，在现有的 QDII、QDIE、QDLP 等对外投资安排下，针对在海南省设立的金融机构和企业，专门给予新的增量额度；另一方面，在国内"1+3+7"自贸区对外投资政策的基础上，进一步放松对海南省的企业和个人进行海外投资的限制。

3. 依托海洋经济发展跨境金融业务

海南省应依托海南海洋经济巨大潜力，大力发展船舶融资租赁，探索面向东南亚国家的跨境金融业务，包括跨境贷、跨境债、跨境资金池、跨境资产转让、跨境双向股权投资等。

4. 以金融市场为载体，提升服务一带一路国际合作能力。

（1）逐步组建海南自己的金控平台，直接对接香港新加坡等国际金融市场，服务海南一带一路企业走出去；

（2）配合国际热带农产品交易中心、国际航运中心、国际知识产权中心等建设，组建登记、结算、证券化平台，服务相关领域资本化和国际化。

《总体方案》提出，要加强"一带一路"国际合作。按照"共商、共建、共享"的原则，构筑全方位、立体化开放通道；鼓励"一带一路"国家和地区参与自贸区建设；支持"一带一路"国家在海南设立领事机构；支持与"一带一路"国家开展科技人文交流、共建联合实验室、科技园区合作、技术转移等科技创新合作。推动海口、三亚与"一带一路"国家和地区扩大包括第五航权在内的航权安排，提高机场航班保障能力，吸引相关国家和地区的航空公司开辟经停海南的航线。

以海南国际能源、航运、大宗商品、产权、股权、碳排放权等交易所建设为突破，加快形成开放、包容、与国际接轨的金融市场，同时取消区内企业境外融资行政管制，支持企业自主在境外融资，降低融资成本。结合人民币项下可兑换改革进程，发展以人民币计价的能源、国际大宗商品现货和期货市场，探索以人民币定价的规则和机制。

（3）培育海南金融市场。以国际能源、航运、大宗商品、产权、股权、碳排放权等交易场所为依托，设计"琼新通""琼港通"等通道，构建与全球互联互通的金融市场，吸引全球贸易、法律、会计、评级、咨询等现代服务业落户海南。

（4）用好境外资本市场。在境外发行自贸区建设专项债。在境外发行自贸区建设专项债，所筹资金可根据需要调回区内，按照债券募集说明书所披露的用途用于自贸区建设。2016 年 12 月，上海市政府通过自贸区平台对外发行了首只地方政府债，总规模 30 亿元。伴随着债券市场的开放，可以发挥金融机构、企业、组织、产品、基金等的聚集作用。

自贸区债券市场是债券市场开放的重要突破口。创新自贸区债券发行机制，让境内外发行人可以在一个更加灵活便捷的环境中，面向全球募集资金。并创新推出"一带一路"跨境发行框架。通过建立专项债信用评级制度、市场化的债券发行方式，探索建立专项债的政府债务管理机制，完善风险评估预警机制、应急处置机制，确保不发生区域性和系统性债务风险。同时，使进入自贸区的境内外投资者参与更多的风险对冲工具。

海南依靠债券市场推动人民币国际化，形成多层次多元化的人民币投资和保值增值的渠道。可以通过国债、基础资产、基础设施证券化，向海外的投资者提供投资品，这是高质量、收益相对较高、对国外投资者非常有吸引力的产品。

（5）促进交易所设立、国际保险入驻、保险代理注册等金融开放措施。其中重点是构建创新国际金融交易机制，中国的贸易伙伴遍布全球，一方面加强与欧美发达国家的贸易机制，另一方面需要创新如"石油人民币"等方面的大宗商品交易平台。

（二）加快布局，打造国际离岸人民币中心

建立包括贸易结算回流、人民币外债市场、外商直接投资、境外商业贷款等多层次境外人民币回流体系，率先实现人民币资本项下可兑换，加快形成国际领先的离岸人民币市场，力争把海南建设成为全球性的人民币产品创新、交易、定价中心。

中国香港、迪拜等国际自由港以其自由开放的资本流动环境，成为世界著名的金融中心。近 5 年来中国自由贸易试验区在跨境金融创新、外汇管理改革、扩大金融市场对外开放以及建立新型金融风险防范体系等各个领域进行了探索创新，但货币自由兑换和资本项目开放是一个系统问题，不可能在有限空间中完成，在自由贸易试验区仅可以探索一些开放经验。建设海南自由贸易港，建设金融中心是一个十分重要的发展目标和功能定位。

海南作为中国的经济特区，且具有地理区隔优势，完全有条件建设高水平离岸金融中心和人民币交易中心，成为人民币国际化和推进"一带一路"建设的重要金融平台。要积极开展离岸金融业务，发展境外居民存款、贷款，境外居民衍生品交易等业务；探索建立面向非居民的人民币离岸金融市场，重点提供证券投资、贸易结算、保险等服务。扩大人民币境外使用范围，平衡贸易、实业投资与金融投资，推动人民币和资本"走出去"，探索建设人民币交易中心。同时，要坚守安全底线，把主动防范化解系统性金融风险放在更加重要的位置，完善金融安全防线和风险应急处置机制，为国家金融自由化探索经验。

1. 扩大离岸人民币市场的参与主体

海南省 926 万常住人口和 6745 万人次（2017 年数据）的游客使用人民币，是对离岸人民币市场参与主体的重要补充。在目前现有的离岸人民币市场基本上没有个人业务的情况下，海南省将成为新的、并且有可能是唯一的离岸人民币个人业务的中心。

2. 建立新的人民币离岸市场流动性的提供渠道

一方面，允许在海南省设立的金融机构进入境内银行间同业市场开展人民币拆借、回购等业务，为人民币离岸市场的短期流动性增加渠道。另一方面，基于海南自贸区设立后，区内各家银行独立进行流动性管理的需要,人民银行建立为区内各家银行提供人民币流动性支持的机制,从而增加市场流动性补充的重要官方渠道。

3. 逐步建设离岸人民币定价中心

利用海南自贸港的地位,落实自贸区自贸港建设中关于利率市场化和汇率市场化的要求,可以将海南建设成为离岸人民币定价中心为目标来进行自贸区自贸港金融体系设计。海南省应着重离岸人民币债券利率市场化建设并发挥人民币离岸债券定价中心的功能;之前我国政府和企业为提升人民币债券形象,利率设定都高于实际市场利率一个百分点左右,这导致了大量投机套利的交易行为,不利于长远健康发展,海南省自贸港的建设应着重发现离岸人民币债券的真实利率并发挥亚太地区定价中心的功能。

4. 探索中国特色的人民币离岸金融法律体系

海南自贸区自贸港是中国法律管辖下的特殊经济安排区域,承担着《中共中央 国务院关于支持海南全面深化改革开放的指导意见》提出的"探索建立开放型经济新体制"的发展要求和"营商环境跻身全球前列"的发展目标。这就意味着在法律体系上,要探索如何基于中国的成文法系,与作为国际营商环境主流法系的普通法系进行融合;在监管环境上,如何相对减少以政策为方式的行政监管手段的比例,增加以法律为主的制度监管手段和以交易为主的市场监管手段。这也是中国特色自由贸易港制度安排在金融领域的探索任务。

5. 逐步建立起人民币自由兑换的区域性市场

海南建设中国特色自由贸易港,体现"全面深化改革开放试验区"的作用,在金融领域的目标,就是建立起区域性自由兑换的在岸市场,服务于资本项目可兑换。也就是说,在海南,人民币既是自由兑换的,又采用的是与内地相同的利率和汇率,即在海南流通的人民币与内地流通的人民币是一样的,并且还可以自由兑换。这是一个大国货币国际化进程中前所未有的试验,是中国特色的体现。当然,这个目标不是一步到位的,而是"逐步探索、稳步推进"的。在最终建立区域性自由兑换的在岸市场之前,海南必须要经过两个阶段:第一阶段是从目前未自由兑换的在岸市场转变为在岸市场与人民币离岸市场并行,第二阶段再在此基础上转变为区域性自由兑换的在岸市场。

第一阶段建议以中央12号文规定的"2020年海南自贸区建设取得重要进展"为阶段性目标节点,在制度设计上要注意处理好几个关系:

一是区内与区外的关系。本币在一国一个区域内的自由兑换,目前可借鉴的模式只有纽约的"国际银行设施"(IBF,International Banking Facility),也就是内外分离型的离岸金融模式。在这一模式下,应当参照香港、新加坡等国际金融中心的金融监管制度,制定新的外汇管理制度。

二是存量与增量的关系。针对海南经济总量较小,存量存贷款规模较小的特点,采取存量客户和业务继续使用现有账户、增量客户和业务使用有标记的特殊账户体系(类似上海的FT账户体系)的方式,现有账户保持境内账户的性质,特殊账户视为境外账户。账户体系是海南自贸区建设的金融基础设施,是人民币自由兑换的关键,建议以目前相对成熟的上海自贸账户体系为基础进行优化。

三是居民与非居民的关系。中国内地居民与海南居民的人民币双向往来,按照现有的外汇管理办法进行管理,但是经常项目(包括货物贸易和服务贸易)项下完全开放。海南个人居民投资内地证券市场放开,海南企业投资内地证券市场按照QFII给予额度。

四是稳定与开放的关系。学习香港等自贸港的经验,设立外汇平准基金,以应对可能发生的海南人民币离岸市场汇率大幅度波动。同时也为第二阶段的两类账户并轨、实现单一账户、自由兑换做好稳定市场的准备。

五、推动金融业高质量发展

围绕三区一中心重构新型金融业态,发展绿色金融、海洋金融、物流金融和区块链金融等新业态;设立金融机构区域性总部,提高服务实体经济能力;引进外资金融机构、设立专业性金融机构;创新金融产品,重视科技创新。从政策突破、体系创新、运营管理等层面重构新型的金融业态,推动海南金融业高质量发展。

(一)创新金融市场

1. 发展旅游资源产权市场

旅游资源的产权或者所有权,就是指旅游资源持有人具有对旅游资源行使转让、支配、收益、占用、交易的权利。旅游资源产权市场,就是让原本固化的这种产品能够在有限的市场范围内流转起来,使得旅游资源的配置效率提升。

旅游资源产权交易市场的目的就是为旅游公司、旅游开发项目提供投资、融资需求服务的市场。具体的交易形式包括:旅游公司与开发项目的融资、旅游公司股权交易、旅游景区的资产赎买、旅游产品知识产权的转让等。旅游资源产权交易市场,能够将海南的旅游资源与本地资本实现有机结合,从而吸引各类资本积极参与到自贸区(港)的建设中,形成具有竞争力的本地旅游资源和品牌。

2. 发展知识产权市场

知识产权本质上是一种无形资产,它主要包括专利权、商标权及著作权(版权)。《中国(海南)自由贸易试验区总体方案》中提出,要鼓励探索知识产权证券化,完善知识产权交易体系与交易机制。2019 年 2 月 22 日,海南省知识产权局与恒生电子股份有限公司在海口签署合作框架协议,双方将发挥各自优势进行全方位合作,推进海南知识产权登记及证券化建设,筹建国际知识产权交易中心,要把海南建设成为全球性的知识产权投融资市场,推动海南成为国内乃至亚太地区的知识产权集散中心和定价中心。

作为知识产权运用转化和实现价值的最高形态,知识产权证券化成企业融资新途径,且备受关注。2018 年,在海南省知识产权局的组织和推动下,中国信达资产管理股份有限公司海南省分公司、信达证券历时四个半月时间,从确认发行主体、确认基础资产、引入担保主体 3 个方面入手,权衡了企业的知识产权数量、规模、利润水平等因素,并对企业基础资产现金流进行严格把关,最终完成了全国首单知识产权证券化产品的发行,实现了海南在知识产权证券化方面的积极探索和突破。知识产权证券化可以帮助企业利用知识产权进行融资,拓宽企业融资渠道,有利于引导金融资本向高新技术产业转移,推动科技成果转化,促进知识产权成为驱动企业创新发展的引擎。

3. 发展票据市场

2017 年 5 月,海南省设立亚联盟金融资产交易中心,从事票据、应收账款等金融资产转让业务。大力鼓励合格银行和企业开展票据发行、代理和贴现业务,可通过完善利益机制和竞争机制,积极培育和发展海南省票据市场。在完善利益机制方面,可适当提高银行承兑汇票的手续费,增强办理票据承兑业务的利益基础;在完善竞争机制方面,可选择和重点支持一些资信情况良好、产供销关系比较稳定的企业签发、收受、转让商业承兑汇票,商业银行对被选企业开出的商业承兑汇票申请贴现的,优先予以支持。票据市场的纵深发展,既可为中央银行实施区域货币政策实施重要操作渠道,又能缓解企业流动资金紧张局面,培育企业信用意识,充实企业信用评估的基本数据条件。

4. 发展股权交易市场

近年来,我国多层次资本市场体系不断完善,在 A 股主板、中小板、创业板之外,区域性股权交易中心发展迅速。成立于 2014 年底的海南股权交易中心,经过三年多的发展,挂牌企业将近 1400 家,为挂牌企业对接银行等间接融资超 6 亿元,对接股权融资将近 2 亿元。发展股权交易市场,旨在帮助中小微企业拓宽融资渠道,补齐资本短板,破解长期来制约中小微企业发展融资瓶颈的有益探索,积极引导中小微企业逐步向多层次、多元化资本市场迈进,不断增强核心竞争力,为推动中小微企业优化结构,转型升级,提供政策依据和资本运作服务,促进海南省非公有制经济健康发展。

海南发展至今已初步具有一批良好的企业群体,但现在中小微企业发展面临较多困难,海南股权交易中心是中国多层次资本市场的有效组成部分,是多层次资本市场的基础环节,是培育、孵化和规范中小微企业发展的重要平台。发展股权交易市场,可以引导企业对接到多层次资本市场,帮助企业利用好多层次资本市场化解融资难题,提升企业核心竞争力,助力企业快速发展。

5. 发展国际能源交易市场

海南背靠中国这个全球最大油气及能源衍生品消费市场,有机会实现成功对标新加坡,成为立足中国市场、辐射亚太、面向全球的国际性能源交易平台,向世界油气市场传递出公允的"中国价格"和"中国指数"。海南依托国家给予的先行先试政策,在金融及能源领域也大有可为;南海作为中国重要的能源基地,也是"一带一路"的重要支点,围绕能源领域的勘探开发、基础设施建设、境内外能源投资等方面也蕴含大量机会。

海南建设国际能源交易平台应以现货为基础,参照新加坡发展石油衍生品交易,与上海国际能源交易中心形成错位发展,以现货交易形成对原油期货的有效支撑,共同推动中国能源多层次交易市场体系建设。要充分发挥协会统筹优势,整合全球资源,广泛吸引境内外能源机构和金融机构参与,构建一个多层次的现代化市场体系,为全球 70% 左右的中小微能源企业搭建一个公平竞争的国际交易平台,释放中小企业产能。同时交易平台要立足为实现中国更高水平对外开放格局、"一带一路"发展提供帮助。

海南发展国际能源交易市场对进一步理清全球能源变革趋势,构建现代化能源产业体系,提高整体对外开放水平,具有十分重要的意义。

6. 发展碳排放权交易市场

海南发展国际碳交易中心的优势主要在于国家政策的支持以及未来政策可能带来的机会,尤其是自由贸易港建设配套的未来相关政策如贸易政策、金融政策以及人才引进政策等的支持。然而,不管海南在未来是单独发展碳排放权交易,还是发展多种产品同场交易,从金融业配套,到人才引进、国际化程度以及基础设施建设等方面。都对海南提出了很高的要求,在海南发展国际碳排放权等交易是中国依托海南特殊地理位置的发展策略之一,更深层次的意义可能在于如何提升中国在这些商品和产品的国际参与度,并能掌握定价话语权,服务于中国在未来全球化背景下的经济发展格局。

7. 发展大宗商品交易市场

2008 年 12 月 15 日,海南大宗商品交易中心有限公司成立。其目前的上市品种包括槟榔、国际橡胶和国内橡胶。主要为商品交易及服务类交易提供场所、网络平台以及登记、结算、交收、货权监管和中介代理服务,今后还将开展引进金融机构和资金,设立第三方支付平台和融资平台等。2018 年 6 月初,海南大宗商品交易中心与新加坡亚太交易所达成合作意向。双方将抓紧推动东盟盛产的棕榈油品种进入海南大宗商品交易中心平台交易,并为相关贸易商提供金融、信息、物流和配套服务。

海南大宗商品交易市场应该抢抓建设海南自由贸易试验区和中国特色自由贸易港机遇,加紧研究制定推进大宗商品交易所建设工作实施方案,学习借鉴国内外大宗商品交易所运营的先进经验,再造海南省传统商品交易市场的商品集散功能,扩展海南省第三产业的服务模式,提高全省大宗商品的交易总量和交易效率,推动商流、物流、资金流和信息流在海南省的高度聚集,带动包括金融保险、信息咨询、商务服务、物流仓储、流通加工等在内的现代服务业的发展。

(二)发展绿色金融

1. 大力发展绿色基金

绿色基金是绿色金融体系中资金来源最广的融资方式,包括但不限于绿色产业基金、担保基金、碳基金、气候基金等。建议鼓励海南省政府以多种形式发起或参与 PPP 模式的绿色发展基金,加大对节能减排和生态环保产业的投资,为地区绿色产业的发展提供充足的融资手段支持。

2. 通过机制创新引导民间资本进行绿色投资

建立绿色发展基金、环保基金和绿色项目风险补偿基金,设立民营企业投资引导、担保基金,真正搭建民间资金与政府绿色发展项目之间的"普惠桥梁",切实解决融资难、融资贵等问题。

3、适时推进绿色债券市场发展

创新债券市场绿色产品,在有效防范风险的前提下,允许试点城市发行绿色市政债券,创新推进低碳绿色城市化的发展。

4. 建立绿色金融风险防范体系

加快建设专门的绿色融资审查体系,依法建立绿色项目投资风险补偿制度,搭建绿色金融信息交流交易平台,引进第三方绿色评估机构,加强绿色金融发展监管考核,有效防范信用风险和流动性风险。

5. 开发和创新碳金融产品

不断进行碳金融业务的创新是海南发展碳金融的必经之路。首先,研究开发以碳排放权为质押的贷款业务。金融机构由于碳金融项目开发的风险性高、投资收益不稳定而产生惜贷行为,随着碳排放权交易市场的不断成熟,碳排放权的价值逐步凸显,开发碳权质押贷款以碳排放权为质押,既降低了金融机构的投资风险,又为企业融通了资金。其次,可以针对市场中的特定客户群开发创新碳基金理财产品,将市场资金聚集起来投资于具有良好碳金融项目开发潜质和信用的企业项目上。第三,通过投资银行推动碳金融资产的证券化,开发清洁能源机制项目的企业可以将其开发项目出售给国内国际的知名投资银行,通过一系列资本运作在市场上发行有价证券,回笼资金。逐步推出基于碳排放权的保理业务、碳结构类理财产品等创新型产品的开发。

(三)发展物流金融

1. 建立多方参与的物流金融平台

海南省可以借鉴阿里巴巴集团"银货通"的做法,"银货通"整合了银行、小额信贷机构、民间个人投资者的金融资源,以及物流公司、保险公司、质检机构等各类独立的第三方服务机构,形成了一个多方机构共同参与的物流金融平台。"银货通"负责市场开发、调查等职责,其他机构依照各自专业负责入库检验鉴定、价格评估、库存货物处置等。由于多方参与的物流金融平台更具专业性,质押物的选择就不仅限于大宗商品。"银货通"还可接受原材料、五金、品牌化妆品、食品、品牌小家电等商品,大大拓展了物流金融的业务范围。由于多方参与的物流金融平台成员还有各行各业的一级代理商,甚至和多家电子商务网站合作,对价格信息的波动反应更快,从而对放贷资金的风险进行控制。

2. 加强物流金融信用体系建设

首先,建立以法制为基础的信用体系。既要对失信企业实行信用等级管理,也要对失信当事人实行信用等级管理,严厉惩罚,加大信用违约成本,减少信用违约现象。其次,加强信息共享机制建设,避免信息不对称。在物流金融的实践中,很多不信任事件的发生往往与信息不对称有关。通过开发相应的信息系统,使物流企业的货位编码、融资企业的货物编码、仓单编码三码合一,并由第三方独立机构进行监管,就可大大减少这种信息不对称导致的信用违约事件发生,使物流金融的信用体系不断完善。再次,大力发展专业的独立第三方机构,并严格监管。专业的独立第三方机构在物流金融业务体系中占有重要地位,是整个物流金融信用体系中的重要一环,既要对其严格审批,保证第三方机构的专业素质,也要对其严格监管,保证第三方机构的独立性和客观性。最后,建立物流金融的长效合作机制,降低道德风险。从博弈论角度看,信用违约事件通常是短期博弈中出现的情况,如果将短期博弈发展为长期博弈,物流金融各参与方基于更丰厚的长期利益的考虑,会放弃短期博弈中的信用违约行为,从而巩固物流金融的信用机制。

3. 创新物流融资体制和机制

引导企业充分利用财政专项资金、企业债券等融资工具,筹措物流基础设施建设资金。鼓励国有企业通过股权交易方式,参与社会资本共同投资物流基础设施建设。鼓励国有企业、金融机构、大型物流企业集团等设立物流产业发展投资基金,按照市场化原则运作,加强重点物流项目建设和支持物流平台企业的发展。

4. 加快物流枢纽基础设施建设

根据《海南省"十三五"现代物流业发展实施方案》要求,全省规划建设的物流核心枢纽和聚集区所在地市县政府要抓紧研究制定加快物流业发展的具体措施方案,加快临港临空物流枢纽基础设施规划建设,不断完善港口、机场、铁路货运场站(物流园区)的多式联运功能。

（四）发展海洋金融

1. 构建多元化金融服务体系

（1）加大涉海财政支持力度，发挥开发性金融特有优势

首先，引导财政资金流向涉海产业，实施信贷倾斜政策加大对海洋基础设施、海洋环保和涉海战略新兴产业的政策补助力度，制定海洋相关产业的创业减税、免税和退税制度，增加对海洋技术开发机构和企业经费扶持，对涉海中小企业贷款实施贷款贴息和重大灾害风险补偿办法，降低涉海企业的融资成本和经营风险。其次，发挥开发性金融的优势，开发性金融有着资金量大、投资期长、不以盈利为唯一目的等优点。它将国家战略、风险管控和投资收益综合起来作为其经营目标，在对海洋产业进行支持的过程中有着其他金融主体不具备的特有优势；除此之外，它还可以促进金融体系建设、弥补金融在支持海洋经济过程中的市场失灵效应，促进涉海金融支持体系的均衡发展。

（2）提高银行业金融机构支持效率，探索设立海南海洋开发银行

首先，银行业金融机构应着力提高涉海信贷审批效率，加大对涉海中小企业的资金投入。海南省金融机构应根据涉海企业的融资特点和流程，提高涉海信贷审批效率，对于那些信誉好、风险小的涉海信贷可给予绿色审批通道，创新涉海信贷的评审方式，开展涉海信贷限时评审、绿色评审、授权评审等审批机制，对相关海洋战略新兴产业给予优先评审，对风险可控的涉海企业贸易融资项目可采用授信项下的授权审批办法，适时下放审批权力给分行营业点，提高涉海信贷的审批效率，加大对涉海中小企业的资金支持。

其次，银行业金融机构还应加强涉海金融模式和产品创新，推出适合海南本地的信贷产品组合。银行业金融机构一方面应该积极创新涉海企业的质押和抵押方式，探索开展海域使用权抵押贷款、船舶资产抵押贷款、滩涂使用权抵押贷款，订单质押贷款、船舶购置和燃油贷款等涉海特色信贷模式，提高银行业金融机构服务海洋产业的水平。

最后，政府应积极引导搭建涉海银企对接平台，打造和完善涉海产业链金融，尝试设立海南省海洋发展银行。探索成立由人行海口中心支行牵头，由地方金融管理局和海南商业银行主导的对接合作机制，扩大涉海金融信息共享，推动设立市场化原则下的海南省海洋发展银行，作为涉海银企之间和涉海企业之间的融资平台、信息平台和交流平台，进而打造海南省涉海产业链金融，使海南省涉海金融往高水平和体系化的方向发展。

（3）成立海洋产业发展基金

发挥财政资金引导功能，吸引银行资本、保险资本、社会资本进入，同时做好相关政策配套措施，给予资金来源机构和团体相应的政策优惠，加大社会各界对海洋产业基金的投资热情。

海南省海洋产业引导基金的运行机制可借鉴美国的海洋产业分立基金制度，即通过成立海洋产业投资基金下的诸如滨海旅游基金、航运基金、海洋环保基金等二级单位，分专业、分领域对海洋产业引导基金进行管理，一方面可以集中资金优势重点支持目标行业的发展，另一方面通过相关领域专业化基金管理人的管理降低基金投资风险。

2. 完善风险防范机制

(1)引进涉海巨灾保险制度

目前,海南省涉海金融保险企业参与度较低,相关海洋保险产品严重缺位。因此,有必要建立涉海企业巨灾保险制度,完善涉海政策性保险制度。设立海洋巨灾保险是目前大多数海洋经济大国的普遍做法,巨灾保险不仅给涉海企业在遭受诸如台风、海洋污染、病虫害等不可抗力灾害时提供资金补偿,更重要的是树立了海洋企业的经营决心,推动海洋经济快速发展;政策性保险有着资金和政策优势,推动政策性保险体系的建立对于海洋经济的发展有重要意义。

引导保险企业和银行业相结合,打造适合海南的涉海保险产品。保险企业应创新保险模式和产品,尽快推出有关海洋环保、海洋渔政、海洋船舶和海洋航运等高风险行业的保险产品,积极开拓离岸保险、远洋基建保险和远洋旅游等特色保险产品。

(2)发展涉海担保业务

担保业务是风险控制性金融的一种重要形式,其在融资风控和经营风控有着非常重要的地位。涉海担保不仅可以分散、化解风险,也有利于涉海企业拓展经营业务,推动涉海行业的创新。

目前,海南省涉海担保业务方兴未艾,尚处于起步阶段。将来海南省应重点发展涉海融资担保业务,促进涉海企业信用增级;除此之外,政府也应主导成立政策性担保机构,引导海南涉海担保业有序发展。

(3)完善涉海金融配套服务体系

金融配套服务体系在金融市场中有着不可替代的作用,它不仅可以提高金融市场运行效率,更保障了金融市场的有序发展。海南应重点发展包括金融资产结算、汇兑和涉海资本运营等非融资性金融服务业务,推动海南涉海金融市场更加高效、有序的运营。

(五)发展科技金融

1. 积极培育科技金融组织体系。引导银行业金融机构在自贸区设立科技金融专营分(支)行,并在人才培养、财务资源、政策措施上给予倾斜,营造简政放权、鼓励创新、开明开放的发展环境,不断提升自贸区科技金融专业化服务水平。

2. 创新科技金融产品和服务模式。针对科技企业特点和融资难点,大力推广仓单、订单、产业链金融以及股权、知识产权质押贷款等信贷产品。支持金融机构向科技企业提供开户、结算、融资、理财、咨询等一站式、系统化金融服务。引导银行业金融机构与证券、风险投资、私募股权投资等机构合作,为科技企业提供投贷联动服务。鼓励银行业金融机构与保险业合作,探索开展信用保险、责任保险、小额贷款保证保险等银保联动模式。

3. 拓宽科技企业直接融资渠道。积极探索直接融资与间接融资、股权融资与债权融资相结合的综合化金融服务体系,满足科技企业多样化的融资需求。支持科技型企业发行"双创"专项债务融资工具和"双创"公司债,通过投债联动模式精准支持科技企业发展。

4. 搭建科技金融综合服务平台。推动建立由政府、金融机构、科技管理部门、科技企业、移动互联网公司等多方共同参与的科技金融综合服务平台。服务平台采用"线上为主、线下为辅"的服务模式,线上向各科技金融主体提供政策服务、政务信息、融资服务、金融产品推介等信息;线下根据企业需求统筹资源、有效撮合,为企业定制个性化融资方案。

5. 加大科研平台的金融支持。对落户自贸区的研究中心和各种产业研发机构,现代服务业、高新技术、智能制造、生物医药、高端信息技术、新能源新材料等领域的科技研发和转化平台,大力给予金融支持,加快成果转化和应用。

6. 完善科技金融基础建设。稳步推进互联网支付、移动支付业务。完善金融集成电路卡、销售终端、自动柜员机等设施的应用环境。大力拓展金融集成电路卡和移动金融在生活服务、公共交通、社会保障等公共服务领域的应用,提升自贸区现代金融服务水平。

六、配套机制与保障措施

金融开放尤其是货币自由兑换不可能单兵突进,需要自贸区自贸港相关制度改革进行配套,才能确保成功。要扩大外资金融机构的准入,推进利率市场化,完善金融市场体系,完善反洗钱、反欺诈、反逃税制度。同时,实行外资准入前国民待遇和负面清单管理制度,接轨与全球主要自贸港看齐的低税率的税收制度,简化公司注册登记和投资管理制度,提升海关监管和单一窗口快速通关制度,提升法律、会计、评级等专业服务体系水平,提高政府行政效率。这些都是人民币自由兑换不可或缺的重要配套支撑。

(一)构建科学的投资环境

打造科学的投资环境对促进开放型经济创新发展具有重要意义。而海南自由贸易试验区(港)金融建设的投资环境包含两类。一是法治化、国际化、便利化的营商环境;二是公平、开放、统一、高效的市场环境。

1. 优化营商环境

2018年10月16日,国务院正式公布的《中国(海南)自由贸易试验区总体方案》(下称《方案》)首次提出要打造"国际一流"营商环境。海南营商环境在宏观方面致力于法治化、国际化、便利化,微观方面突出公平、高效、透明和可预期三个因素。营商环境就是生产力,抓营商环境就是抓发展。海南更要转换身份、转变观念,在改善营商环境上下大力气。这就要求我们既要创新审批管理,又要强化服务功能,还要塑造便利社会环境,切实把制度交易成本降至最低,吸引全国性金融机构落户海南,建立地方特色的金融机构。对此,可从以下几个方面入手:(1)深化行政审批制度改革。实行全自由贸易试验区审批"一张网""一枚公章管审批",编制全国最少的行政审批事项清单,探索"多规合一"下的"零审批",最大限度取消十二个重点产业的生产经营许可证。加快商事制度改革,全面实施"证照分离",调整下放省级管理权限,推动关联、相近审批事项全链条取消、下放或委托。优化"互联网+政务服务",实现"一号申请、一窗受理、一网通办"。建设国际化、便捷化的政务服务体系,推行企业专属政务服务新模式。(2)规范法治化营商环境。构建多元化国际商事纠纷解决机制和国际化的法律服务机构,成立国际专业仲裁调解机构。完善外商投资企业投诉机制,保护外商投资合法权益。加强对产权的司法保护。(3)探索建立普通注销登记制度和简易注销登记制度相互配套的市场主体退出制度。精心组织开展百日大招商(项目)等活动,不断完善招商政策制度体系,积极引进外商投资以及先进技术、管理经验,以最好的资源和最好的服务吸引全世界的投资者参与海南自由贸易试验区(港)建设。创新投资管理制度,实行全国统一的市场准入负面清单,加强准入前和准入后市场管理措施的有效衔接。创新贸易监管制度,基本建成国际先进、具有海南特色的国际贸易"单一窗口",口岸通关时间达到全国先进水平;对洋浦保税港区进出货物,试行"一线放开、二线高效管住"的进出境管理制度;在海关特殊监管区域探索实施保税、非保税、口岸货物同仓存储、分类监管。

2. 大力发展资本市场

优化营商环境,不能只把重点放在审批加快、流程简化等方面,还要营造公平可预期的市场环境。由于市场在经济活动中起至关重要的作用,有必要大力发展资本市场,特别是离岸金融市场,建立自由贸易账户体系,探索开展人民币资本项目可兑换,促进自由贸易试验区企业跨境投融资便利化,稳妥有序开展离岸金融业务。这些方面的具体措施包括:(1)奉行"宽进严管"的理念,不干预企业的正常生产经营活动,主动和高效地担负服务与监管职责,为海南金融业的开发与发展构建一个科学的投资环境。(2)在试验区内实现金融机构资产方的价格实行市场化定价。(3)在风险可控前提下,可在试验区内对人民币资本项目可兑换,金融市场利率市场化、人民币跨境使用等方面创造条件进行试点。(4)加快符合自贸区(港)市场需求的产品创新。(5)探索面向国际的外汇管理改革试点,建立与自由贸易试验区相适应的外汇管理体制,全面实现贸易投资便利化。引进国际化的法律、会计、仲裁等专业服务机构,建立完善国际经济贸易仲裁和国际争端多元纠纷解决机制,公正保护投资者权益。支持知识产权和涉外民商事法庭建设。支持知识产权和涉外民商事法庭建设。(6)创新实体经济与金融结合机制,大力发展普惠金融、互联网金融、绿色金融、科技金融、文化金融等新型金融业态,大力引进外商独资或控股的银行、证券、保险、基金、信托、资金管理等金融企业。(7)成立国有控股的海南国际交易所集团有限公司,积极引进境内外战略合作者,加快设立国际能源、航运、大宗商品、产权、股权、碳排放权等交易场所。(8)建立全球性的知识产权投融资市场,探索知识产权证券化。建设中国(海南)国际知识产权交易所,推进知识产权审判领域改革创新,引入多元化知识产权投融资方式。(9)为了营造国际化、法治化、便利化的营商环境,海南对标世界一流水平,以世界银行指标体系为标准,出台了《海南优化营商环境四十条行动计划》,从企业开办、获得施工许可、获得水电气、获得信贷、建设服务型政府等11个方面出台了四十条特别管用的措施。

(二)加强政府职能的转变

长期以来我国政府在资源配置中始终占据主导地位,政府与市场之间的边界含混不清,两者在资源配置中的作用往往是错置的。政府应当大力简政放权,发挥市场对资源最有效率的配置,同时也要加大监管力度,通过宏观调控与微观规制,监管与协调好市场失效的地方。此外,当今世界全球化最为重要的特征就是资本的全球化,而资本的全球化主要依靠的是投资和贸易的自由化。在金融业这种无实物商品的产业中,合约的有效性有赖于其背后的制度支撑,需要有清晰的产权界定,公平竞争的交易平台以及解决纠纷的机制。这也需要政府加快职能的转变。

因此,总体方案设计显然在政府行政职能改革上进行了积极动作并提出新的方向,政府从传统的管理向现代化综合服务,向创造和打造一流营商环境的职能转换,特别是对于知识产权保护的加强与提升的明确,包括对于提高外国人才工作便利度的制度设计,将使得海南自由贸易区试验在对外开放中改革政府自身。这些方面的具体措施包括:

1. 简政放权,实行负面清单管理。形成一个各类投资者平等准入和公平竞争的市场环境,不仅能给企业以明确的导向,在外资准入方面将更加透明。

2. 提高行政透明度,完善信息公开机制。有效促进投资者参与自贸区管理,使投资者了解行政权力行使的状况,为评价自贸区管理机关的管理行为提供基本的信息支持。

3. 建立完善以信用监管为核心的事中事后监管体系。事后监管必须体现科学性与合理性,符合自贸区建设的总体方案和改革精神强化监管协作发挥社会组织在市场监督中的作用,这样,更有利于节省行政成本,转变政府职能。形成多层次监管机制,减少行政模式的监管干预。拓宽监管范围,以适应金融创新的速度,防止监管滞后与监管真空的现象。

4. 规范运用政府和社会资本合作(PPP)模式,创新投融资方式,引导社会资本参与基础设施和民生事业。

(三)加快税收体制的改革创新

在自贸港税收制度设计上,既要借鉴国际自贸港的成功经验,同时还要结合海南实际,科学合理做好税制设计。税收制度要突出"简税制、低税率、零关税"。

1. 争取中央税制设计授权。要从中央顶层谋划自贸港税收立法,逐步形成完整的自贸港税收优惠政策体系;理顺中央和地方的财税关系,将中央和地方共享税的中央收入部分留给海南。生产经营环节增值税、最终消费环节销售税归海南;为减少决策层级,提高管理效率,建议中央将征税范围、征收税率等税收管理权限授权海南省政府。

2. 进一步简化税制。加快形成以直接税为主体的简税制,推动税收结构转型。直接税首先应该从个人所得税入手,个人所得税改革有利于吸引各类人才,也有助于在全国形成可以复制推广的政策。建议推动城镇土地使用税、房产税等征税性质大体一致的税种合并;同时取消印花税、城市维护建设税等,大幅缩减征收税收种类;充分考虑周边国家或地区实际,调低相关税种税率水平,大幅降低海南宏观税收负担,全面提升海南营商环境的吸引力。

3. 加快实行法定低税率。这个低税率不是现有自由贸易试验区实行的优惠政策,而是法律层面确定的自由贸易港的制度安排。将企业所得税率由现在的25%降至15%左右;将个人所得税的边际税率由最高的45%降到15%左右;提高劳务费的起征点,大幅降低劳务费税率。在产业上,对旅游业、现代服务业以及高新技术产业等重点产业给予税收减免和财政专项补贴支持。

4. 建立"零关税"商品目录清单动态调整机制。海南经济社会发展滞后,产业基础薄弱,贸然实施"零关税",将对海南重点产业发展产生毁灭性影响。建议充分考虑海南实际,全面做好产业发展评估,对海南需要发展的重点产业,如热带农业等,仍征收一定关税,同时根据产业发展阶段,动态调整"零关税"征税范围。

5. 强化税收制度执行。从严控制税收减免,同时加强税收征管,特别注重现代化手段、大数据运用在税务管理中的运用,使税收征管工作的随意性大大减少,不断提高税法的刚性。加强税收管理和税收征缴的便利化,使海南的营商环境和财税绩效走在全国前列。

(四)强化风险防控体系建设

自贸区(港)建设对于海南来说既是发展机遇,也是挑战,尤其是在风险防控方面。因而,在自贸业务开展前,银行务必及时完善风险管控体系,建立健全重大风险防控的组织管理体系和应急响应机制,及时解决风险防控中的重大问题,确保各项业务在法律法规和监管规定的框架内稳健运行。具体应从以下几个方面入手:

1. 确立适应本外币一体化、国际化经营的风险管理理念。逐步形成全方位、全流程、全员参与的风险管理文化，积极探索创新适应自贸业务发展的风险管理模式和风险管理方法。

2. 银行应进一步加强跨境反洗钱合规制度、流程监控、系统建设、业务培训等方面建设，以便更好地落实外汇展业规范，做好客户和业务的真实性审核，做好跨境反洗钱、反恐怖融资和反偷税逃税的审查，强化对境外客户的合同及贸易背景审查，提升跨境反洗钱合规风险的防范能力。

3. 结合外资客户的经营情况，在业务中实施"负面清单"制度。每年对准入的外资客户信贷业务进行一次后评价，动态调整客户名单，确保风险可控。

4. 实行最严格的房地产调控措施，完善房地产调控机制，坚决防范炒房炒地投机行为，防止房价大起大落。

(五)完善自贸区(港)金融业务经营布局

加强海南省自贸区(港)现代金融业的发展，完善金融业的经营布局也至关重要。中国进出口银行、阳光人寿保险公司总部等一批金融机构纷纷进驻海南，股权交易中心、贵金属交易中心、国际能源交易中心相继开业运营，这将成为吸引总部落户的重要因素。海南自贸港的建设，有助于跨国公司总部实现全球资金管理和结算中心等功能，使其在更大范围、更高水平上发挥配置亚太资源甚至全球资源的能力。金融业务的经营布局具体应从以下几个方面入手：

1. 加快发展总部经济。重点引进金融、商贸等高端现代服务业企业综合性总部以及世界500强、全国500强和国内行业100强企业等国内外知名公司的销售中心、投资中心、结算中心等职能性总部，依托海南省的绿色生态优势和独特空间资源，构建功能聚集、形态新颖、开放时尚和生态协调的绿色经济生态集聚区。

2. 加快发展数字经济，推动大数据战略、"互联网+"行动，大力推进新一代信息技术产业发展，促进互联网、物联网、卫星导航、人工智能和金融产业的融合。

3. 完善"互联网+"消费生态体系，建设"智能店铺""智慧商圈"。完善跨境消费服务功能，打造"线上集成+跨境贸易+综合服务"的全球跨境电商贸易服务中心。

4. 加快发展海洋金融业务。坚定走人海和谐、合作共赢的发展道路，着力推动海洋经济向质量效益型转变。试点推动民营企业参与南海资源开发；大力引进国内外航运企业设立区域总部和营运中心，鼓励境内外企业和机构开展航运保险、海损理算、船舶融资租赁等高端航运服务，努力建设国际航运中心。

5. 加快发展物流金融。海南省可以借鉴阿里巴巴集团"银货通"的做法，"银货通"整合了银行、小额信贷机构、民间个人投资者的金融资源，以及物流公司、保险公司、质检机构等各类独立的第三方服务机构，形成了一个多方机构共同参与的物流金融平台。同时建立以法制为基础的信用体系。既要对失信企业实行信用等级管理，也要对失信当事人实行信用等级管理，严厉惩罚，加大信用违约成本，减少信用违约现象。

(六)发挥金融法治监管和引领的作用

纵观新加坡、迪拜等发展成熟的自贸港，良好的法治环境都是其核心竞争力和发展驱动力。海南要成为我国新时代全面深化改革开放的新标杆，就要以制度创新为核心，发挥和强

化法治的规范、引领、服务和保障作用,为建成中国特色自由贸易港奠定良好的法治基础。具体应从以下几个方面入手:

1. 推进科学立法、民主立法,提高立法质量,建立健全与国家法律体系相配套、与国际惯例相接轨、与中国特色自由贸易港建设相适应的金融法规构架。需要调整现行法律或行政法规的,经全国人大或国务院统一授权后抓紧实施。同时,充分发挥经济特区立法权作用,积极争取并行使好国家赋予海南更大的经济特区立法权。海南自贸区(港)的长期稳定发展也应建立在完备的法律法规基础之上。要充分利用授权性立法和职权性立法,探索建立一套完整的自贸区(港)法律、规范,加快建立同国际投资和贸易通行规则相衔接的规则体系。加大涉外知识产权的行政执法和刑事司法保护力度,建立与国际接轨、统一的知识产权管理执法体制;规范涉外司法和行政执法,进一步提高涉外民事、商事争议纠纷处理和仲裁能力,依法保障外商的各项合法权益;增强严格依法履行职责、严格按程序执法的意识,推进政府服务法治化、标准化、透明化。

2. 对于大规模的投机性资本流动套利、洗钱、资本外逃等风险行为进行规制,为自贸试验区内的规范运营和监管提供统一的宏观标准,建立完善的信息披露制度和资本流动管理措施。

3. 划分中央和地方在金融事权层面的立法关系。单纯依靠中央的金融监管部门,很难有效的抑制自贸试验区的金融风险。因此,必须要明确各自贸试验区地方政府的监管责任和风险处置的有关责任。一是明确地方政府对自贸试验区内的哪些事项具有监管职责,二是明确具体由哪些部门来具体承担监管职责。

4. 加强金融机构入区后续监管。我国自贸区的金融监管中,也可以引入风险等级评估制度,对于风险较高的金融机构实施重点监管,按照不同等级分配监管机构资源,评估标准结合机构净风险与资本风险两方面内容。由宏观审慎监管机构负责风险等级的评估和标准制定和确定重点风险金融机构。

5. 健全多元化纠纷解决机制。建立自贸区投资、贸易、金融、知识产权和房地产等各类型分层级的纠纷预防化解专门工作小组。

6. 推进法治工作专业化建设。根据受理案件的数量、种类、性质等情况,探索推进法检内设机构及办案组织改革,建立专门的金融、知识产权、商事法庭;条件成熟时,可探索设立金融、知识产权、旅游等专业化法院,提高办案的精准度和质效。

7. 提升公共法律服务水平。整合公安、检察、法院、律师、公证、调解、法律援助和司法鉴定等公共法律服务资源,编制针对自贸区业务的多语种法律法规汇编和法律服务指南,开发法律服务网站和 APP,设立自贸区法律服务中心,为企业和各国公民提供一站式法律服务。

8. 探索金融监管沙盒机制。为了适应自由贸易区(港)金融开放对监管准则、监管方法国际化提出的更高要求,并守住风险可控底线,争取在海南自由贸易区(港)试行监管沙盒机制,充分运用好国际推荐和认可的规则探索金融开放后风险管理的可行模式,从而为我国进一步融入全球化积累新经验、探索新路径。

从本质上看,监管沙盒是监管机构为履行其促进金融创新、保护金融消费者权益的职能而制定的一项具有创新性的监管工具。这种监管工具的特别之处在于,金融机构或者为金融服务提供技术支持的非金融机构能够在真实的场景中对其创新性产品和服务进行测试,而无须担心创新与监管规则发生矛盾时，可能遭遇的监管障碍。概括起来就是，监管机构可以在保护消费者权益、严防风险外溢的前提下，通过主动合理地放松监管标准，减少金融科技创新所面临的规则障碍，鼓励更多的创新方案积极主动地由想法变成现实。在这一过程中，能够实现促进金融创新与有效管控风险之间的平衡，最终实现监管机构、金融机构或科技企业、消费者共赢的局面。

（七）完善人才发展制度

海南建省办经济特区初期就有"十万人才过海峡"的壮举，为推动自贸区（港）建设又推动"百万人才进海南"计划。海南自贸区（港）建设的创新根源、动能转换的支撑点位就是人才，海南要探索建立吸引外国高技术人才的管理制度，营造良好的人才体制机制。具体需从以下几个方面入手：

1. 加大人才培养力度。制定金融业领域领军型人才培养计划，完善高校教育体系，支持海南大学对金融等学科的建设；鼓励外国教育机构、其他组织或个人单独举办非义务教育阶段学校和培训机构。

2. 推动人才引进计划。深度对接国家级人才计划，完善人才援琼机制；对顶尖型金融人才集中政策和财力予以重点支持，争取团队整建制引进；允许内地金融机构的专业技术和管理人才按规定在海南兼职兼薪、按劳取酬。开展国际金融人才管理改革试点，研究制定外籍、港澳台地区技术技能人员及外国留学生在海南就业、创业、居留等有关规定。

3. 优化人才服务环境。进一步放宽人才落户准入，允许各类高层次人才、知名高校和海外留学归国的本科以上毕业生在全省自由落户。实施人才安居政策，通过提供人才公寓、发放购房补贴或租赁补贴等形式多渠道解决人才居住需求，以生态环境优势和居住成本优势增强对省外人才的吸引力。深度推进跨省异地就医住院医疗费用直接结算，扩大异地就医人群范围，鼓励发展商业补充保险。完善高层次人才子女入学、配偶就业、医疗保障等政策。打造人才服务"一站式"平台，开通服务绿色通道，推动落实人才待遇。2019 年 3 月 15日，全国人大代表、海南省发展和改革委员会主任符宣朝指出，海南配套出台了引进人才的住房保障、子女入学、配偶就业、医疗保障和落户购车等系列措施，解决了人才的后顾之忧。为了使引进的人才引得进、留得住、发挥作用，海南积极培育产业，引进项目，建设园区，以产业园区和项目作为人才干事创业的主要载体和平台，应该说海南现在已经成为人才发挥才干、体现价值、实现梦想的一个热土。

4. 开展与国外学术合作。鹿特丹伊拉斯谟大学作为一所有较高国际知名度的大学，在海商法、经济学、管理学、国际投资与贸易等领域研究水平高，师资力量强，国际化程度高。通过 2018 年 8 月对高校的调研，中国南海研究院与伊拉斯谟大学达成了初步合作意向。未来可通过邀请相关学者来琼进行学术交流、互派研究人员进修、联合办会、共同完成研究课题等方式开展合作，将中国特色自贸港研究院打造成为服务于海南自由贸易试验区和中国特色自由贸易港建设的研究型智库及管理型人才的培训基地。

5. 建立国际领先金融智库

加强海上丝绸之路经济研究，建立国际领先金融智库，着手实践全球化新金融交易机制。海南省省长沈晓明在本次博鳌"21 世纪海上丝绸之路岛屿经济"分论坛上就提出："继续为岛屿经济包容性发展提供智力支撑，海南将发挥智库联盟的作用，探索设立岛屿经济研究信息中心，创建全球岛屿经济研究基础数据库，希望有更多国家和地区加入，共同拓展岛屿经济网络，利用博鳌亚洲论坛这一平台，协调、绿色、开放、共享发展。"三亚拥有财经论坛、三亚亚洲金融合作联盟、三亚亚太金融研究中心等研究交流平台，积极汇聚国内外金融交易专业人士，就金融开放、财政税收、离岸贸易、交易所设立开展研究并推动相关机制设立和运营。

（谢　妍）

第四章　自贸区（港）背景下的海南国际旅游消费中心建设

在海南建省办特区 30 周年之际,新时代赋予了海南深化改革开放新使命,是习近平总书记谋划、部署、推动的重大国家战略,其中特别强调海南要发挥自身优势,大胆探索创新,建设具有世界影响力的国际旅游消费中心,打造业态丰富、品牌集聚、环境舒适、特色鲜明的国际旅游消费胜地,是高质量发展要求在海南的具体体现,是建设海南自由贸易试验区和探索建立中国特色自由贸易港的重要支撑和综合载体。《中共中央 国务院关于支持海南全面深化改革开放的指导意见》(2018 年 4 月 11 日)进一步明确指出要创新促进国际旅游消费中心建设的体制机制,深入推进国际旅游岛建设,不断优化发展环境,拓展旅游消费发展空间,提升旅游消费服务质量,大力推进旅游消费国际化,进一步开放旅游消费领域,积极培育旅游消费新业态、新热点,提升高端旅游消费水平,推动旅游消费提质升级,进一步释放旅游消费潜力,积极探索消费型经济发展的新路径。探索性开展国际旅游消费中心建设的现代治理支撑体系构建研究是最为紧迫也最具现实意义的重大命题之一。

国际旅游消费中心建设不仅是国家高质量发展要求在海南的具体体现,全面深化改革开放迈入"无人区"的重要标志之一,更是建设海南自由贸易试验区和探索建立中国特色自由贸易港的重要支撑和综合载体。基于国际旅游消费中心已有文献、实践的梳理,遵循国家战略定位要求,探索性地从旅游消费国际化水平提升、发展空间拓展、服务质量有效提升等维度构拟建设策略并明确行动理路和创新实现路径,为实现国际旅游消费中心建设体制机制创新提供决策参考和咨询借鉴。

一、国际旅游消费中心的主要内涵与基本特征

(一)国际旅游消费中心的主要内涵

1. 产品国际化

产品国际化多体现为大量的国际贸易,从一般的有形产品到如旅游业一样的无形产品的销售都突破国界,从生产国销售到全球的各个地方。比如,香港作为国际旅游消费中心,其对外贸易已位居世界前列,而且不断发展,产品国际化程度不断加深。

2. 环境国际化

国际旅游消费中心具有很强的国际接待能力,它具备保证国际旅游者在当地消费的环境,从基础设施到语言环境再到旅游产品包括当地居民的素质都符合国际标准,可以满足国际客源地游客的需求。

3. 文化国际性

国际旅游消费中心具有文化包容性。既有本地的旅游特色,也融合了国际化的价值观。拥有国际思维方式的国际旅游消费中心可以更好地满足国际旅游者的需求。

(二)国际旅游消费中心的基本特征

1. 国际化

作为面向国际市场的旅游消费地区,国际旅游消费中心的产品、文化、环境氛围等都必须要适应国际市场需求。从国际市场需求出发,国际旅游消费中心需要有能够吸引国际游客的旅游资源、购物中心、酒店等旅游业相关产品以及让国际游客适应的语言和国民素质环境,让国际游客感受到国际旅游中心的包容性和国际化。

2. 便利化

国际旅游消费中心作为一个拥有深度国际化程度的旅游目的地,对其交通、购物、通信等方面的便利程度要求就更高。完备的城市基础设施、产品齐全的购物中心以及便利的语言沟通环境等都是国际消费中心便利化的体现。

3. 品牌化

国际消费中心在满足游客基本环境需求的同时更要建立自己的品牌,建设好自己的核心旅游资源。核心旅游资源是旅游目的地吸引游客的根本,是国际消费中心长久生命力的保证。

4. 规范化

国际旅游消费中心面对的是国际市场,为了维护市场秩序,需要对来自不同地域的游客进行统一管理。政府政策和中介组织的自发治理是市场秩序稳定的重要保证。

二、海南国际旅游消费的发展现状

(一)海南国际旅游消费的发展现状

1. 免税政策

海南自 2011 年 5 月启动实施"离岛免税"政策以来,不仅丰富了海南旅游消费内涵,也为海南带来了丰厚的经济回报,且对提升海南旅游形象起到了至关重要的作用。2018 年关于建立海南自贸港的《指导意见》中,中央进一步提出要拓展旅游消费发展空间。实施更加开放便利的离岛免税购物政策,实现离岛旅客全覆盖,提高免税购物限额。2018 年 12 月,海南离岛旅客免税购物新政正式执行,离岛旅客(包括岛内居民旅客)每人每年免税购物限额增至 3 万元,且不限购买次数。免税政策为海南岛旅游业带来巨大经济红利。在大幅吸引国内消费者"旅游+购物"的同时,提高人均消费,调整轻奢品消费占比,提高购物档次,进一步扩大购物规模,为海南建设国际消费中心积累有利条件。"免税购物"正不断成为海南岛的新标签。

2. 本土品牌培育

本土品牌尤其是形成 IP 的本土品牌具有核心竞争力,是吸引游客前往目的地旅游及消费的核心吸引物,更能使自身在竞争激烈的国际市场中立足。目前,海南并没有类似巴厘岛和天堂岛这样具备"世界著名度假岛屿"和品牌标签双重性质的本土品牌。当然,海南正致力于不断培养自己的本土品牌,在 2018 第三届海南国际旅游贸易博览会上,海南本土品牌椰树、南国、椰岛酒业、海南盐业等品牌就受到了国际游客的喜爱。但单一的品牌打造是无法满足国际市场多样化需求的,要在挖掘本土文化的基础上,发挥品牌的综合效应,将具有潜力的旅游产品打造成综合性产业。通过举办国际展会,不断加强品牌推介及国际交流。要与世界接轨,提高国际知名度,打造国际旅游度假胜地。

3. 营商环境

海南经过 2016 年、2017 年服务贸易创新发展试点,营商环境得到了极大改善,尤其是旅游服务贸易获得了突飞猛进的进步。2018 年海南新增企业 5.8 万户,同比增长 37.5%,新设外商投资企业同比增长 90%以上,实际利用外商直接投资同比增长 112.7%。2019 年 7月,《海南省优化营商环境行动计划(2019—2020 年)》正式印发,并强调要将促进海南法制化、国际化和便利化营商环境作为海南自贸(区)港的重要任务。海南省通过体制创新,优化投融资环境,吸引外商投资,引导投资向大平台综合体转变;通过负面清单管理制度提高市场透明度,激发市场活力,吸引中国旅游集团总部落户海南,阿里巴巴、腾讯、京东、普华永道等企业进驻海南。在这样一个良好的营商环境下,海南拥有更有利的条件发展成为国际旅游消费中心。

三、海南国际旅游消费中心建设的 PESCN 分析

PESCN 分析是从 P(Policy 政策)E(Economy 经济)S(Society 社会)C(Culture 文化)N(Nature 生态)五个维度对海南国际旅游消费中心建设进行优势与不足的分析,并寻求这五个方面的完善与突破。

(一)政策(P)

1. 供给侧改革

十九大报告强调要持续深入推进供给侧结构性改革。海南省委省政府明确要以供给侧结构性改革为主线,着力推动旅游业等重点战略产业的优化调整和转型升级,全面推进海南产业结构、投资结构、区域结构等的系统优化升级。用最好的资源吸引投资,用最好的投资结构、投资水平建设"美丽海南百镇千村",与海南本地旅游度假区、景区、产业园区合作联动,促进群众长远的可持续增收。

2. 全域旅游

海南岛在全球面积排名中位居 42 名,是具有发展全域旅游规模条件的热带岛屿。通过全要素调动、全时空发展、全产业联合能有效规避旅游业淡旺季等不稳定因素。2016 年 1月,海南被确立为全国首个全域旅游示范省,由此拉开了全域旅游的帷幕,过去 3 年多,海南精准对接国家战略,结合国际旅游岛建设、精准扶贫精准脱贫等国家战略,充分借助全域旅游示范区创建,大力推动乡村旅游发展,全面推动"点-线-面"全域旅游发展模式,路径重点扶持和帮助中西部欠发达地区的乡村旅游精准扶贫发展。时至 2018 年 4 月,国务院发布《关于支持海南全面深化改革开放的指导意见》,支持海南大力推进海南旅游消费对外开放,积极培育海南旅游消费热点,提高海南国际旅游服务水平。同时海南省委省政府也发布了关于森林旅游资源保护和开发、乡村民宿发展、乡村旅游点建设等相关政策,全力推动海南全域旅游建设,为打造海南国际旅游消费中心夯实基础。

3. 免签政策

2018 年四月,在公安部的发布会上,国家移民局发布通报,经国务院批准,自 2018 年 5 月 1 日起,在海南实施 59 国人员入境免签政策,进一步支持海南全面深化改革开放,推动了海南国际旅游消费中心的建设。本政策较以往扩大了免签国家的范围,延长了免签游客停留时间(由原来的 15—21 天统一延长至 30 天),放宽了免签人数限制。更大地推动了海南入境旅游市场的活跃发展。

受免签政策影响,2018 年 5 月的非港澳台入境游客人数为 6.12 万人,比 2017 年同期增长 13.5%。2018 年 7 月、8 月海南接待印度尼西亚、泰国、新加坡、菲律宾、越南等东亚国家游客量比是 2017 年同期的 11 倍之多,其中印尼、新加坡、泰国、菲律宾游客人数均体现出大幅增长的态势,免签政策加上开通海南直飞印尼航线,印尼市场表现尤为突出。

4. 自贸区政策

2018 年 4 月,习近平总书记在海南建省办特区 30 周年大会上,向全球发出了海南要全岛建设自由贸易试验区并探索建设中国特色自由贸易港的重大决策。随着自贸区、自贸港、国际邮轮港的政策提出,海南与国际健康旅游、邮轮旅游、邮轮游艇会等新业态紧紧联系在一起,成为海南发展旅游业,打造国际旅游消费中心的又一批关键词。

(二) 经济(E)

1. 离岛免税

过去几年,海南离岛免税对于刺激岛外游客消费有着重要作用,确实对国内游客产生了较大的吸引力,但对境外游客的吸引力较为有限,主要在于离岛免税商品限定为进口商品,竞争力有限,特别是海南免税税率较之境外发达的国际旅游消费目的地而言仍然偏高。另外还存在免税商品件数、额度及消费、提货地点等的诸多限制,需要身份证或护照及离岛火车票或机票,与中国香港的全域免税相比,海南的离岛免税对海南打造世界旅游消费中心的贡献有限。

2. 经济结构

近年来,海南省房地产业增长势头强劲,海南省经济增长对房地产过于依赖,尤其是三亚地区,房地产投资占总投资额的百分之八十以上,大部分市县房地产业占 GDP 的比重超过 50%,而作为另一支柱产业的旅游业仅仅占比不超过 20%,对房地产业的过度依赖限制了海南旅游业的发展,不利于海南建设世界旅游消费中心,海南省经济结构亟须改革。

(三) 社会(S)

海南对境外游客吸引力较小,最大的境外游客市场是俄罗斯市场。2018 年 1 至 8 月,海南省入境的外国游客总量约为 53 万人,其中俄罗斯游客约 15 万人,印度尼西亚游客约 7.7 万人,韩国游客约 6.5 万人。三国游客占据半壁江山,由此可见,海南入境游客结构单一,以东亚、东南亚游客和俄罗斯游客为主。大部分游客来自发展中国家,收入水平较低,消费能力与发达国家游客相比远远不足。海南打造世界旅游消费中心应提高自身旅游吸引力,吸引更多来自发达国家或地区,具有更强的旅游消费能力的游客。

(四)文化(C)

海南本土少数民族主要是黎族和苗族,黎苗文化的异质性和独特性对国内外游客具有极强的吸引力。如今海南许多景区景点都有黎苗文化元素的相关旅游纪念品、伴手礼等旅游产品,但大多数产品都是对多年前普通旅游产品的简单复制和模仿,比如手提包的造型样式老旧、特色衣帽服饰的种类单一,仅仅只是简单的加工产物,并没有多余的文化内涵。

并且,具有海南民俗特色的衣帽服饰设计没有与游客日常生活接轨,旅游者仅仅会在海南期间穿戴,一旦回到平时生活工作的地方便不再需要,不利于海南特色民俗文化的传播以及文化旅游产品的消费。因此,旅游配套产品创新,提供新的旅游消费点是海南建设世界旅游消费中心的一个重要手段。

(五)生态(N)

1. 优质海岸线

因海南四面环海,有着延长的海岸线,其中不乏景色优美、适宜人居的优质海岸,如棋子湾、海棠湾、亚龙湾等,各大投资商和地产公司在优质海岸边兴建景区、游乐园、海洋馆以及建设旅游用地或商品住房等。景区、游乐园、海洋馆等旅游资源一方面能吸引游客消费,提高旅游收入。但另一方面,海南东南西北四面优质海岸建设用地已经基本被各大开发商瓜分完毕,在建设过程中未批先建、违规填海、破坏珊瑚礁、毁坏岸基红树林、不加处理排放污水、倾倒建筑垃圾等现象层出不穷,例如儋州海花岛、三亚凤凰岛等项目,对生态环境造成不可挽回的损害。因此,海南已出台相关政策文件,坚持生态优先原则,保护原始自然风貌,科学统筹合理利用海洋海岛旅游资源,有利于旅游行业的长期可持续发展。

2. 海洋旅游

海南是我国陆地面积最小的省份,却是海洋面积最大的省份,海域面积约 200 万平方千米,拥有丰富的海洋资源,包括渔场、盐场、海底石油天然气等。近年来,随着海南对海洋旅游资源的不断重视,开通了从三亚出发至西沙群岛的邮轮旅游航线,邮轮旅游本身作为高端旅游方式,邮轮内设酒吧、购物店、剧场等娱乐消费设施,推动了海南打造世界旅游消费中心的进程,西沙邮轮旅游已成为海南旅游业的一个重要名片。

3. 自然气候

海南位于热带地区,属于热带季风气候区,受海洋的调节,夏无酷暑冬无严寒,空气质量常年优良十分适宜人居。海南独特的气候每年吸引了大量的"候鸟"老人,严寒国家和地区如中国东北和俄罗斯的游客。但同时,每年的夏秋之际是台风多发季节,客轮、航班的停航对暑期年中旺季的海南旅游业影响颇大。

4. 人才战略

海南人才总量不足,缺口极大,数据资料显示,十三五期间,海南重点产业的人才需求达到五十万,但与此同时,海南科研人员人数在全国倒数第三,取得高级职称的科研人员仅仅占 12%,以海南重点发展的旅游业为例,人才缺口达到了二十万。为了促进海南经济文化等全方面发展,海南提出"百万人才进海南"的计划。

这一计划的提出,将极大地刺激海南各大产业的发展。旅游行业人才的引进和培育,必将助力旅游业的专业化、职业化、国际化、标准化发展。同时,鼓励推动大数据战略,"互联网+行动",大力推进新一代信息技术产业的发展,推动物流、人工智能、大数据、卫星导航、云计算等和实体旅游经济深度融合,更进一步促进了海南世界旅游消费中心的建设。

四、国内外典型经验借鉴

(一)迪拜

迪拜连续数年位列全球国际旅游消费第一。石油收入促进了迪拜的早期发展,继石油之后,迪拜的经济主要依靠旅游业、航空业、房地产和金融服务。2012 年,迪拜已经发展成了世界级旅游城市,迪拜排名全球外国人游客最多的城市第 8 名,也是中东地区唯一的一个国家。以下是迪拜建设国际旅游消费中心工作总结的经验:

1. 政府政策导向

迪拜政府为了摆脱对石油的过度依赖,制定了商业贸易优先发展的战略,在政府的主导和积极引领下,大力培育本土企业深度参与国际竞争,制定了完善有效的外资吸引政策,充分利用外资打造世界国际旅游消费中心和自由贸易港,建设了众多在全球具有引领性的标志性品牌旅游度假目的地,并修建了杰布阿里国际机场(中东最大的免税港)等大型基础设施。同时,迪拜政府特别重视国际重大赛事活动的举办,尤其是在全球具有重要影响力和标志性意义的重大活动均有迪拜一席之地。迪拜旅游业的闻名同样得益于其邮轮、游艇业的发达。迪拜具有中东最完善的邮轮设施和服务,其邮轮观光产业包括岸上观光、家庭促销和覆盖整个阿拉伯湾的行程安排。为进一步开放旅游邮轮业,2014 年 8 月,迪拜实行针对邮轮游客的一签多次入境签证政策,即邮轮游客无须进行多次签证申请。

2. 社会长期稳定

迪拜之所以能够发展得如此迅速和成功,关键在于其社会长期稳定,政府较高的公信力,便利、高效、包容的优良营商环境,特别是其虽地处中东,但却与历次中东战争冲突等保持高度中立。

3. 地理优越性

迪拜不仅是中东地区的重要交通枢纽,也是跨洲航线的主要中转地,是全球交通网络中重要节点地区。同时,周边国家和地区拥有非常低廉的劳动力资源以及丰富的物产资源等。海南也可以深入挖掘与周边国家和地区良好的历史文化交流及商贸往来传统等,为建设国际旅游消费中心打下一定的资金基础。

4. 引进世界一流的创意项目

迪拜在全球一直扮演创意领导者和先锋军的角色,通过不断挑战世界之最和创造世界最优最好等目标,成为吸引全球的重要旅游目的地和产业集散地。随着国家城市的不断发展,迪拜还在计划建设约 220 个可直接欣赏海底的宾馆房间,可容纳高尔夫、橄榄球、足球、跑道、田径和室内运动面积达 7.5 平方公里的巨型运动场,室内最大的滑雪场等。迪拜充分借重众多在全球具有高度关注度和巨大影响力的创意项目,形成了其他地区难以匹敌的国际旅游消费核心竞争力,仅国际旅游消费规模迪拜就远超第二位伦敦上百亿美金。海南岛也应在政府主导下,借鉴此种方式吸引全世界慕名而来的游客。

（二）新加坡

新加坡是亚洲地区最发达的国家地区之一，据2018年全球金融中心指数(GFCI)报告，新加坡依然是与香港、纽约、伦敦等比肩的世界金融中心之一。同时，新加坡也是亚洲重要的航运、旅游、服务等中心。显然，新加坡的背景足够支撑起其作为国际旅游城市所需要的环境。以下是新加坡建设国际旅游消费中心工作总结的经验：

1. 良好的城市环境

良好的社会环境会提升一个城市的人文关怀。新加坡被誉为花园城市，不仅在于优越的自然环境和人居环境，更在于其高效廉洁的公共文化环境和丰富多彩的人文活动。尤其是在人文环境上，新加坡擅于用现代化旅游吸引物弥补其历史文化内涵的不足。

不仅是人文环境，英语语言环境也为新加坡国际旅游语言交流提供了无障碍性。新加坡采用英语作为主要的通行语和教学语，这与国际通用语言大多为英语的标准相吻合，促进了当地旅游语言的国际化，便于旅游者广泛认知。除此之外，新加坡的城市交通系统也很完善。这些背景环境加组使新加坡成为一个享誉世界的国际旅游消费中心。

海南岛区位优势和劣势并存，可以利用本省充分优越的热带环境，建立"氧吧天堂"，建设打造国际旅游消费中心。

2. 严格的制度和政策保障

新加坡不但拥有完善的法律法规体系，更有近乎严苛的法律法规执行体系，其行动力和公平性为世界称道。城市良好的治安、高国民素质、高覆盖率的绿化构建了这个城市整洁独特、无与伦比的花园式市容。

对比海南省，建设国际旅游消费中心应得到政府的重视，加大资金投入，以旅游业为中心，完善本省法制，实行严格的检查和惩罚制度。

3. 旅游设施和服务

新加坡拥有相当完善的旅游基础设施和服务体系，不但拥有全球理想的会议展览设施，且被海陆空立体交通体系所环绕，称为亚洲首屈一指的重大国际活动举办地。同时新加坡在医疗、教育、旅游服务等方面不遗余力的投入也形成了在全球具有重大知名度和显示度的品牌，加上旅游咨询服务体系的不断健全、便捷的外币兑换和低廉的交通成本等，这些措施和服务最终带动了新加坡国家旅游事业的发展，成为全球其中一大国际旅游消费中心。新加坡在亚洲邮轮市场表现突出，其海洋资源丰富，海洋通信系统发达，邮轮业基础设施及服务完备。通过建造符合国际标准的码头吸引全球邮轮挂靠，促使自身成为海上航线的重要枢纽。与其他邮轮港口不同，新加坡将邮轮港口作为旅游目的地进行打造，港口周边毗邻知名购物商城，或配套相关服务设施满足游客多样化需求。在国际合作方面，新加坡旅游邮轮业积极加强亚洲区域内合作，不断提升行业知名度，目前已与中、日、韩、马来西亚等多个国家成功发展为"姐妹港"关系。

对此，海南省在旅游方面应实行严格的科学管理，服务人员应时刻注意清洁，讲究礼貌，重点借鉴新加坡经验打造国际旅游消费中心。

（三）香港

香港集世界各地的商品和美食于一地，还是一座高度繁荣的国际大都市，是世界上人口密度最高的地区之一。不仅如此,香港与纽约、伦敦并称为"纽伦港",是全球第三大金融中心,重要的国际金融、贸易、航运中心和国际创新科技中心,也是全球最具竞争力、影响力、领导力的地区之一,在世界享有极高声誉,被评为世界一线城市。以下是香港建设国际旅游消费中心工作总结的经验:

1. 中西文化碰撞、交融一体

香港作为中西方文化融合碰撞的地区,优秀的传统文化和浓郁的现代文化有机融合,形成了独具香港特色的文化内涵及其特色文化旅游项目,自然资源、人文资源在香港的建筑、码头港口、街头巷尾、人居生活、商贸消费等得到集中体现,形成了对国内外游客均能够产生文化共鸣的旅游体验和消费需求。海南省作为沿海省份,吸引着各个省份的人在这里打工逗留,若是将文化的碰撞作为旅游特色之一,也是可以吸引游客前来的亮点。

2. "购物天堂"

香港被誉为全球知名的购物天堂之一,尤其是随着大陆地区经济蓬勃发展,为香港的旅游消费贡献了更大助力,加上香港自身特别注重国际旅游消费的打造,从奢侈品到特色小商品应有尽有,尤其是香港特别注重旅游产品和服务质量,竭力为游客提供优质的旅游、购物体验。海南应注重打造属于自己的旅游产品和服务品牌,提高国内外游客吸附能力。比如运用设计感和国内特有的制作技巧来吸引省外或是国外的游客群体,牵引海南省的经济发展动力。另外,海南岛具有特色的环境优势,香港被称为国际大都市,基于这样的资源互补性,海南应深入融入粤港澳大湾区发展中,打造产业互补、差异发展的联动格局。

3. 完善配套优质的旅游服务体系

除了提供优质、方便的游、行、食、住、购物、娱乐条件外,香港人还特别注重以礼待人,服务高效,重视保护旅客权益。香港旅游业主要得益于规范的市场监管、性价比较高的旅游产品和商品、优质满意度较高的旅游服务体验以及完善的旅游公共服务体系等,特别是游客合法权益的保障得到了香港社会普遍共识。

4. 邮轮旅游业发达

香港政府坚持发展自由港(对因货物贸易而停靠的船只不收取税费),且对在港销售商品不收取或只收取较低税费。这些举措不仅吸引世界各国船只挂靠,还为香港带来大量游客。相较内地,香港邮轮业起步较早,基础和服务设施完备,商品免税力度大。在邮轮业市场严重供给不足的形势下,邮轮业成为旅游业的重要支柱项目,为香港带来众多游客,香港旅游收入随之大幅增长。

五、自贸区(港)背景下海南国际旅游消费中心建设面临的挑战

(一)亟须拓展国际发展空间

1. 国际优质资本和智力资源服务引进力度有待加大

从国际旅游消费中心这一建设目标来看,海南省的国际化水平相比其他著名旅游目的地如香港、新加坡、迪拜、坎昆、圣托地而言仍有待提高。海南省旅游消费国际化水平的全面性不足,外资引进力度同风险管控政策不匹配,利用效率较低,境内外的旅游服务贸易合作仍需强化。在产业方面,海南在区域旅游产业价值链分工中的地位相对较低,使得旅游经济的增长速度减缓,限制了海南旅游国际合作空间向更广更深发展。在旅游治理体制方面,存

在着重点领域不够突出，关键环节与国际通行规则衔接程度有待加强的突出问题和现实困境，相关企业的现代治理水平仍需提升。

2. 国际旅游消费路径需创新

海南省在举办和国际体育赛事方面，存在天然的优势，但不能忽视海南目前在承办赛事方面的劣势，如基础设施建设不完善、可承接赛事种类不多等问题。总的来看，由于消费市场狭小、目的地知名度低、语言便利度低等不利因素，导致一些顶级国际商品展览会和国际电影节进入海南会遇到一些关键障碍。海南国际旅游消费的重点领域和主要目标客源市场尚未明确，旅游消费新热点、新业态仍需从多维度进行培育。对高端旅游消费和旅游消费提质升级的内在联系把握不够深刻导致消费者的消费潜力无法得到充分释放，消费型经济发展的路径还要更多的创新。

3. 国际旅游开放发展力度需持续加大

为建设国际旅游消费中心，海南省要更加开放，拓展国际旅游消费发展空间。在基础设施方面，海口、三亚等邮轮母港、停靠港口的建设及功能服务体系需得到更好的完善，对邮轮旅游的补贴等扶持政策可继续加大，海南在开通跨国邮轮旅游航线等方面还存在着较多障碍和制约因素。游艇旅游管制方面存在的瓶颈问题和困难亟须解决。其次，西沙旅游存在过度管控、设施建设滞后、线路班次少、现有邮轮条件简陋等突出问题，西沙海岛旅游开放程度较低。博鳌乐城国际医疗先行区也需加快建设进程，境外患者到先行区诊疗的便利化政策仍存在难题和障碍。外资在海南设立经营演出经纪机构、演出场所经营单位等实际效果总体不佳。

(二)亟须营造便捷营商环境

1. 旅游商业市场环境需得到改善

海南目前面临着国际旅游消费服务质量不高的最大短板，这体现在现代旅游投融资平台治理体制机制不够健全，上市的海南旅游企业较少，涉旅企业的综合实力有待加强等方面。跨境消费服务功能仍需完善，金融支付国际环境、支付系统不健全，类似 Visa、Master 等国际发卡组织的使用覆盖面较窄，还存在货币兑换点数量少、分布不合理，外币兑换的便利性不足等问题，影响境外游客在海南的旅游消费。由于旅游商业项目在海南进行投资的便利程度有待进一步提高，导致部分国内外旅游商业资本投资入驻海南出现困难。且目前在旅游管理方面，旅游的开发与保护之间出现不协调状况，海南旅游商业市场的统一形象未树立起来，旅游商业市场业务操作、市场收费需规范程度、从业人员素质和服务质量可待提高。

2. 国际旅游商业专项政策需进一步完善

相比其他国际知名的旅游消费中心，海南得到的国家的专项扶持及重点支持力度还有待提高，对于国家给予的配套政策如免签免税、离岛免税的落地实施力度有待加强。此外，由于免签政策的放宽范围尚有拓展空间，以至国际消费游客数量不符合国际旅游消费中心的预期。

(三)亟须培育特色消费品牌

1. 旅游目的地吸引力不足

海南作为国内外的关键节点支点，其国际知名度相对较低，作为旅游目的地的吸引力较弱。与泛珠三角区域及澜湄地区和东南亚地区的合作的力度仍需加大,在泛南海经济合作圈中,海南旅游商业的合作力度有待提高,要大力提高海南在国际上的"能见度"。与国内外一些旅游热点地区,如厦门、上海、新加坡相比,海南省缺乏独特的国际旅游吸引物,具有海南本土特色的人文旅游产品、地理历史产品、生态旅游产品匮乏,包含最前端的国际旅游主题公园、国际旅游购物中心、国际医疗聚集区的全要素覆盖的旅游产品体系未形成,旅游商业产品档次不高,对境外客源的旅游吸引物不足,无法吸引高层次的消费者进行消费,导致旅游收入增速较低。

2. 多元文化与旅游商业需融合

海南作为拥有丰厚历史文化底蕴的一个省区,在文化旅游方面取得了较好的成绩,但与传统的依靠文化起家的旅游目的地相比,海南对历史文化积淀、文化内涵的发掘力度还不够大,特色文化资源的开发利用不足,没有知名的具有本土特色的多元文化旅游商业品牌项目,导致海南旅游经济在文化创收层面尚有欠缺。

(四)亟须完善公共服务体系

1. 旅游商业从业人员素质需得到大力提升

作为国际旅游消费中心,海南旅游产业从业人员素质尚未达到国际化水准,海南省内的旅游外语人才欠缺,引进速度、培养力度均需提升,对旅游商业企业高级管理人员的国际化旅游课程培训不足,素质亟须提升。

2. 海南国际旅游咨询服务体系建设需进一步完善

目前,海南旅游商业区的24小时旅游咨询服务尚未实现全覆盖,境外游客及时了解和反馈信息的窗口较少,尚未形成优越的国际旅游消费环境;具有国际水准的硬件服务设施设置数量不足。旅游标准化宣传和贯彻力度需进一步加大,全行业标准化意识有待提升。

六、海南国际旅游消费的未来趋势

随着海南各方面的不断发展,海南国际旅游消费中心除了具有国际旅游消费中心普遍具有的必备功能,还会增添自己的地方特色。作为国际旅游消费中心的海南将会接待更多来自世界各地的游客。这些游客可能会将作为国际旅游消费中心的海南作为中国游的第一站,这时,海南国际旅游消费中心就担负着向国际旅客展示中国形象,中国传统文化的任务。而海南也拥有众多地方和民族特色。这也是海南国际旅游中心的未来发展趋势。

(一)具有地域和民族特色的旅游岛

海南作为一个旅游省份,享有丰富的具有民族特色和可以显示中华悠久历史的旅游资源。首先是显示中华历史文化的海上丝绸之路。这条萌芽于商周的以南海为中心的海上丝绸之路是已知的最古老的海上航线。海南可以与几个相关省市合作将其作为中国传统文化的一部分展示给国际游客。接着就是海南极具民族特色的黎苗文化。黎苗文化不仅在国际甚至在全国都是极具独特性的。相关历史的介绍、黎锦和苗族饰品等传统工艺的展示都是以后旅游不断发展的方向。最后就是西沙、南沙景点的开发。

（二）独具优势的免税消费

免税消费是每个国际旅游消费中心都具备的条件，如果只是发展普通的免税消费很难吸引国际游客。要想具有不同于其他国际旅游消费中心的吸引力就需要打造独具特色的本土化产品。比如，瓷器、丝绸、黎锦、茶叶等独具民族特色的传统工艺产品。与相关部门合作将其包装成更具吸引力的免税产品。

（三）凸显环境优势的医疗、养生游

位于祖国最南端的海南岛最具优势的旅游资源就是高质量的自然环境，它是全国唯一、全球稀缺的从亚热带至热带的岛屿，海南岛可以凭借这些资源发展医疗、养生相关产业。目前来看，海南已经发展了一些医疗机构和养老产业，但仍有很大发展空间。海南未来可参照东南亚相关国家发展状况并充分利用我国的中医药传统治疗发展以充分凸显海南优势的医疗养生旅游。

七、海南国际旅游消费中心建设策略与行动路径

当前及今后一个时期，海南须全面认真贯彻落实打造国际旅游消费中心的战略定位，创新构建国际旅游消费中心现代治理体系，纵深推进国际旅游岛建设，加快推动旅游消费领域的国际化发展步伐，用足用好更为开放便利的免签、免税政策，兼收并蓄引进融合先进的旅游开发、保护理念，积极整合优质资本与智力资源并创新培育旅游消费新业态新热点，以服务贸易创新发展试点为切入不断优化旅游消费营商环境，在进一步完善旅游消费现代基础设施体系基础上，对标境内外知名主流旅游目的地提升旅游消费服务质量，积极发起构建泛南海旅游经济合作圈，打造海南成为引领全国、重点面向太平洋、印度洋沿岸国家和地区的旅游消费胜地。

（一）优化完善旅游消费国际化结构体系

1. 推进体制机制创新

利用好海南自贸区(港)政策背景，不断推进旅游产业及国际旅游消费中心体制机制创新，提供全国示范先例。建立国际旅游消费中心负面清单制度，为外资进入旅游消费领域创造更加开放的便利条件，从旅游治理、产品、服务、设施、形象、资源、环境、营销、进入性等全方位提升旅游消费国际化水平。综合借鉴香港地区、新加坡、迪拜、巴厘岛、马尔代夫等相关经验，坚持生态、娱乐、激情、教育、文化、体验等理念指导旅游资源保护和开发；在有效管控外资风险基础上，加大外资引进力度，提高外资使用效率，强化境内外的旅游服务贸易合作；通过促进游客的自由流动增强资金流、技术流、物资流等的自由流动，提高海南在区域旅游产业价值链分工中的地位，扩大海南国际旅游合作幅度，深化海南旅游国际合作空间，切实强化与旅游国际组织、国内外知名企业等的深入务实合作；旅游治理体制须突出重点领域并抓住关键环节与国际通行规则相衔接，积极借鉴国际标准化组织(ISO)质量和环境管理体系认证，重点针对国际化、标准化、便利化等开展旅游国际消费环境、管理体系、服务质量等方面，与第三方全面深入合作针对国家、海南省、行业标准等开展富有实效的认定认证工作；系统剖析并梳理涉旅企业在国际旅游消费中的突出问题及面临的现实困境，切实提升相关

企业的现代治理水平,有效把握应对旅游设施、要素国际化、标准化、信息化水平提升的关键内容及核心要素。

2. 完善国际旅游消费体系

旅游公共服务设施规划建设的重点方向应集中在消费实现的各个环节,尤其是加大对中西部市县和国际旅游消费集中区域的旅游公共服务设施规划建设扶持支持力度,科学有序建构旅游服务产品体系、服务体系、标准体系、诚信体系、质量体系、投诉体系、监管体系等,建立和完善国际旅游消费品牌认定认证制度,针对企业或个人诚信、信息、投诉、违规等建立健全规范流程、程序和机制等;进一步明确国际旅游消费中心建设对旅游市场综合整治提出的新要求、新方向,充分借重和丰富"1+3+X 体制"特色内涵,优化升级海南国际旅游整合营销,提升旅游国际形象;加大海南国际旅游消费环境综合整治和持续维护力度,尤其是针对其中存在的重点、难点问题给予高度重视及政策倾斜,应重点从消费主体、心理、产品、体验、氛围、服务、管理、营销、文化等方面入手改善海南国际旅游消费环境。

(二)增强各政府部门管理能力

1. 完善行业规范提高执法水平

海南政府旅游部门要提供更多的旅游商业投资便利与贸易便利措施,高度重视旅游商业项目的规划和批复指导,吸引更多国内外旅游商业资本投资入驻。着力提升旅游公共管理局和旅游局在促进旅游商业发展的专业化能力,设立专门的旅游宣传促销机构,加强对外旅游文化交流,加大宣传促销预算,树立海南统一形象。不断规范旅游商业市场业务操作,规范市场收费,提高旅游商业市场应变能力,维护旅游市场秩序。提高从业人员素质和服务质量,健全旅游管理机构与机制,采取多样化的旅游管理手段,强调开发与保护并重,不断完善其职能水平。

2. 加大旅游商业市场整治监管力度

通过市场调控机制,辅助行政手段,加强对相关旅游商业的监督;严格规范旅游从业人员的行为。建立旅游要素诚信平台,统筹协调旅游、发改、工商、交通、商务、住建、消防、国土、外事、出入境、公检法等职能,重点针对"四黑"、零负团费等加强对旅游市场的综合监管,保障有效的监管机制。

(三)营造便捷的旅游商业环境

1. 打造优越的旅游商业市场环境

针对海南旅游商业市场,适当放宽商业项目市场准入,不断引入国内外旅游商业项目投资资本;继续增加国际航班航线,通过互联网、新媒体等手段开展宣传推介,让世界了解海南;提升金融支付国际化环境,健全支付系统;增加货币兑换点,机场、动车站、汽车站、邮轮码头、邮轮港口及大型购物点设立货币兑换点,增加外币兑换的便利性;满足入境游客在通信服务方面的使用需求,在交通集散地和市内通信运营商网点开放对外国游客的手机卡销售服务及旅游话费套餐;同时,增加旅游区域的公共无线网络外文登录界面;在配套服务方面,改善公共卫生,加大定期清理力度,提高卫生标准;旅游区设立无障碍通道;在旅游区增加安全巡逻和医疗救助点,切实保障国内外游客人身安全。

2. 进一步完善国际旅游商业专项政策

开放发展是国际旅游消费中心的必然要求和必由之路,只有持续加大的开放才能形成并拓展国际旅游消费发展空间,前提是更好地服务于国内游客,尤其是海南居民的消费需求。委托第三方对离岛免税购物政策现行标准及游客(市民)满意状况进行调查,揭示影响游客(市民)免税购物的关键影响因素,尤其是明确除了提高限额之外还有哪些因素应受到高度关注;进一步放宽来琼免签政策,扩大免签范围,延长免签停留时间,同时继续探索更多旅游商业专项政策,以吸引更多国际消费型游客。加快完善海口、三亚等邮轮母港、停靠港口的基础设施及功能服务体系,优化跨境邮轮旅游的补贴等扶持政策,尽快完善三亚、海口等邮轮港口具备开展公海游的各方面条件准备;持续扩大服务贸易创新发展试点中三亚开展游艇自由行的试点,总结可以全省推广的成熟经验,重点解决游艇旅游管制方面瓶颈问题和困难。

3. 重视建设和完善旅游商业市场法律体系

为保障海南国际旅游商业实现可持续健康发展,需了解国际旅游政策和法规,完善旅游发展规划、旅游服务质量及其他相关法律体系,来预防,分析和解决旅游商业接待中出现的实际问题和投诉,促进旅游商业健康发展。

(四)优化健全旅游产品体系

1. 强化旅游目的地吸引力

海南需不断挖掘独特的国际旅游吸引物,打造具有海南本土特色的人文旅游产品、地理历史产品、生态旅游产品,以及最前端的国际旅游主题公园、国际旅游购物中心、国际医疗聚集区、国际养生社区等等,形成全要素覆盖的旅游产品体系。针对不同年龄段和不同收入旅客,多渠道、多层次、多形式地开发旅游产品。进一步特色化开发海南观光游,深度化挖掘休闲度假游,健全旅游商业市场软件硬件设施,提高旅游商业产品档次。同时,专门打造针对境外客源的旅游吸引物,不断丰富、设计、推出针对境外不同市场的旅游产品套餐,以吸引更多国际旅客。针对西沙旅游面对的经营困难、过度管控、设施建设滞后、线路班次少等突出问题,争取国家更大支持破除关键障碍和制约因素,加快西沙海岛旅游开放进程;深入系统分析博鳌乐城国际医疗先行区建设实质进展情况,针对该试点项目在鼓励医疗新技术、新装备、新药品研发应用,并支持境外患者到先行区诊疗的便利化政策方面亟待破解的难题和障碍,制定多部门联动科学有效的制度措施;同时必须在有效把控并消除风险的基础上发展竞猜型体育彩票和大型国际赛事,尽快提出具有前瞻性、创新性、实操性的路径选择。

2. 多元文化与旅游商业融合发展

文化是旅游的生命,旅游是文化的再现,国务院文化和旅游部的组建,文旅融合已经成为现实发展方向。海南应正视国际游客到访中国的第一需求是文化,重视历史文化积淀,充分挖掘文化内涵,注重打好历史牌、文化牌,努力创造新的发展亮点,充分挖掘民族、红色、宗教、饮食、名人等特色文化资源,进而打造本土特色的多元文化旅游商业品牌项目,创建"文化旅游+体验商业"模式,为海南商业旅游注入灵魂。基于海南传统、新兴文化消费业态现实状况,未来海南应高度重视文化旅游并采取有效措施予以推动;国家体育训练南方基地、国家体育旅游示范区在海南选址应充分论证,并重点关注中西部地区特色体育文化基础及相关项目上的成功积累。

（五）科学制定营销计划和推广策略

1. 区域间和行业间捆绑式、整合式营销

海南在国内外均处于关键支点节点位置，一方面应加大融入泛珠三角区域合作的力度，另一方面应强化在澜湄地区与东南亚国家的跨域合作，特别是通过泛南海旅游经济合作圈的建设，在旅游相关商业间加大合作力度，把海南当作一个大的旅游消费市场开展整体营销。而政府机构则在负责全球市场推广活动的同时，也可为旅游消费市场主体提供全球旅游市场的趋势分析。

2. 完善现代营销组合策略

海南要充分发挥中国旅游集团在国内外市场的渠道和品牌优势，推进海南旅游消费领域对外开放，培育海南旅游消费新热点。旅游商业对外促销应充分发挥旅游企业和社会组织的力量。旅游作为消费产品，销售需要企业去营销，政府牵线搭桥，营销主体应该是旅游商业。建立海南网络市场营销平台，设立多国语言版的国际旅游商业营销网站，进一步开拓海南旅游业国际市场。创新扩大旅游营销体系，与国内外知名企业合作，利用其广泛的客户宣传渠道，借用大型企业平台开展营销，在海内外宣传海南旅游。充分发挥海南旅游推广中心的作用，策划实施系列旅游宣传基础项目，向境外派驻营销代表，增加旅游促销经费和旅游人力资源投入，打造多语种的海南旅游官网，提高海南"世界能见度"。

（六）全方位提升海南国际旅游商业市场公共服务能力

1. 大力提升旅游商业从业人员素质

增加从业人员认知能力、操作能力、沟通能力和心理素质，提高其职业化、专业化和国际化水平。加快旅游外语人才的引进、培养，加大和省内高职院校的合作，根据需要来设置专业和课程；对旅行社、酒店和景区等旅游商业企业高级管理人员进行国际化旅游课程培训。

2. 完善海南国际旅游咨询服务体系建设

在旅游商业区开通多语种 24 小时旅游咨询服务，方便境外游客及时了解和反馈信息；设置国际游客服务窗口，营造优越的国际旅游消费环境；要设置具有国际水准的硬件服务设施；加大海南国际消费旅游标准化建设，积极参与旅游国际标准化活动，追踪、借鉴国际先进标准，加大旅游标准化宣传和贯彻工作力度，提升全行业标准化意识，推进各旅游要素质量等级评定。

旅游+商业的发展模式，推动着旅游消费体验升级，凭借前瞻的定位，极富特色的旅游商业项目规划和建设，海南将会开创中国旅游产业发展新局面。

3. 全面提高国际旅游消费服务质量

国际旅游消费服务质量是目前海南面临的最大短板、也是未来需要高度关切的重大议题，需要从国家战略和海南全局高度认识到全面提高国际旅游消费服务质量的策略价值及其实现路径。建立健全现代旅游投融资平台治理体制机制，立足发展阶段和水平明确海南旅游企业上市融资应符合的基本条件，采取有力措施从政策、资金、服务、技术等方面推动旅游企业优化重组实现规模化、品牌化和网络化经营，全面系统掌握涉旅企业的综合实力及分布情况，力争到 2025 年打造一批具有国际竞争力的旅游集团，建立起具备国际化发展的潜力和实力的企业名录给予重点扶持支持；正视海南酒店业发展存在的主要问题和面临的关键挑战，尤其是清晰把握各种类型、档次的酒店应该坚持的发展思路和基本原则，针对经济型酒店、生态文化主题酒店和特色中小型旅馆、国内外高端品牌酒店等提出实操性强且可供推广的有效举措及科学路径；委托专业机构、人员等制定具有国际影响力的大型消费商圈建设布局的标准体系，并实现这些标准能够得到第三方的认证认定服务，同时聚焦互联网+消费生态体系一般范式的构建，加强跨境消费服务功能的完善。

（刘刚　陈靖尧　陈卓）

第五章　海南服务贸易发展现状与展望

近年来,我国服务贸易稳步发展,贸易规模迅速扩大,服务贸易在国民经济中的地位和作用日益凸显,而海南省服务贸易的发展状况在全国范围内仍处于相对靠后的位置。以服务贸易为主导,海南将在我国引领经济全球化中发挥特殊作用。改革开放以来,我国在扩大对外开放,尤其是扩大货物贸易开放方面赢得了主动,并由此带动了中国经济的快速发展。进入新时代,扩大开放的重点方向正在发生深刻变化。党的十九大报告提出"推动形成全面开放新格局",实行高水平的贸易和投资自由化便利化政策,全面实行准入前国民待遇加负面清单管理制度,大幅度放宽市场准入,扩大服务业对外开放,保护外商投资合法权益。

习近平总书记 2018 年 4 月 13 日在庆祝海南建省办经济特区 30 周年大会的讲话中郑重宣布,党中央决定支持海南全岛建设自由贸易试验区,支持海南逐步探索、稳步推进中国特色自由贸易港建设。这是党中央赋予海南经济特区改革开放的新使命,是习近平总书记谋划、部署、推动的重大国家战略,必将对构建我国改革开放新格局产生重大而深远的影响;同时也为海南省未来发展指明了方向,必将推动海南成为新时代全面深化改革开放的新标杆,谱写海南经济特区不断扩大对外开放的新篇章。2018 年,海南自由贸易试验区更大范围突破服务业开放的限制,对标国际服务贸易规则,先行先试,率先开展以健康、医疗、教育、旅游、文化、金融等为重点的服务业项下自由贸易试点,海南就能为全国的开放转型提供更多可复制、可推广的经验,就能为我国引领经济全球化发挥特殊的作用。

一、2018 年国内外服务贸易发展情况

(一)全球服务贸易发展情况

1. 全球服务贸易基本情况

近年来,整体而言服务贸易的总体态势要明显优于货物贸易,成为金融危机后拉动世界贸易增长的重要引擎。据数据统计全球服务贸易出口在 2009-2016 年期间的平均增长率为 4.55%,而同时期全球货物贸易出口的增长率为 3.48%,低于服务贸易 1.07 个百分点。来自世界贸易组织的数据显示,全球服务贸易出口规模在 2016 年高达 4.8 万亿美元,较 2015 年增长 0.38%,而 2016 年的全球货物出口规模和全球贸易出口规模分别较 2015 年降低 3.24%和 2.42%,可见全球服务贸易出口已经成为世界贸易组织的主要推动力。2017 年,全球服务贸易全面复苏,服务贸易出口增长 8%,进口增长 6%,仍然保持高速增长趋势,对世界贸易的贡献率逐步上升。排名前三的商业服务出口国分别为美国、英国和德国,出口总额约为 1400 亿美元。但一些发展中经济体服务贸易规模增长迅速。新加坡年增长率为 36%,中国年增长率为 28%位居第二。

可见前几年的全球服务贸易有复苏向好趋势,2018 年,受中美贸易摩擦直接影响,全球贸易增速放缓。世界贸易组织发布最新一期《全球贸易数据与展望》报告,受贸易摩擦升级和经济不确定性加剧等因素影响,2018 年全球贸易总额约为 39.342 万亿美元,增长 3.0%,增幅较 2017 年回落 1.6 个百分点,远低于预期,其中全球商品出口总额为 19.475 万亿美元,全球商品进口总额约为 19.867 万亿美元。值得注意的是,该报告将 2019 年全球贸易增长预期由此前的 3.7%大幅下调至 2.6%,并表示今明两年全球贸易增长仍将面临巨大压力。2018 年全球贸易增长乏力系诸多因素拖累所致,包括贸易伙伴之间的经贸纷争以及全球经济增长放缓、金融市场波动及发达国家货币政策趋紧等。此外,发达国家和发展中国家去年进口需求疲软,也是造成 2018 年全球商品贸易增速放缓的原因之一。去年,发达国家全年进口增长缓慢,发展中经济体四季度进口亦大幅下降(负 2.1%)。

2. 全球服务贸易结构变化

2016 年北美、欧洲和亚洲三大地区的服务出口额和进口额分别占世界服务贸易总额的 89.50%和 85.45%。具体来说北美地区的进口总额和出口总额分别为 6089.9 亿美元和 8376.6 亿美元,分别占全球贸易进口和出口总额的 12.97%和 17.42%;欧洲地区的进口总额和出口总额分别为 19820.3 亿美元和 22499.4 亿美元,分别占全球贸易进口和出口总额的 42.22%和 46.80%;亚洲地区的进口总额和出口总额分别为 14202.4 亿美元和 12151.7 亿美元,分别占全球贸易进口和出口总额的 30.26%和 25.28%。相比来说,中东地区和非洲地区的进口和出口份额所占比重较小。

在全球服务贸易中,发达经济体继续保持主导地位,保持服务贸易的顺差趋势。发达国家因为技术创新能力和经济实力优势明显,例如欧盟和美国,因此在全球服务贸易的高端价值链中牢牢占据主导地位,是高端服务贸易的主要输出国。全球服务贸易结构性变化特点如下:

第一,传统服务贸易的增速有所起伏,并且在总体服务贸易中所占份额略有下降。导致全球运输服务出口持续下降的主要原因仍是全球经济复苏乏力。

第二,高科技和新兴服务贸易发展迅速。全球跟建筑、保险、养老、金融以及知识产权等相关的商业服务贸易份额逐渐扩大,并且已经占据了全球服务贸易的主导地位,服务贸易价值链向高端知识密集型、技术密集型服务贸易延伸的特征越来越明显,知识和技术密集型服务贸易逐渐占据主导地位,成为推动全球服务贸易增长的主要动力。

第三,服务贸易的信息化和数字化水平越来越高。近些年随着互联网技术、信息技术、大数据处理分析技术、云计算技术以及人工智能技术的兴起和广泛应用,数字经济取得了快速的发展,当前数字贸易和技术服务贸易已经成为全球服务贸易新的增长点。当前金融保险行业以及交通运输、旅游和建筑行业等纷纷加大信息技术投入,与互联网技术、大数据处理分析技术以及人工智能技术等进行快速融合,促使跨境交易服务中数字化的服务交易已经占到了一半以上。由于数字化降低了服务贸易交易成本,扩大了交易领域,为全球区域范围内服务贸易的快速增长提供了巨大空间。

(二)我国服务贸易发展情况

1. 我国服务贸易进出口总体情况

以服务贸易为主导符合经济全球化大趋势。全球服务贸易快速增长,不仅成为全球贸易发展的重要动力,也成为双边、多边贸易投资协定关注的焦点,以服务贸易为主导符合我国开放转型的要求。从现实情况看,服务贸易发展滞后是我国扩大开放的突出短板。2017年,我国服务贸易占外贸总额的比重仅为14.5%,比2016年下降了0.6个百分点,比2016年全球平均比重低了近10个百分点。与此相对应的是,随着消费结构的升级,老百姓对文化、娱乐、医疗、健康、教育、旅游、信息产品等服务型产品的需求比以往要大得多。例如,根据携程发布的《2016在线医疗旅游报告》显示,2016年通过携程报名海外体检等医疗旅游的人数是上一年的5倍,人均订单费用超过5万元,是出境旅游人均花费的10倍左右。前几年我国表现出来的服务贸易发展方面的短板以及服务贸易发展结构不平衡等问题,在2018年有所缓解。

2018年,我国服务进出口总额超过5万亿元人民币,我国服务进出口总额5.24万亿元人民币,规模再创历史新高,连续5年保持全球第二位,同比增长11.5%。2018年,我国服务贸易出口增速高于进口增速,高质量发展成效明显。中国服务进出口总额52402亿元,增长11.5%,规模创历史新高,连续第5年位居全球第二。其中,出口17658亿元,增长14.6%,是2011年以来最高增速;进口34744亿元,增长10%。随着服务业特别是生产性服务业发展水平提高,中国专业服务领域国际竞争力不断增强,服务出口增速连续两年高于进口。服务贸易结构持续优化,高质量发展取得积极进展。知识密集型服务进出口16952.1亿元,增长20.7%,高于整体增速9.2个百分点,占进出口总额的比重达32.4%,比上年提升2.5个百分点。知识产权使用费进口增长较快,进口2355.2亿元,增长22%;出口368亿元,增长14.4%。高端生产性服务需求和出口竞争力同步提升,技术服务出口1153.5亿元,增长14.4%,进口839.2亿元,增长7.9%。旅行、运输和建筑等三大传统服务进出口33224.6亿元,增长7.8%,占进出口总额的比重为63.4%,比上年下降2.2个百分点。

当前我国服务贸易和商贸服务业发展仍处于重要战略机遇期,机遇与挑战并存,机遇大于挑战。既要抓住当前难得的发展机遇,也要推动解决一些长期制约发展的瓶颈和障碍。

2. 我国服务贸易结构变化

2018年,中国服务贸易发展呈现出的四大特点:(1)规模逐步增长。"十三五"以来,中国服务贸易平均增速高于全球,2018年服务贸易进出口额达到了5.24万亿元,同比增长了11.5%,已经连续5年位居世界第二。服务贸易占外贸比重从2012年的11.1%,提高到2018年的14.7%。(2)结构持续改善。知识密集型服务贸易稳步增长,2018年中国知识密集型服务进出口额达到了1.7万亿元,同比增长了20.7%,占服务贸易进出口比重达到32.4%,比上年提升了2.5个百分点。(3)开放格局进一步优化。2016年在15个省市启动了服务贸易创新发展试点,2018年6月试点进入了深化阶段,六项开放举措基本落地,同步推进了31个服务外包示范城市,13个国家文化出口基地建设,与自贸试验区、北京服务业扩大开放综合试点协同发展,形成了全面推进服务贸易对外开放的体系。(4)市场更加多元。目前,中国已经与全球200多个国家和地区建立了服务贸易往来,2018年中国与"一带一路"沿线国家和地区服务进出口额达到了1217亿美元,占中国服务贸易总额的15.4%。近年来,中国分别与中东欧国家和金砖国家签订了《中国-中东欧国家服务贸易合作倡议》《金砖国家服务贸易合作路线图》,已有14个国家与我国建立服务贸易双边合作机制。

2018年,餐饮、家政、养老、文化等服务消费快速增长,服务消费占比提升至49.5%,最终消费支出对经济增长的贡献率达到76.2%。家政扶贫带动新增就业超过10万人。大数据、云计算、人工智能正成为服务贸易发展的新技术手段,增强了传统服务的可贸易性,出现在线旅游、远程医疗、网络教育等新兴的服务模式,加速了数字游戏、数字音乐、数字电影等新型服务形态不断涌现。

二、2018 年海南省服务贸易发展情况

(一)海南省服务贸易主要政策措施

2018 年 4 月 13 日,习近平总书记在庆祝海南建省办经济特区 30 周年大会上郑重宣布,党中央决定支持海南全岛建设自由贸易试验区,支持海南逐步探索、稳步推进中国特色自由贸易港建设,分步骤、分阶段建立自由贸易港政策和制度体系。这是党中央着眼于国际国内发展大局,深入研究、统筹考虑、科学谋划做出的重大决策,是彰显我国扩大对外开放、积极推进经济全球化决心的重大举措。

一直以来,国家对于海南省服务贸易发展都给予重要的政策支持。2016 年,国务院正式发布了《国务院关于同意开展服务贸易创新发展试点的批复》(国函〔2016〕40 号);2018 年,国务院再次发布了《国务院关于同意开展服务贸易创新发展试点的批复》(国函〔2016〕40 号),同意在海南等 17 个省市(区域)深化服务贸易创新发展试点,深化试点期限为 2 年,自 2018 年 7 月 1 日起至 2020 年 6 月 30 日止。为进一步贯彻落实中央政策,切实做好海南省服务贸易创新发展试点工作,推进海南省服务贸易发展,海南省先后发布了多项政策措施。

海南为全面贯彻《国务院关于同意开展服务贸易创新发展试点的批复》(国函〔2016〕40 号)精神,切实做好服务贸易创新发展试点工作,先后印发实施《海南省服务贸易创新发展试点工作方案》(琼府〔2016〕39 号)、《2017 年海南省服务贸易创新发展试点实施方案》,并转发《海南省服务贸易创新发展试点大胆试、大胆闯、自主改事项》,印发《海南省人民政府关于加强服务贸易境外人才引进工作的实施意见》《海南省促进科技服务业发展实施方案》《海南省教育服务贸易创新发展行动计划(2016—2018 年)》《海南省中医药健康服务发展"十三五"规划》等促进服务贸易发展的指导性文件。已编制《海南省服务贸易发展规划(2017—2025 年)》。开展服务贸易重大课题研究,谋划海南服务贸易发展思路,为深化服务贸易创新发展试点打下良好基础。坚持法治化、国际化、便利化原则并特别注重时效性、重点突破及招商引资,力图通过 2016、2017 两年试点重点在旅游、教育、医疗健康、运输、文化体育娱乐、保险、服务外包、中医药等八个方面取得积极成效,使海南省在服务贸易创新发展的管理体制、促进机制、政策体系和监管模式等方面的探索取得积极成果,法治化、国际化、便利化的营商环境初步形成,培育和引进的一批服务贸易市场主体充分发挥重要作用,服务贸易总额实现较大突破。

全省服务外包公共服务平台上线运行,为企业提供服务发包、项目对接、众包服务、市场推广、人才培训、技术资源共享等服务,目前已有 20 家软件服务提供商注册使用;推进博鳌乐城国际医疗旅游先行区建设,打造医疗健康服务贸易集聚区,目前已开工建设项目 30 多个,迈迪赛尔国际医疗中心、新生命干细胞抗衰美容中心等 4 个项目已投入运营;以海口市、三亚市、琼海市 3 家三级中医院为基础建设中医药服务贸易示范基地,打造中医药服务贸易集聚区。

此外,海南省发布了一系列详尽的优化支持政策。

1. 财政支持政策。出台《海南省鼓励邮轮旅游产业发展财政奖励实施办法(试行)》《海南省入境旅游市场开拓扶持办法(试行)》《海南省中外合作办学资金奖补暂行办法》等政策;设立"海南华文教育奖学金";将服务贸易纳入股权投资支持范畴;从 2017 年开始省财政每年安排 650 万元专项资金,用于省商务厅开展服务贸易相关工作;2017 年省卫生计生委安排 700 万元专项资金支持海口、三亚、琼海中医药旅游示范基地建设;建立了国家-省-学校三类奖学金,2017 年省政府奖学金达到 1000 万元,海南大学、三亚学院、海南经贸职业技术学院、海南外国语职业学院等院校相应设立了国际学生校级奖学金。

2. 税收优惠政策。2017 年 5 月 8 日,省科技厅、省财政厅、省国税局、省地税局、省商务厅、省发展改革委联合印发《海南省技术先进型服务企业认定管理办法》(琼科〔2017〕81 号)。组织开展认定工作,3 家企业通过认定。减按 15% 的税率征收企业所得税;发生的职工教育经费支出,不超过工资薪金总额 8% 的部分,准予在计算应纳税所得额时扣除,超过部分,准予在以后纳税年度结转扣除。

3. 金融支持政策。2016 年 7 月 15 日,省政府金融办、省财政厅联合印发《海南省支持金融服务业发展专项资金管理暂行办法》(琼金办〔2016〕44 号);2017 年 11 月 13 日,中国人民银行海口中心支行、省旅游委、省发展改革委、省政府金融办、中国银监会海南监管局、中国证监会海南监管局、中国保监会海南监管局联合印发《关于金融支持海南省全域旅游发展的指导意见》。

4. 便利化政策。一是为外籍服务贸易投资者和人才的居留、出入境提供更大便利。外国人就业许可证审批时限从法定 15 个工作日压缩到 10 个工作日;外国人就业证初次申领、延期、变更、补发、注销审批时限均从法定 7 个工作日提速为 5 个工作日;放宽外籍运输行业从业人员来琼就业的证件限制,针对以往一年一审的就业证发放情况,对飞行员就业证有效期,参照聘用劳动合同有效期直接给予 5 年以下的有效期,2016 年为海南航空公司的飞行员发放长期就业证 200 余人;放宽我省涉旅企业雇用外籍人员的就业许可和签发居留期不超过 5 年的居留证件。二是出台《促进海南省服务贸易创新发展试点外汇服务便利化的意见》,统一服务贸易外汇业务办理标准,极大地提升了企业服务贸易外汇业务办理的便利化程度。三是放宽运输服务企业专业人员出境限制。四是印发《关于限时办理临时入境机动车驾驶许可证的通知》,为境外游客办理自驾游手续提供便利。五是海口海关出台了《服务外包业务进口货物保税监管操作指引》,推广实施国际服务外包业务进口货物保税监管模式。

5. 创新监管举措。一是推进"1+3"旅游综合管理和执法模式,即在全省各市县成立旅游发展委员会和旅游警察、旅游法庭、工商旅游分局。大大增强了旅游业发展的综合协调能力,体现了强大的行动力、执行力和威慑力,取得快速反应、深度联动的执法效果,既能治标又能治本,全省旅游市场特别是三亚旅游市场秩序明显好转。实施效果得到了国家旅游局的充分肯定,并在全国推广。二是 2016 年 10 月,修订《旅游车服务基本规范及违反规范处理规定》,共 5 个大项 60 个小项。为进一步规范旅游客运服务行为,提升旅游客运服务质量,引导和促进旅游客运企业加强管理、保障安全、诚信经营、优质服务提供了依据。三是2017 年 3 月,省政府办公厅印发《海南省建立完善守信联合激励和失信联合惩戒制度加快推进社会诚信建设的实施方案》,主要内容包括建立守信联合激励机制、建立失信联合惩戒机制、构建守信联合激励和失信联合惩戒协同机制等任务。四是制定《中医药服务贸易服务规范》，加强对中医药服务贸易的组织、引导、规范。

6. 建立统计监测、运行和分析体系。一是出台《海南省服务贸易统计工作方案》。设计了企业基层表、行业统计表、综合统计表等一套统计表格，全面统计企业、行业及全省服务贸易整体发展情况；明确了各部门的责任分工，从行业主管部门到综合管理部门，多角度、多维度、系统地反映我省服务贸易实际情况，实现制度创新。二是通过细化我省服务贸易试点发展所起的六个重点领域中的八个方面行业发展指标，反映我省服务贸易重点领域的发展情况。三是多渠道获取统计数据，通过向中国移动、银联等国企购买数据的方式破解某些指标数据获取难的问题；通过基础数据科学推算等方式探索服务贸易四种模式（跨境提供、境外消费、商业存在和自然人移动）的全口径统计，实现方法创新。

7. 开展重点企业数据直报。在商务部分配给我省 29 家重点企业名录的基础上，结合国家外汇管理局海南省分局提供的数据，梳理出我省服务贸易企业名录，发动企业通过商务部直报系统填报数据。

8. 推动部门信息共享。搭建服务贸易政务综合平台，整合各部门服务贸易统计信息，实现共用共享。省商务厅与国家外汇管理局海南省分局建立合作机制，共同推进服务贸易统计制度创新。

（二）海南省进出口总体情况

海南自由贸易试验区建设下的服务贸易发展，从壮大市场主体、服务贸易便利、扩大双向开放和提升行政效能四个方面，建立实施了海南服务贸易创新发展的典型案例，不管是从打造"1+X"模式的博鳌超级医院到线上线下共同推荐跨境电子商务发展、创立海南网易联合创新中心服务外包孵化器，还是从加密海南直达全球主要客源地的国际航线到优化海南59 国入境免签政策、优化离岛免税政策、创新保税服务模式推进跨境飞机维修业务发展，都体现了海南在服务贸易创新发展方面所做出的大胆尝试，都体现出了"海南特色"和"海南品牌"，必将推动海南服务贸易发展再上一个新的台阶。

三、海南省服务贸易发展存在的主要问题及原因分析

（一）服务贸易面临下行的世界形势

由于全球贸易争端以及世界主要国家采取紧缩性货币政策，可能对 2019 年及之后的世界经济增长产生不利影响，IMF 在 2018 年 10 月的预测中，将 2019 年世界经济增长预期下调了 0.2 个百分点至 3.7%。

WTO 发布的《2018 世界贸易报告》显示，由于技术进步在降低贸易成本方面的影响，1996—2014 年，国际贸易成本下降了 15%。2018 年虽然受贸易保护主义的影响，但包括中国和美国在内的主要国家，对外贸易仍然保持增长势头。尤其是美国，由于国内需求拉动，其进口贸易仍然保持较快增长，在贸易争端背景下，其货物和服务贸易逆差不降反升。WTO 预测，尽管目前存在贸易紧张的局势，但由于贸易成本的下降，到 2030 年，贸易将每年增长 1.8 至 2 个百分点，服务贸易的份额可能从 21% 增至 25%。

但若世界贸易争端持续或进一步恶化，将对世界贸易产生实质性负面影响，甚至会直接

影响本已成熟完整的全球产业链和价值链布局,危害世界经济和世界贸易发展。首先,全球贸易规模有下降的风险。当前全球贸易增长已低于金融危机前水平,受人口老龄化、年轻一代消费偏好变化等因素影响,各国对进口商品需求的增速放缓,这一趋势将被贸易冲突扩大,发展中国家和新兴国家将尤其受到重创。此外,贸易争端将扰乱全球产业链配置,贸易争端发生以后,外来直接投资水平显著下降,企业开始重新考察全球产业链布局,这将对在全球产业链中占有重要地位的国家产生一定冲击。

比如,受中美贸易摩擦的影响,中国与美国的服务贸易形势趋紧。自 2018 年以来,特朗普挑起贸易争端,对中国出口美国产品加征关税。在美国第一轮加征关税清单中,主要集中在机械设备、电子设备、运输设备、医药等高端制造业。在第二轮加征关税清单中,高端制造业依旧是主要征税对象,化工品、塑料制品、金属制品等消费品也全面进入征税范围。第三轮加征关税更多是在消费品行业。美国收紧了签证有效期,严重影响了赴美留学、科研的学生和学者;并对中国出口技术实行更严格的限制措施,影响了中美技术贸易。中美贸易冲突在一定程度上制约和干扰了我国产业升级发展的进程,阻碍了两国服务贸易的进一步发展。美国是中国第二大服务进口来源地和第一大服务贸易逆差来源地,中美服务贸易关系的改变,使服务贸易国际形势日益严峻。其中,旅游是中美经贸合作和人文交流最活跃、最具潜力的部分。2018 年中国游客赴美旅游、留学、就医的人次为 290 万,同比下降 7.9 个百分点,这是自 2003 年以来,中国赴美游客数量首次出现的下滑现象[①]。中美双边贸易的疲软,使国内主要从事对美服务贸易的行业和企业遭受不利影响,而这类企业占比较大,严重影响了中美服务贸易的发展。

(二)服务贸易面临严峻国内形势

不同省市间关于服务贸易的横向竞争日趋激烈,形成广泛的竞争格局。服务贸易的大力倡导,使服务贸易日益成为中国各个省份争相争取经济发展资源。相对于中国其他省份,海南省服务贸易发展基础薄弱、基础设施不健全,难以与其他省份抗衡。在如此激烈的竞争环境中,海南省不具备服务贸易发展的强大优势,在竞争洪流中处于劣势地位。

国内服务贸易面临供给侧结构性失衡的桎梏,海南服务贸易发展同样深陷这泥淖。当前,全社会面临部分产品供给过剩,部分产品供给不足的情况,供需不对接,引致供给侧的结构性失衡。短期内,失衡现状并不能很快得到缓解,在此大背景下,全国服务贸易难逃经济发展的大趋势,海南省服务贸易更是没有深陷泥淖。基于此,海南省在全国性的供给侧失衡中难以独善其身,必然要面对严峻的供给侧改革挑战。

(三)服务贸易发展基础薄弱

近年来,海南省服务贸易取得了一定的发展成果,但是与发达国家和城市相比,仍然存在发展基础薄弱的问题。首先,与发达地区相比海南省服务业产值占 GDP 的比重不高,2018 年北京服务业产值占 GDP 的 81%,2018 年上海服务业产值占 GDP 的 69%,而 2018 年海南服务业产值占 GDP 的 56.6%,服务业发展的滞后影响了海南省服务贸易的发展。其次,海南省服务业的内部结构不合理。主要表现为海南省在运输和旅游等劳动密集型的传

---

① 数据来源:美国商务部下属的国家旅游办公室(NTTO)发布的数据

统服务业上发展较快,占服务业总产值的比例偏高。相比之下,海南省在金融、保险、计算机信息服务等技术和知识密集型高附加值的现代服务业上发展滞后、总量不足、比重偏低。最后,旅游业作为海南省服务业的支柱产业,同样呈现发展效益不明显的现状。2018 年海南省旅游业收入为 950.16 亿元,同比上年增长 14.5%[①](图 1),旅游产业收入逐年上升。但是作为支柱产业,效果并不理想。旅游业收入虽然每年递增,但是总量不大,相关产业规模较小,竞争力弱,增长较慢,旅游产业仍然属于粗放型增长,全省旅游贸易发展不平衡,东部沿海、海口、三亚地区发展比较快,旅游服务贸易比较发达,中西部地区发展缓慢,经济比较落后,形成东强西弱、南重北轻的局势,整体效益较低。

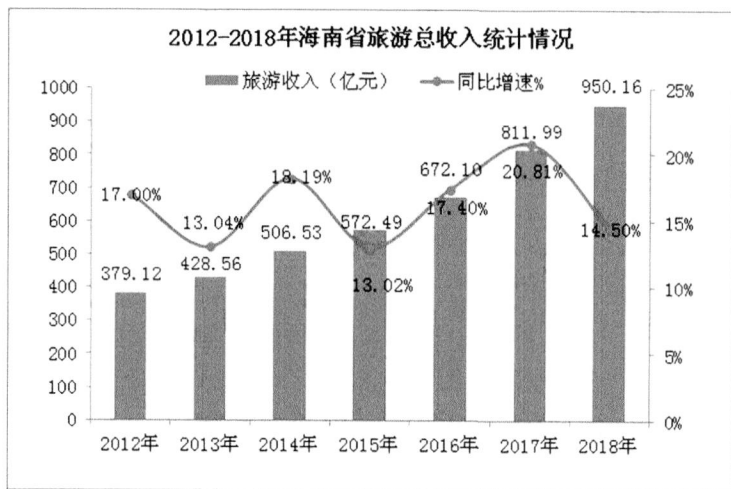

图 5-1 2012—2018 年海南省旅游总收入统计情况
数据来源:海南统计局、中南产业研究院整理

(四)服务贸易高素质人才匮乏

高素质人才是海南服务贸易发展的重要推力,然而,现阶段海南省高素质人才匮乏,存在人才培养上的短板、人才保留力度不够、人才引进数量和质量下降、人才使用不得当等问题。这些都严重阻碍了海南省服务贸易的发展。

1. 人才培养

高素质服务贸易人才的培养重在教育,海南省教育水平落后。具体表现在:基础教育薄弱,中等教育滞后,高等教育不足,特别是研究生教育严重不足。落后的教育水平制约了高知识含量、高技术含量的人才的培养,人才的缺乏导致了海南经济的发展缓慢,经济发展缓慢导致了教育投入不足,教育的投入不足又导致了海南教育的落后,海南的经济社会发展落入了"教育落后→人才缺乏→经济发展缓慢→交费经费缺乏→教育落后"的怪圈。服务贸易专业人才在整体教育水平低下的背景,其培养力度远远不能满足自身的人才需求,最终阻碍海南省服务贸易的发展。

---

① 来源于公开数据

2. 人才保留

海南留住人才的能力差,就像一块沙土地,虽然吸水的速度快但是流失得也快。有人说海南的文化是一种"流寇"文化,人才来得快走得也快,海南建省办特区初曾经出现"十万人才下海南"的壮举,现在这些人还有多少留在海南呢? 造成这种情况的原因笔者认为大致有以下几个:第一,海南经济规模小,发展水平低,人才发挥才能的空间狭小;第二,人才竞争氛围不强,没有竞争就没有动力,很多人为了使自己保持竞争性只好跳向竞争氛围比较强的国家或地区;第三,海南的底蕴不深厚,学术、科技等环境差;第四,人才激励机制不健全,不能为人才提供应得的报酬和地位;第五,海南缺乏集聚人才的载体,高校、研究机构、大型企业、高新技术企业等载体缺乏;第六,其他国家和地区优越的人才引进政策和措施的竞争。

3. 人才引进

相比较于人才培养,人才引进具有成本低、见效快特点,是解决人才紧缺的一条捷径。海南作为全国最大的经济特区,曾经利用自己在地方立法权方面的特权制定了很多吸引人才的优惠政策,也吸引了一批优秀人才到海南工作和创业,出现了海口国家高新技术产业开发区、儋州国家农业科技园区、老城工业开发区、海南博士院士产业园等人才创业基地。

但是近几年来,海南引进人才的数量和质量都有所下降,直接导致了海南很多行业人才缺乏,特别是高级经营管理人才缺乏,一些大型项目只能在摸索中推进,进程缓慢,效果不佳。造成这种境况的原因可归于以下几个方面:一是随着我国市场化程度的不断提高,海南作为最大的经济特区享受的优惠政策的优势已经不复存在,相比较于国内很多省份的优惠的人才引进政策和为人才提供的丰厚的待遇,海南的政策措施已经不具有任何的优势,对人才的吸引力自然就降低;二是海南的经济总量小,经济发展水平较低,人才可发挥能力的市场发展空间小;三是海南缺乏人才集聚的载体,良禽择高枝而栖,人才奔事业而来,海南缺少大项目、知名大企业、知名大学和研究机构等载体,人才自然就不能被吸引;四是海南的整体待遇水平较低,不能为人才提供与其价值相应的报酬。

4. 人才使用

海南改革开放比较早,在经济、政治、文化等很多领域曾采取了很多领先于全国其他地区的政策措施,这些政策措施的实施也为海南的经济发展做出了很大的贡献。但是在人才使用上海南还存在着很多滞后于其他地区的问题,这主要表现在:(1)在选人机制上,海南的很多党政机关、企事业单位还存在着论资排辈、唯亲、唯学历、唯职称、不重能力等现象,不能够做到"知人善任"、任人唯贤,也不能做到以人为本。(2)在用人机制上,很多单位都是领导说了算,不根据人才的专长而是根据领导的意图安排工作岗位,人才有力使不出,出现了"外行管内行"的怪现象。(3)在人才流动机制方面,体制僵化,没有形成人员能进能出、能上能下的流动机制。

(五)服务贸易管理体制落后

目前海南省的服务贸易管理机构是海南省商务厅的服务业与服务贸易处,但相关管理权分散在政府的不同部门中,这造成了宏观指导和协调服务的乏力。海南省在服务贸易的管理方式上也相对滞后,服务业多头管理、政出多门等问题还没有得到完全解决;国际服务贸易的统计基本没有进行,这些都严重阻碍了海南省服务贸易的发展。

此外,海南省还尚未形成支持服务贸易快速发展的地方法规,缺乏针对服务贸易的地方法规的制定。服务贸易有关规定仅有《海南省现代服务业发展规划》《海南国际旅游岛建设发展规划纲要》《海南国际旅游岛建设发展条例》《海南经济特区旅馆业管理规定》等一些服务贸易涉及的单一方面的法律法规，服务贸易的发展十分缺乏政府的政策支持和法律保护。另外，北京、上海和香港等地区已经建立了国际服务贸易的统计指标体系，而海南省还没有建立服务贸易统计体系，这也阻碍了海南省服务贸易的发展。

除此之外，海南旅游服务贸易管理体制不符合国际贸易要求。《GATS》是国际旅游业的基础性法律。它规定了旅游服务的四种基本形式，还规定了市场准入原则、国民待遇原则等国际旅游业的经营规则。海南旅游行业没有完全放开国际旅游市场准入门槛。在海南，必须通过国家计委、外经贸部、旅游局的批准，而且须采用合资合作的方式才能设立旅游企业。海南省政府对旅游行业管理主要表现为具体事务的管制，并且旅游行政审批手续比较复杂。目前，海南旅游企业缺乏熟悉国际通行规则的人才，企业的经营管理水平也达不到国际管理水平，海南旅游行业协会的作用也没有真正发挥起来。

海南旅游服务贸易的管理不到位，原因在于没有专门的部门管理。服务贸易的管理部门是商务厅，旅游业的管理部门是旅游委，导致政策不统一，多头领导，协调难度较大。为了促进海南国际旅游岛旅游业和旅游服务贸易的发展，国务院给了很多优惠政策措施，《关于推进海南国际旅游岛建设发展的若干意见》中，有在财税、投资融资、土地等多方面的政策支持，如"在海南试行一些国际通用的旅游体育项目，探索发现竞清型彩票和国际赛事即开型彩票'""支持旅游企业发行债券，设立基金"等，但是政策应用仅停留在表面或者短期，没有深入、长期使用。

(六)服务贸易政策利用不足

2009年，国务院发布《关于推进海南国际旅游岛建设发展的若干意见》，给予了很多优惠和试验性的政策，其中明确指出支持海南省发展与旅游相关的现代服务业，促进服务业转型升级。2018年，在海南建省、设经济特区30周年之际，党中央、国务院决定支持海南全岛建设为自由贸易试验区和中国特色自由贸易港，国际旅游岛上升为国家战略，也为海南服务贸易的发展带来了诸多战略层面的政策优惠。习近平总书记"4·13"重要讲话要求海南发展不能以转口贸易和加工制造为重点，而要以发展旅游业、现代服务业、高新技术产业为主导，服务贸易发展成为海南省政策重点。同年，《国务院关于同意深化服务贸易创新发展试点的批复》明确指出，同意在海南等省市(区域)深化服务贸易创新发展试点。为做好海南省深化服务贸易创新发展试点工作，省政府办公厅印发了《海南省深化服务贸易创新发展试点实施方案》(以下简称《方案》)。《方案》提出，将服务贸易创新发展试点与自由贸易试验区建设的政策效应叠加，突破重点、试出成效，力争全省服务贸易增速快于货物贸易、GDP 和全国服务贸易的增速。以该政策作为支撑，海南省抢抓服务贸易创试点工作，现已在完善管理体制、扩大对外开放、培育市场主体、创新发展模式、提升便利化水平等方面取得一定成果，各项任务工作方案已制定完成，建立海南特色的国际贸易"单一窗口"管理平台、加大中小企业国际市场开拓资金对服务贸易企业的支持力度、推进博鳌乐城国际医疗旅游先行区建设、加大海南直达全球主要客源地的国际航线密度等工作正得到积极推进。

但是海南省对这些政策的利用远远没有到位，依然存在政策资源浪费的情况。比如，为了促进海南国际旅游岛旅游业和旅游服务贸易的发展，国务院给了很多优惠政策措施，《关于推进海南国际旅游岛建设发展的若干意见》中,有在财税、投资融资、土地等多方面的政策支持,如"在海南试行一些国际通用的旅游体育项目,探索发现竞清型彩票和国际赛事即开型彩票'""支持旅游企业发行债券,设立基金"等,但是政策应用仅停留在表面或者短期,没有深入、长期使用。

(七)服务贸易资源比较优势没有充分发挥

海南岛地处亚太地区中部、南海北部,北承日本、韩国等发达国家和我国渤海、黄海、东海沿岸的经济发达地区,东接港、澳、台地区,南接东南亚各国,西望南亚、中东、非洲,是海运中距离东南亚、南亚、中东和非洲最近的中国大陆,也是太平洋进入印度洋进而进入波斯湾、红海、地中海的必经之地,镇守着国际船舶往来于欧洲、中东和亚太地区的交通要道。海南是我国由"陆"入"海"、由"海"入"洋"的出海口,是中国大陆在"海上丝绸之路"最南端的要塞,扼守着祖国南大门和海上大动脉,每年经过南海海域的船舶多达 10 万艘,中国 3/4 的外贸出口货物、全球 1/3 的国际贸易,都要通过南海航线,在地缘上具有重要的战略地位。其服务贸易拥有丰富的发展资源,具备生态资源优势、自然资源优势、文化资源优势、公共外交资源优势等。

1. 生态资源

海南生态建省的优势主要体现在优越的气候与环境区位、绿色的生态资源、蓝色的海洋资源、丰富多彩的旅游资源上。生态环境是海南最大的资本、最强的竞争力。海南是我国唯一的热带省,地处热带季风气候区,四面环海,雨量充沛,海南空气质量优良,有着美丽的碧海蓝天沙滩,生态保护在全国处于领先水平,森林覆盖率达 62%,空气质量优良天数比例达98.9%,是全球同纬度地区少有的"绿洲"。全省 18 个市县(不含三沙市)生态环境质量状况指数介于 61.56—88.03 之间,琼中、五指山、白沙、保亭、万宁、乐东、昌江等 7 个市县生态环境质量状况等级为"优",县域植被覆盖度高,生物多样性丰富,生态系统稳定。海南一年四季皆可飞行,每年可供空中游览和飞行的时间约 340 天左右。海南有独特悠久的黎、苗族文化,有极富民族特色的建筑、歌舞、文学和民间工艺等,创造了丰富多彩的物质和非物质文化遗产。海南管辖中国三分之二的广阔海域,具有独特丰富的热带海洋资源。

2. 自然旅游资源

海南自然资源丰富,自然保护区数为 50 个,其中国家级 9 个,省级 24 个,超过北京、天津、上海、江苏、浙江等国内传统旅游强省。自然旅游资源丰度等级丰富,其中 4 个主类、16个亚类和 61 个基本类,占全国比重分别为 100%、94.1% 和 85.9%。拥有 4 个属于地质地貌景观类的地质公园和 8 个国家级森林公园。

3. 人文资源

海南岛具有悠久的历史文化,是我国三大侨乡之一,人文旅游资源丰富,已形成以历史著名人物居所和红色文化遗址为主的历史古迹、具有本土文化特色的民俗节庆等人文旅游资源。

4. 海洋资源

海南是我国与东盟国家海域相连最长省份,拥有丰富的海洋资源。海南是我国唯一拥有海洋管辖权的省份,所管辖的海域面积约为 200 万平方公里,海岸线长达 1811 公里,大小港湾 84 处。海南岛附近还有北部湾、三亚、清澜和昌化四大渔场,鱼类资源近 600 余种,全省海域内水产品年捕获量达 270 万吨;海洋油气资源储量大,产值大,开发潜力大,总储量超过 200 亿吨。充分利用丰富的海洋资源,可以开发形成一个关联度极高的海洋产业链,如海洋运输业、海水养殖业、海洋渔业、海洋旅游业。海南现有港口 19 个,港口吞吐量、泊位等均存在较大提升空间和发展潜力。当前,海南全省正在推进以海口港、马村港东部岸线整合和洋浦、马村两港区集装箱运输业务整合为突破口,以促进港行发展为着眼点,逐步铺开全省港口资源整合,构建全省港口"一盘棋"格局,为打造集装箱业务、散杂货和油气业务、滚装运输业务、港口运输业务和邮轮游艇业务提供支撑。

5. 公共外交资源

自博鳌亚洲论坛开始,海南省对外交往事业兴起并不断繁荣,助推全省服务贸易逐步实现国际化发展。2001 年 2 月,在亚洲和中国参与全球化进程的重要时刻,博鳌亚洲论坛应运而生,它在为亚洲和中国讨论地区公共事务提供新平台的同时,也为海南开展对外交往事业活动提供了新机遇。此后,海南在国家层面的大力支持下,充分依托博鳌亚洲论坛的平台和品牌优势,应中国公共外交事业整体发展的需要,积极开展面向周边国家和亚太地区的对外交往事业活动。博鳌国际旅游论坛提供了一个国际旅游服务贸易的经验交流和传播旅游文化的平台,在论坛上,海南省积极推介海南服务贸易产业,使其被越来越多的国外投资商所重视,助推海南服务贸易的国际化发展。以类似于博鳌亚洲论坛的国际会议为重要依托,海南省同世界各国的经贸合作更加密切,为海南省服务贸易的继续繁荣提供了极大的机遇。比如,依托海南省现有的对外交往事业,海南同金砖五国之间的合作愈加深入,双方就优惠关税等问题达成一致,双边合作机制更加完善,服务贸易趋向自由化。

自身资源禀赋是海南省服务贸易发展的先天基础,自然资源、生态资源等优势资源卓著的海南省,为何在时代大力发展服务贸易的背景下,依然没有腾起直飞,原因在于资源的浪费现象严重,优势资源置于野,没有得到很好的利用。例如公共外交卓著的博鳌,本可以借助亚洲论坛大力进行产品的宣介和城市的宣传,但是却将重点放在提高当地物价,以便在会议期间多挣几分收入。

(八)服务贸易产品结构单一

现阶段,海南省服务贸易的支柱产业是旅游业,但是旅游服务贸易存在文化元素欠缺的问题。海南具有丰富的旅游自然资源,但是欠缺文化资源,文化方面建设不足。旅游产品主要以自然风光、海岛生态、热带雨林为主的粗放型和劳动密集型产品为主,深层次的文化旅游产品开发得很少。此外,海南对旅游产品的总体规划不合理不科学,造成旅游资源的极大浪费与破坏。一部分已经开发的景区,基础设施建设、旅游路线设计、景区管理、旅游服务、对外宣传不到位,导致资源浪费,游客不足;大部分已经开发的景区,对游客接待没有合理的规划,大量游客的涌入造成了海水污浊、土地流失、环境污染、生态破坏等生态问题。

目前,海南主要开发的是阳光沙滩海岛风光、少数民族淳朴民风等初级观光旅游产品,缺乏深层次的文化旅游产品。以观光旅游产品为主的旅游发展模式存在的局限性主要表现在以下方面:一是,游客的回游率较低。观光旅游的消费者基本上属于一次性旅游,游客看过一次景点后,很少愿意再来旅游。二是,观光旅游的普遍消费水平较低。观光旅游多数走马观花频繁移动于各个景点之间,旅游企业的收入主要集中于景点门票收入,其他收入较少。海南岛具有丰富的历史和民族文化资源,海南文化旅游产品较缺乏主要的原因是海南对良好的历史文化资源保护不力，并且没有把文化资源与旅游行业相结合。例如：1996 年被列为国家级重点文物保护单位的海南儋州市的东坡书院是海南重要的人文胜迹之一。目前，东坡书院历经千年的风雨沧桑，整体已年久失修，显得较为陈旧。黎族文化是海南少数民族文化资源，但如今黎锦艺术发展较为迟缓，海南传统工艺品生产设计技艺正在逐渐流失，旅游纪念品市场也已经不再出现黎族地区出产的藤器、黎锦、黎单、黎幕、龙被等精美的手工艺品。

四、海南省服务贸易发展展望

随着经济全球化、智能化的发展，海南省服务贸易要继续推进对外开放，同时增强自身的数字化建设，在全球服务贸易价值链上占据一席之地。开放是经济发展的必然趋势，是中国经济体制改革的应有之义，立足于更加开放更加开明的发展理念，海南省要积极推动建立开放新格局，以开放促发展，以开放促融合，逐渐融入全球经济发展的价值链中，逐步实现全球化发展。在这个过程中，数字化有利于资源的跨空间流动，有利于加快信息传递的速度和精度，在对外开放新格局形成过程中发挥着重要作用。所以，海南省在坚持全球化发展的同时，要将数字化作为发展的新方式，使自身服务贸易发展更上一层楼。

同时，海南省要将高质量发展作为服务贸易发展的方向定位。首先，从优化结构出发实现高质量发展。这里的结构包括产业结构、空间结构等，地区资源基础和产业基础影响甚至决定了行业发展的效率高低，基于此，地区要找准自身的优势行业，集中发展优势行业，适当减少低效率行业的发展权重，形成专业化发展。同时，不同地区由于自身禀赋的差异性，形成不同的比较优势，结合这些比较优势，在空间上合理规划产业布局，实现服务贸易产业的错位发展。其次，从管理体制入手，优化人才的引进、培养等体制，并结合自由贸易试验区建设这一政策大背景，使管理体制与之政策相适应，实现高质量发展。

为实现服务贸易开放型发展和高质量发展的目标定位，海南省必须立足于实际，因地制宜地推进服务贸易的进一步发展。当前，海南省服务贸易发展面临的形势可以从国际和国内两个角度阐述。

（一）海南省服务贸易发展面临的国内外形势

1. 国际服务贸易地区分布不平衡

国际服务贸易呈现地理分布不平衡特征，导致贸易从发达国家不断向发展中国家转移。国际服务贸易主要包括 14 个领域：国际运输（海运、陆运和空运）、国际旅游、国际金融服务、国际信息处理和软件资料服务、国际咨询服务（包括会计、律师）、建筑和工程承包等劳务输出、国际电讯服务、广告、设计等项目服务、国际租赁服务、商品的维修、保养、技术指导等售后服务、教育、生活、文化、艺术的国际交流服务、商业批发与零售服务、知识产权服务、国际投资服务。当前，供给服务贸易存在地理分布不均的问题，由于各国资源禀赋迥异，经济结构存在不同，所处的经济发展阶段存在差异，造成了世界服务贸易发展不平衡性，发达国家与地区的服务贸易发展迅速并且占据明显的优势，而发展中国家则处于从属地位。现阶段，亚洲地区的发展中国家服务贸易发展很快，拉美及亚洲国家国际服务贸易的年均增长速度高于世界平均增长速度，国际服务贸易有逐步向发展中国家转移的趋势。

国际服务贸易的这种地理不平衡性，使中国承接了大量的国家服务贸易转移。中国是全球最大的发展中国家,在承接发达国家的服务贸易转移上占有较大比重。如此,海南省的服务贸易情况必然会收到世界服务贸易形势的影响。

2. 国内形势对海南省服务贸易的影响利弊共存

国内整体服务贸易局势的变化对海南省的服务贸易产生影响,该影响有利有弊。一方面,激烈的服务贸易竞争会形成一批先行的典型代表,跟随并模仿先行者的行为方式,能快速提高自身的服务贸易水平,并在模仿的基础上不断创新,助推服务贸易发展更上一层楼;同时全国性的供给侧结构性失衡问题引发整体改革的新浪潮,在这个过程中,各个地区争先恐后地迎难而上,有助于海南省通过供给侧改革实现服务贸易的有序发展。另一方面,海南省在服务贸易竞争中处于劣势,这会严重挫败自身发展的积极性,产生消极影响;另外供给侧结构性失衡代表的服务贸易供需不匹配问题,存在严重的资源浪费和经济低效率问题,不利于产业的进一步发展。

(二)海南省服务贸易发展的对策

随着海南省服务产业比重的不断提升,产业发展的基础进一步夯实,服务贸易规模有望达到新高。《2018 年海南省统计年鉴》显示,2005 年海南省第三产业占比为 41.6%,2010 年该占比为 54.8%,2017 年该比例上升为 56.1%,由此可知海南省第三产业占比逐年上升。尤其是 2017 年,第三产业产值为 2503 亿元,是 2010 年产值的 2.53 倍,平均增长速度为 22%。以 2017 年第三产业产值为基数,按 22%增长率计算,2020 年第三产业产值有望接近 4000 亿元。服务业作为第三产业的一部分,其发展与第三产业趋势亦步亦趋,到了 2020 年,服务贸易规模有望实现新高。并且海南省越来越重视服务贸易,因此,其规模必然实现更大程度的扩大。为了服务贸易实现进一步跃升,提出如下发展建议:

1. 以全球服务贸易发展为背景逐步实现全球化发展

以服务贸易为主导符合经济全球化大趋势,同时也符合中国开放转型的要求。以服务贸易为主导,海南将在我国引领经济全球化中发挥特殊作用。改革开放以来,我国在扩大对外开放,尤其是扩大货物贸易开放方面赢得了主动,并由此带动了中国经济的快速发展。进入新时代,扩大开放的重点方向正在发生深刻变化。党的十九大报告提出"推动形成全面开放新格局",实行高水平的贸易和投资自由化便利化政策,全面实行准入前国民待遇加负面清单管理制度,大幅度放宽市场准入,扩大服务业对外开放,保护外商投资合法权益。在海南自由贸易试验区内更大范围突破服务业开放的限制,对标国际服务贸易规则,先行先试,率先开展以健康、医疗、教育、旅游、文化、金融等为重点的服务业项下自由贸易试点,海南就能为全国的开放转型提供更多可复制、可推广的经验,就能为我国引领经济全球化发挥特殊的作用。

2. 以负面清单推动形成服务贸易开放新局面

以负面清单打破服务业领域的行政垄断与市场垄断。改革开放以来,制造业领域开放水平较高,有学者估算已经达到 95%左右,但服务业领域 50%左右仍面临市场垄断与行政垄断。由此导致服务型消费需求快速增长与服务产品供给总量不足的矛盾比较突出。加快形成以服务贸易为主导的负面清单,有利于使社会资本成为服务业发展的主导力量,有利于充分发挥市场在服务业领域资源配置中的决定性作用。

以负面清单扩大海南服务业对外开放。扩大服务业对外开放是党的十九大报告提出的重要任务,也是海南推动服务贸易创新发展的重要途径。在海南构建对标国际的负面清单,执行统一的市场准入制度,将降低外商投资企业的准入门槛,有力推动海南服务业对外开放进程。

以负面清单优化海南营商环境。习近平主席在博鳌亚洲论坛 2018 年年会开幕式上的主旨演讲中指出:"过去,中国吸引外资主要靠优惠政策,现在要更多靠改善投资环境。"从海南现实情况看,营商环境不优是高标准高质量建设自由贸易试验区面临的首要问题。改善营商环境,需要在简政放权、提高政府效能上下功夫,但更为重要的是打造一个高度开放的"大营商环境",建设公平竞争、充分竞争的市场环境。在服务业与服务贸易领域实行负面清单管理模式,大幅收缩政府审批范围与权限,提高投资准入条款的规范化和透明化水平,有助于海南加快形成法治化、国际化、便利化的营商环境和公平开放统一高效的市场环境。

把实行"海南版负面清单"作为海南从自由贸易试验区走向自由贸易港的重要突破口。目前,国内自由贸易试验区的主要问题是投资开放力度不够,尤其是在服务业领域的开放力度不够。建议海南对标中国香港、新加坡等自贸港的负面清单管理模式,以服务业全面开放和服务贸易创新为重点,按照"极简版、扩架构、高透明、可操作"的改革方向,探索构建"准入前国民待遇+极简负面清单+准入后国民待遇"的外商投资管理模式,打造以服务贸易为重点的对外开放新高地。

3. 坚持服务贸易数字化发展

全球服务贸易正在向智能化、信息化、数字化转变,海南省应不断加大在互联网、大数据、云计算等方面的投入,通过以第三方支付、云支付为代表的数字化工具实现服务贸易的高效发展。海南省积极开展线上线下跨境电子商务活动,坚定不移扩大开放、增加进出口、更好满足群众消费升级和国内发展需要。为深入贯彻习近平总书记在庆祝海南建省办特区30周年大会上的讲话精神,按照中共中央、国务院《关于支持海南全面深化改革开放的指导意见》的总体要求,海南省继续完善跨境消费服务功能,改进跨境电子商务各环节的技术标准、业务流程和监管模式,建设一体化跨境电商大数据信息平台,打造全球跨境电商贸易服务中心。力争把中国(海口)跨境电子商务综合试验区建设成为以"线上集成+跨境贸易+综合服务"为主要特点,以"物流通关渠道+跨境电商综合服务监管信息系统+金融增值服务"为核心竞争力,形成"关""税""汇""商""物"和"融"一体化,将线上"跨境电商综合服务监管"平台和线下"综合园区"平台相结合,打造投资贸易便利、监管服务高效、法制环境规范以及具有海南特色的跨境电子商务新业态新模式。

4. 逐步优化服务贸易结构

各项优惠政策兜底,坚持服务贸易结构的优化调整,进一步增加新兴服务贸易比重,使其增长速度将高于传统服务业。2018 年习近平总书记"4·13"讲话中,明确指出海南省要将发展的重点放在技术创新上,集中力量搞好新兴服务贸易,具体集中在保险、养老、金融、知识产权、信息技术等高新技术行业。博鳌乐城国际医疗旅游先行区是海南省践行康养项目的典型案例,先行区集康复养生、节能环保、休闲度假和绿色国际组织为一体,形成"一河两岸、四区五组团"的整体空间布局。先行区以九条含金量极高的优惠政策兜底,目前已经吸引几十家具有国际水准的医疗机构入驻,国内外已有两万多名客户前来疗养。未来,博鳌康养也还将继续发展,海南省新兴服务贸易也将持续发展,必将带动产业结构的优化升级。

5. 充分发挥服务贸易发展的比较优势

前文所述,海南省服务贸易发展具有生态资源优势、自然资源优势、文化资源优势、公共外交资源优势,除此之外,还具有其他省份不可比拟的政策优势。海南省要充分发挥自身的资源优势和对外交往的优势,集中力量把生态、自然打造成为海南省服务贸易的品牌,并依托博鳌亚洲论坛等公共外交平台积极推介,让海南省服务贸易走出国门,走向世界。同时抓住中央和地方对服务贸易发展的政策偏向,发挥政策在服务贸易发展中的作用,主要紧抓"自由贸易试验区"建设的大好机遇,结合共建"一带一路"国家的倡议,将服务贸易的发展真正推向国家高度,使其为国家战略做出应有的贡献。

6. 坚持区域错位竞争、协调发展

充分发挥各个地区的比较优势,逐步形成区域分工协作、优势互补、错位竞争、协调均衡的发展格局。首先,以海口为核心,澄迈和文昌为支点,依托"海澄文一体化综合经济圈",加快推进"海澄文"服务贸易协同发展,打造服务贸易全方位开放综合试验区。发挥海口省会城市功能和对外开放排头兵作用,提升美兰机场航运中心、空港保税区辐射作用,促进江东组团和文昌木兰湾新区服务业开放,加快形成美安科技新城、秀英港与澄迈老城经济开发区的良性互动,加快发展运输物流、金融保险、教育培训、文体娱乐、维护与维修及服务外包等综合性服务贸易。三亚服务贸易核心区。以三亚为核心,陵水、乐东、保亭为支点,依托"大三亚"旅游经济圈建设,打造世界级旅游服务出口新高地。发挥三亚市对外开的门户作用和热带滨海旅游目的地的集聚辐射作用,提升邮轮游艇、高端海洋度假、免税购物等产业功能,打造海南省旅游服务贸易核心区。加快清水湾、国际旅游岛先行试验区、吊罗山等旅游景区度假区的国际化服务水平,促进陵水成为海南旅游服务出口重要支点城市。依托龙栖湾、龙腾湾、龙沐湾、莺歌海、尖峰岭等旅游区,推动乐东国际娱乐旅游服务贸易快速发展。依托千古温泉、热带雨林、乡村风光、南药等自然生态资源,推进保亭医疗健康和健康养生特色服务出口。

其次,以琼海为重点,万宁为支撑,充分利用博鳌亚洲论坛载体作用,加快推进乐城国际医疗先行区建设,大力发展会议会展、滨海旅游、医疗健康、文化贸易、技术贸易,形成海南省服务贸易新的增长极。儋州服务贸易增长极。以儋州为核心,东方、昌江、白沙为支点,发挥洋浦经济开发区保税政策优势和东方工业园产业基础优势,发展运输、金融保险、维护与维修等生产性服务贸易,形成西部区域增长极。

再次,依托海南环岛铁路,连接沿海口、文昌、琼海、万宁、陵水、三亚、东方、儋州、临高、澄迈等四个沿海城市,形成环岛服务贸易发展轴。多点指受"双核双极"辐射的市县和五指山、琼中、屯昌、白沙等中部四市县。加快推动服务贸易成为中部市县对外开放的引擎,依托热带雨林风景区、五指山自然保护区景区、陨石雨林湖泊、黎峒文化园、花舞人间景区、SNS国际文化旅游度假区、牙胡梯田等特色自然资源和文化资源,建设高端康体养生度假胜地,吸引国际游客入境旅游,大力发展旅游、中医康体养生等特色服务贸易。

综上,海南省继续巩固提升海口、三亚在全省服务贸易发展的核心地位,加快形成"南北双核",着力打造"海澄文"和"大三亚"服务贸易双子星,引领示范全省服务贸易创新发展,辐射带动全省服务贸易加快发展,加快挖掘儋州、万宁的服务贸易特色优势,率先实现跨越发展,形成服务贸易增长的"东西双极",以开放促增长,加大政策协调,培育中部地区若干服务贸易增长点,形成"双核双极,一轴多点"产业布局。

7. 健全服务贸易管理体制

习近平总书记在首届中国国际进口博览会开幕式上强调,中国将抓紧研究提出海南分步骤、分阶段建设自由贸易港政策和制度体系,加快探索建设中国特色自由贸易港进程。建立与自由贸易试验区建设相适应的行政管理体制,是探索自由贸易港制度体系的关键一步,在推动自由贸易试验区向自由贸易港过渡中发挥着重要的基础性作用。我们要抓住新一轮机构改革有利契机,按照党中央统一部署,在省委领导下,深化行政管理体制改革,服务和保障自由贸易试验区建设,为探索中国特色自由贸易港制度体系开好局、打基础。

与自由贸易试验区建设相适应的管理机制必然是适合海南省服务贸易发展的机制。机制建设要与国家的政治要求高度一致,以更高的标准和水平建设管理体制,更加突出体制机制在经济建设中的先导作用。

8. 加大高素质人才培养和吸引力度

海南省要适度超前发展教育,要摒弃以前那种"有多大脚穿多大鞋、有多少钱办多少教育"的办学发展方针,以增加对教育的投入为突破口,打破"教育落后→人才缺乏→经济发展缓慢→教育经费缺乏→教育落后"怪圈。创新教育体制,鼓励多种形式的社会办学。加强基础教育地位,坚决贯彻执行九年义务教育,确保教育从娃娃抓起;调整中等教育结构,普及高中教育,加快中等职业教育发展,培养一批技术应用型人才;积极推进高等教育,特别是研究生教育,培养一批高知识、高技能的研究型及实用性人才;加快建立健全基础教育、普通高等教育、成人高等教育、职业技术教育、研究生教育等各层次教育协调发展的教育体系,构建海南人才事业平台,为实施人才强省战略提供人才保障。

同时,树立"不求所有,但求所用;不求所在,但求所为"的理念,建立人才柔性流动机制,大力拓宽引才引智渠道,积极引进经济社会发展急需的各类人才。制定鼓励高层次人才来琼创业政策,放宽创业条件,降低企业申办门槛,提供优惠配套服务。制定符合留学人员特点的引才政策,鼓励留学人员来我省工作和服务。实行特聘专家顾问制度,聘请一流专家学者为政府重大决策提供咨询,指导重点产业、重点项目的建设。建立与省外驻琼研究机构和重点企业的沟通制度,扩大双向交流,实现资源共享。

在人才的使用机制上,树立"人才就是生产力"的观念,高度重视存量人才资源,采取各种有效措施激发这些人才的活力和潜力,为海南的经济发展做贡献。破除论资排辈观念,改革过去那种任人唯亲、唯学历、唯职称的用人机制,贯彻公开平等、竞争择优原则,完善公开选拔、竞争上岗制度,实行任人唯贤、唯能的用人机制,坚持以人为本,实行人文管理。建立人才破格使用制度,不拘一格选拔人才。实行人才科学配置制度,把人才安排到能最大程度发挥其作用的岗位。创新人才流动机制,形成人才能进能出、能上能下的灵活机制。

完善按劳分配为主体、多种分配方式并存的分配制度,健全人才激励机制。指导企事业单位深化内部分配制度改革,将薪酬与责任、风险和业绩直接挂钩,实现一流人才、一流业绩、一流报酬。对有特殊贡献的经营管理人才、专业技术人才和技能型人才可实行股权或期权奖励。实行以政府奖励为导向、用人单位奖励为主体、社会力量奖励为补充的人才奖励政策,建立多元化的人才奖励机制,对具有自主知识产权和科技竞争力的科研成果、为经济社会发展做出重大贡献的优秀人才予以重奖,营造一个尊重人才创新创造、鼓励人才敢为人先的社会氛围。

五、总结

综上所述,当前海南省服务贸易发展已具备一定规模,但是仍然存在很多亟待解决的问题,包括:服务贸易发展基础薄弱、高素质人才匮乏、管理体制落后、政策利用不足等。针对这些问题,结合海南省服务贸易发展面临的国内外形势,提出发展的对策,建议海南省要充分发挥国家和地方政策的偏向性,并结合自身区位、资源、公共外交等优势,逐步实现服务贸易的高质量发展、全球化发展、数字化发展和协同发展,更加注重技术创新,提升产业竞争力,同时集中力量开展新兴服务贸易,优化产业结构。以优惠政策兜底,海南省服务贸易必然实现进一步跃升。

(蒋国洲　赵秋银　宋琳芳)

第六章　海南对外交往的奋进开拓

2018 年中国的公共外交事业延续之前数年的良好势头,在构建中国公共外交理论体系的同时积极探索、勇于实践。虽然面临着复杂多变的国际形势,但仍然坚持对外开放大局,在习近平主席所指出的"百年未有之大变局"中站稳立场,为全球共同繁荣贡献力量。2018 年,虽然有着中美贸易战悬而未决等不确定因素,中国仍然成功举办了上合组织峰会、中非合作论坛峰会、中国国际进口博览会等主场外交,倡导互利共赢,促进民心相通。习主席四次踏出国门,足迹遍布亚非欧拉美以及大洋洲 13 国,参加多场国际会议,会见数百位外国元首和政要。首脑外交、文化外交等形式多样的公共外交形式成果显著,展示出中国公共外交良好的发展形势。

2018 年是我国改革开放 40 周年、海南建省办经济特区 30 周年,习主席"4·13 讲话"为海南的发展指明了方向,也为海南对外交往工作提出了新任务和更高的要求。海南进入了扩大开放的一个全新时代,在"4·13 讲话"及与之配套的各项政策的指引下,海南对外交往工作在 2018 年已经在一些新领域取得了成绩,也将在新形势下面临着前所未有新挑战的同时紧紧抓住大有可为的历史机遇。

一、全新政策环境与对外交往活动的双向互动

2018 年,海南走到了对外开放的一个新起点,一系列新的政策为海南获得新的发展动力,取得新的发展成就积极保驾护航。这一全新的海南独有的政策环境为海南开展对外交往工作提供了稳定的全新平台,与此同时,升级优化后的对外交往工作又可以充分适应海南新的对外开放大形势、大格局,为其添砖加瓦,促进优化各项制度规程,助力海南自贸区(港)的建设重任。新形势下,政策环境与公共外交已经开始了积极的良性互动。

(一)海南迎来对外交往的新机遇

海南作为省级经济特区自 2018 年起有了新的战略定位,即继续成为改革开放的重要窗口、改革开放的试验平台、改革开放的开拓者、改革开放的实干家。党中央决定支持海南全岛建设自由贸易试验区,支持海南逐步探索、稳步推进中国特色自由贸易港建设,分步骤、分阶段建立自由贸易港政策和制度体系。这是海南的光荣任务和全新机遇,同时也对海南对外开放及对外交往水平提出了新要求。

2018 年,海南大刀阔斧取消了对 12 个市县的 GDP、工业产值、固定资产投资的考核,改革力度之大超出预期。海南刀刃向内,彻底扭转"房地产依赖症"。之前,得益于优良的生态环境,海南房地产市场活跃,虽然拉动了经济,但给生态保护造成不小的压力。在 2018 年 1 月 26 日的海南省六届人大一次会议上,省长沈晓明表示:"决不能让海南变成房地产加工

厂。"海南"壮士断臂"的政策也倒逼其必须目光向外,扩大开放,以取得真正高成色的社会经济发展水准。

在此情况下,海南加快形成法治化、国际化、便利化的营商环境和公平开放统一高效的市场环境。着力打造全面深化改革开放试验区、国际生态文明试验区、国际旅游消费中心、国家重大战略服务保障区。设立国际能源、航运、大宗商品、产权、股权、碳排放权等交易所,形成更加成熟更加定型的制度体系。增加海南直达全球主要客源地的国际航线。实施更加开放便利的离岛免税购物政策,实现离岛旅客全覆盖,推进全域旅游发展。同时,海南目光向外,开展国际人才管理改革试点,允许外籍和港澳台地区技术技能人员按规定在海南就业,永久居留,允许在中国高等院校获得硕士及以上学位的优秀外国留学生在海南就业创业等等要求。这些政策的落实均须海南大胆试、大胆闯、自主改,因以上愿景无一不涉及海南的对外交流与扩大开放。

国务院印发的《中国(海南)自贸试验区总体方案》明确提出:到 2020 年,自贸试验区建设取得重要进展,国际开放度显著提高。很显然,海南自贸试验区的制度创新和政策实践,要适应未来开放水平更高、贸易投资自由化标准全球领先的海南自贸港建设的需要,要为绝大多数商品、资金、人员自由进出的特殊功能区域建设积累经验和先行先试。而在扩大开放方面海南实现了新突破。一方面,方案提出大幅放宽外资市场准入。另一方面,总体方案提出打造一流营商环境的目标,并对标世界银行营商环境的评价体系,提出了在开办企业、施工许可办理、财产登记等十个方面的具体目标,在加大政府职能调整、推进多规合一和提供公共服务质量等方面也将采取更多积极措施。

由此可见,海南在 2018 年迎来的开放不但是海南本身从未有过的开放,也是中国其他自贸区从未有过的开放。"开放"就必须对外交往,交往则必定是经济、文化、人员等全方位的,这既是未来一段时期海南对外交往的历史机遇,也是其必须完成的历史任务。

(二)面向太平洋与印度洋重要开放门户的打造

"把海南打造成为我国面向太平洋和印度洋的重要对外开放门户"是党中央国务院对于海南自贸区的战略定位。按照中央部署,海南由此被赋予了面向太平洋与印度洋与这东西两个方向开放门户的重要地位。太平洋与印度洋地区与中国经济发展关系紧密,且与国家安全议题息息相关。太平洋方向不但涉及美国的存在,还须考虑与诸多太平洋岛国、日本及我国台湾的关系处理与经贸往来。而就印度洋方向而言,不但须关注印度洋南亚国家,还不可避免涉及部分东南亚国家,以及与我经贸往来愈发频繁的大洋洲、中东及非洲等区域的部分国家。同时,当前的开放门户定位还使得海南必须考虑与环印度洋地区合作联盟(IOR-ARC)等国际机构建立起顺畅的沟通。

美国国会于 1934 年通过以促进对外贸易为宗旨的《自由贸易区法案》并始建自由贸易区后,很多国家都设立了自贸区并进行了相应的学术研究。哈佛大学东亚经济研究所主任德怀特·帕金斯认为,自贸区的建立是为整个国家繁荣的自由贸易打下基础。德国《南德意志报》曾通过中国自贸区的设立与运作得出了中国必将继续推动改革的结论。世界自由贸易区协会主席格兰姆·马瑟则表示,一个国家开展自贸区项目,实际上就是在释放某种信号与信息。

在当前瞬息万变的复杂国际形势下,中央支持海南设立自贸区,并探索中国特色自由贸易港建设,着力打造面向太平洋与印度洋重要开放门户,这正是中国面向世界发出的坚持改革开放的重大而清晰的信号。这一打造建设过程数组关系牵涉众多,国际贸易、民间交往、地缘政治,乃至域外国家都是不可缺位的考虑因素。在此背景下,海南任务重大,如何在自贸区(港)建设背景下充分胜任面向太平洋与印度洋的对外开放门户的重担,须尽早从国别及国际组织研究入手,就机制及手段多方面予以厘清,这一工作的开展极大程度上有赖于公共外交活动的开展质量,也给海南相关工作提出了千头万绪且极为重要的长短期任务。

海南对外交往需要考虑的问题涉及但不限于海南自贸区的面向太平洋与印度洋时的定位;太平洋与印度洋区域之于中国的重要意义;面向太平洋与印度洋对外开放重要门户的建设之于海南未来发展的战略意义;太平洋与印度洋国际组织及国别研究对于海南开放门户打造的实践意义。与此同时,海南须考虑到打造过程中的障碍短板,着力发挥出对外交往的独特作用。如首先须面对"印太战略"的挑战。美日印澳等国力推的"印太战略"具有强烈的排他性,且对中国的海洋政策与存在多有非议;其二,传播效果受限。太平洋与印度洋区域国际关系、营商环境与舆论生态均颇复杂,海南声音如何进行国际传递值得进行公共外交角度的探索;其三,中外构想的对接。面向太平洋与印度洋对外开放门户的打造须相关国家的理解、配合与互动,且应考虑与有关国家现有政策与规划的兼容。以印度洋方向为例,印度的态度就颇为重要,但因其对于中国的战略不合作由来已久,且发起了针对"一带一路"的"季风计划"与"香料之路",中印相关构想的对接值得海南予以关注与努力;其四,相关经验缺乏。基于自贸区建设的面向大洋方向的对外开放门户在我国的落实尚属首次,理论与操作缺少样板借鉴,海南对于两大方向涉及的诸大洲与国家地区研究还很不足,故须经受考验,克服障碍与短板,发挥对外交往特点,努力先行先试。

二、海南对外交往的突出成绩

海南全省在 2018 年围绕新的形势和历史任务,全面部署了各方面工作,对外交往工作作为对外交流的重要组成部分,取得了较为突出的成绩,也为海南继续扩大开放创造了良好的大环境。

(一)积极作为,助力"一带一路"

2015 年 3 月 28 日,习近平主席在博鳌亚洲论坛 2015 年年会上,系统全面地阐述"命运共同体"的理念,同时也明晰了"一带一路"的概念范畴:"'一带一路'建设秉持的是共商、共建、共享原则,不是封闭的,而是开放包容的;不是中国一家的独奏,而是沿线国家的合唱。"

过去数年来,从基础设施到经贸往来,从金融互通到人文交流,众多领域的合作愈加紧密。面对"一带一路"建设带来的巨大历史机遇,海南省委、省政府抢抓机遇,积极主动融入和服务大局。

2017 年 4 月,省第七次党代会在海口开幕,为海南全面融入"一带一路"做出了部署,提出将海南打造成"一带一路"国际交流合作大平台、海洋发展合作示范区、中国(海南)—东盟优势产业合作示范区。当年,省委、省政府制定实施《海南省参与"一带一路"建设对外交流合作五年行动计划(2017 年—2021 年)》,进一步明确了海南省参与"一带一路"建设对外合作的总体目标、行动计划和具体举措。

2018年4月9日,在21世纪海上丝绸之路岛屿经济、新兴经济体防风险、亚洲经济一体化等博鳌亚洲论坛2018年年会分论坛的诸多热议话题中,"一带一路"和开放成为令人瞩目的关键词。省长沈晓明表示,"海南30年的发展成就表明,开放带来进步,封闭必然落后。'一带一路'倡议倡导丝路精神,为共同解决岛屿发展提出了中国方案。"

对于中国而言,"一带一路"建设是继续扩大开放之门的"金钥匙"。对于海南来说,"一带一路"建设既是岛屿经济体全面深化改革开放的"金钥匙",也是内修外联的"加速器"①。海南一直积极参与"一带一路"建设,关注基础设施互联互通、机场建设、航线开通和投资贸易合作的进展。海南全省融入"一带一路"倡议,不但"动手",而且"动口",加强与国际传媒的合作交流,主动将海南声音更广更快更远地传播出去。海南省领导多次发声,强调互联互通。2018年4月9日,21世纪海上丝绸之路岛屿经济分论坛在博鳌亚洲论坛国际会议中心举行。来自中国、泰国、挪威、马耳他、菲律宾等国家的嘉宾围绕"合作的新时代:岛屿经济的包容性发展"展开了探讨。海南省省长沈晓明、中国外交部部长助理陈晓东、泰国文化部部长威拉·洛普乍纳拉、挪威特罗姆斯郡郡长威利·厄内巴克分别发表了主旨演讲,分享了岛屿地区发展经验,展望了在"一带一路"框架下岛屿经济体交流与合作的愿景。

沈晓明指出,海南30年的发展成就有力印证了"开放带来进步,封闭必然落后"。开放是发展的需要,更是生存的需要。沈晓明就加强岛屿地区交流与合作提出了5点建议。一是继续推进互联互通。希望与各岛屿地区继续加强航空、海域等领域的合作,开辟直航航线和班次,建立港口城市合作机制,促进旅客和货物运输便利化。二是继续推进产业合作。海南愿与岛屿国家和地区一道,整合人才、技术、产业等资源,发挥各自优势,推进各领域务实合作。三是继续推进人文交流。在教育、科技、文化、旅游等领域开展形式多样的人文交流,增进信任和友谊。四是继续携手应对气候变化等全球性挑战。分享应对气候变化、防灾减灾、生态环保等方面的经验,为共同保护地球家园做出努力和贡献。五是继续为岛屿经济包容性发展提供智力支撑。海南将发挥智库联盟的作用,探索设立岛屿经济研究信息中心、创建全球岛屿经济研究基础数据库,希望更多国家和地区的高校、智库加入,共同拓展岛屿经济研究智库网络②。论坛还发布了《全球岛屿发展年度报告(2017)》,回顾了过去一年全球岛屿国家和地区的经济发展情况,并探讨了经济发展模式等重要议题。

(二)扩大开放,致力合作共赢

开放一直被认为是海南的天赋基因③。作为独立的地理单元,一直以来,海南积极发挥面向东盟最前沿的区位优势,调动海南公共外交基地的专业特色,以友城为支点扩大海南国际"朋友圈",从2016年至2018年,主动开展"中国海南·柬埔寨光明行"义诊活动,海南筹资2000万元多次为柬埔寨1000例白内障患者实施免费手术。同时,不断扩大和深化海南对外开放,着力提升海南国际化水平,倾力服务经济社会开放发展,深度融入"一带一路"建设。建省办特区的30年,海南从一个边陲岛屿,一跃成为中国对外开放的重要窗口和"一

---

① 梁振君:内修外联,建设成效持续开花结果:"一带一路"上的海南印记,海南日报,2018年10月29日。

② 21世纪海上丝绸之路岛屿经济分论坛举行,畅谈岛屿经济包容性发展,沈晓明做主旨演讲来源:http://dfoca.hainan.gov.cn/ywdt/zwdt/201804/t20180410_1496485.html

③ 海南:扩大对外开放 服务国家总体外交来源:http://www.chinadaily.com.cn/interface/toutiaonew/53002523/2018-03-29/cd_35941326.html

带一路"的重要节点,不断深化与"一带一路"沿线特别是周边国家和地区的互联互通和务实合作。

海南对外交往工作一直紧紧围绕海南对外开放和经济社会发展大局,统筹谋划,攻坚克难,主动作为,埋头苦干,积极践行推动构建人类命运共同体理念,在服务国家总体外交、周边外交和海南开放发展等方面做出了独特贡献。

自2001年以来,海南对外交往的旗帜——博鳌亚洲论坛已为与会各国政商学媒界领袖就亚洲乃至全球经济、政治、外交、安全、社会、环境等重要事务开展对话交流提供了高层次平台,逐渐成为海南向全球展示中国推动构建践行人类命运共同体思想的重要窗口。与此同时,海南还通过其他若干平台积极推动多层次多渠道的对外交往工作,扩大对外开放,致力合作共赢,并得到了中央的全力支持。

2018年4月8日至11日,博鳌亚洲论坛2018年年会在博鳌举行。国家主席习近平出席论坛年会开幕式并发表主旨演讲。习近平主席、奥地利、菲律宾、蒙古、荷兰、巴基斯坦、新加坡等7位中外领导人、2位主要国际组织负责人、13位外国前政要、10位我副国级领导、47批国外部长级官员、国际组织负责人及代表(不含随团部长)、71批国内省部级领导及央企负责人、72位世界500强CEO、240多家媒体1300多名媒体记者共63个国家和地区近6000人与会,海南省全体服务保障工作人员牢记使命、忠诚履职、发扬务实担当、敢打必胜的"海南精神",圆满完成了论坛2018年年会各项服务保障工作,受到中外政要以及外交部等充分肯定。外交部、国侨办、论坛秘书处等纷纷发来感谢信,称海南作为东道地,相关部门和地方在省委、省政府统一领导下,团结协作、全力以赴,为确保领导人与会和年会活动圆满成功做出了重要贡献。

2018年4月,外交部安排驻澳大利亚、日本、瑞士、俄罗斯、泰国、朝鲜、密克罗尼西亚、坦桑尼亚、毛里求斯等9国使节来琼调研如何利用外交外事资源推动海南建设自贸区、探索建设自贸港。

海南的积极姿态得到了世界的回应。

2018年,海南省与韩国德威航空公司合作开通的相关国际航线工作、与英国哈罗公学合作的海口哈罗学校项目,均已取得实质性进展。韩国德威航空公司经营着日本、越南、泰国、俄罗斯等多条国际线,途经10个国家40多个城市。国际航线的开通,将拓宽对外连接通道,有利于拓展境外市场,并推进投资贸易自由化便利化,进一步加大吸引外资力度,助推海南自由贸易试验区和中国特色自由贸易港建设。韩国德威航空公司将把海南作为主要目标市场进行培育和深耕,期待双方积极展开合作,开通更多国际航线,在方便两地旅游客源往来等方面加深合作。海口哈罗学校项目是海南自由贸易试验区和中国特色自由贸易港建设的省级重点建设项目。哈罗公学作为英国历史悠久的著名公学之一,享誉全球。2018年5月20日起,海南高标准开展百日大招商(项目)活动,紧扣落实习近平总书记"4·13"重要讲话和中央12号文件精神,瞄准世界500强、全球行业领军企业和知名品牌企业开展点对点招商,取得重要成效。海口哈罗学校项目作为其中落地建设的项目之一,旨在打造成为海南省乃至全国的一张重要的国际化教育名片。英国哈罗公学国际业务部主席、香港哈罗国际学校校董会主席爱德华·古尔德表示,对海南未来的前景很有信心、充满期待,指出哈罗公学愿意与海南加强合作,加快推进合作办学事宜。

海南的开放不仅限于本地的扩大开放,更把目光投向世界。2018年4月,在博鳌亚洲论坛 2018 年年会"中国—东盟省市长对话"活动中,与会各方代表签署共同倡议,同意成立 21 世纪海上丝绸之路沿线邮轮旅游城市联盟,开展全方位邮轮旅游合作①。

来自中国海南省、天津市、香港特别行政区、广东省广州市与柬埔寨西哈努克省、菲律宾巴拉望省、新加坡、泰国清迈府和普吉府等东盟国家的地方省市代表出席了"中国—东盟省市长对话",来自克罗地亚、芬兰等国相关省市代表以及中国船舶工业行业协会、嘉年华及其旗下歌诗达邮轮品牌、云顶集团、地中海邮轮、皇家加勒比集团、诺唯真邮轮控股有限公司、中国交通运输协会邮轮游艇分会、马来西亚邮轮产业协会等企业代表亦作为特邀嘉宾出席。

各方围绕"21 世纪海上丝绸之路沿线邮轮旅游合作"主题,就加强邮轮旅游合作达成共识。倡议指出,2018 年是中国和东盟建立战略伙伴关系 15 周年,中国—东盟关系正在从快速发展的成长期迈向提质升级的成熟期,各方愿为此继续做出积极贡献。各方愿以"21 世纪海上丝绸之路邮轮旅游合作"为主题,在推动海上丝绸之路建设中,开辟中国与东盟旅游合作新领域、打造更加开放包容的区域环境。各方同意在"对话"上成立"21 世纪海上丝绸之路沿线邮轮旅游城市联盟",以加强中国海南和其他沿海省市与东盟地区邮轮旅游产业发展战略对接,并就加强邮轮旅游合作达成共识。

各方同意,"21 世纪海上丝绸之路沿线邮轮旅游城市联盟"秘书处设在中国海南省海口市,并逐步吸纳更多的邮轮企业、港口运营商、旅行商和相关协会加入。

海南不仅吸引了周边东南亚国家的目光,其魅力还辐射到了欧洲。

2018 年 8 月,罗马尼亚阿拉德县委员会主席尤斯汀·西昂卡一行访问海南,他在接受海南日报记者采访时表示,在习近平主席宣布支持海南全岛建设自由贸易试验区,逐步探索、稳步推进中国特色自由贸易港建设后,他感受到了海南省委、省政府富有远见的领导力以及高效的执行力。作为海南的省级友城,阿拉德县期待借海南建设自贸区、自贸港这一重大契机,推动双方开展更多务实合作。尤斯汀·西昂卡主席希望阿拉德县能够参与到海南建设自贸区、自贸港的过程中,这对于双方而言都具有重大意义。阿拉德县希望可以成为中东欧门户,让中国商品可以通过阿拉德进入欧洲。并期待将双方在商贸、教育、医疗等多个领域的合作推向务实。除了商贸投资,阿拉德县计划建设地热温泉旅游休闲中心,尤斯汀·西昂卡主席认为海南在此领域内经验丰富,他们与海南的酒店集团就该项目进行了洽谈。在医疗领域,则努力促进中医与西医在阿拉德县相结合,希望海南中医院等机构可在阿拉德县医院成立中医理疗中心,推广中医与海南医药,让更多阿拉德县民众体验中医理疗。②

不仅如此,在教育领域,阿拉德县已经与海口、三亚两地的多所高校、中学对接,将推动两地学生开展更多的交流。

2018 年 2 月,哈萨克斯坦驻华大使沙赫拉特·努雷舍夫表示,哈萨克斯坦与海南在"一带一路"上均占据着重要位置,他期待双方借由"一带一路"建设增加更多商贸、人文等方面的合作交流。在沙赫拉特·努雷舍夫大使看来,哈萨克斯坦是"丝绸之路经济带"上的必经之路,海南则是"21 世纪海上丝绸之路"上的重要节点,两地相辅相成,未来双方可以在跨境

---

① "中国—东盟省市长对话"与会各方代表签署共同倡议来源:http://dfoca.hainan.gov.cn/ywdt/zwdt/201804/t20180414_1496781.html

② 阿拉德县委员会主席:积极推动两地更多务实合作来源:http://dfoca.hainan.gov.cn/ywdt/zwdt/201808/t20180830_1497354.html

多式联运领域展开合作。

据沙赫拉特·努雷舍夫大使介绍，"跨境多式联运领域的合作有助于哈中两国间贸易额的增加。来自海南的热带水果可以在短短几天内就供应到中亚国家、独联体国家、欧亚经济联盟国家等。另一方面，哈萨克斯坦本身在粮食、牛羊肉、油料作物等有机农产品的出口方面也有着巨大的潜力。就此而言，海南不仅能够成为此类农产品的最终消费者，还可以成为这些商品通向东南亚国家的中转站。"

在旅游方面，每年数千名哈萨克斯坦游客利用"免签"优惠政策，乘包机前往海南游览。哈萨克斯坦也在积极推动和海南在旅游领域的合作。

哈萨克斯坦悠久的民族与宗教传统造就了该国丰富多彩的文化，沙赫拉特·努雷舍夫大使表示，海南拥有其独特文化，两地交流举办音乐会、展会并组织民众出游等有助于人文合作的进一步扩展。

近年来，哈中在教育领域的合作取得诸多成效。在海口各大院校学习的哈萨克斯坦留学生，为双边关系的发展做出了自己的贡献。2013 年 9 月，习近平主席高度赞扬了在海南大学就读的哈萨克斯坦留学生鲁斯兰，他自 2009 年起每年无偿献血两次帮助中国患者。沙赫拉特·努雷舍夫大使说。"哈萨克斯坦人民对海南十分熟悉，我相信我国的很多州都很乐意与海南建立和发展合作关系。"[1]

沈晓明省长在外交部海南全球推介活动上致辞时强调，海南值得来度假，海南值得来投资，海南值得来体验。这一向世界发出的邀请，显示了海南海纳百川的博大胸怀和对多元文化的坚持。

海南已经为此进行了务实行动。在外交部支持推动下，外交部已将海南面向59 国免签政策挂上我驻 59 国使领馆官方网站进行宣传推广，截至 2018 年 12 月底，已有我驻 45 个国家的驻外使馆将 59 国免签政策挂官网宣传。显示了海南对外开放与合作共赢的积极姿态。

(三)活动丰富,加强侨务外交

2018 年是海南建省办经济特区 30 周年。见证海南这 30 年巨大变化的，除了海南人民，还有从海南走向世界的琼籍华侨华人。在他们眼中，随着国家支持建立自由贸易试验区和自由贸易港这一利好政策的出台，海南的国际化水平将不断提升，经济发展将再上一个台阶。

华人华侨是参与"一带一路"建设不可或缺的重要力量，而海南是侨务资源大省，是重点侨乡，有 390 多万琼籍华侨华人分布在全球近 60 个国家和地区，他们在海南经济建设和社会发展过程中发挥了积极的促进作用。琼籍华侨绝大部分处于"一带一路"沿线，仅东南亚各国就有 200 多万人，相互交往历史悠久、地缘相近、人文相亲、民俗相通；"一带一路"倡议明确提出把海口、三亚列为海上合作支点，强化三亚国际门户机场功能。海南正把这些独特的区位优势、资源优势、政策优势、侨乡人文优势转化为务实合作成果，推动与周边国家和地区唱响共商、共建、共享"一带一路"的主旋律。

建省办经济特区 30 年来，海南不断涵养"新侨""老侨"资源，世界海南乡团联谊大会、

① 哈萨克斯坦驻华大使:愿借"一带一路"促成与海南更多合作来源:http://dfoca. hainan. gov. cn/ywdt/zwdt/ 201802/t20180202_1497782. html.

世界海南青年大会、世界海南青少年夏(冬)令营、海南文昌南洋文化节、海南省海外华侨华人社团中青年负责人研修班、故乡情——书画作品展等各种侨务交流活动,加深了老侨新侨对故土海南的认同感。

2018年,海南侨务外交特别注重发挥华侨华人作用,拓展侨务对外交往和交流合作。一是落实国家侨务工作纲要。贯彻落实好《国家侨务工作发展纲要(2016－2020年)》和2018年全国侨办主任会议精神。积极配合国侨办举办2018"世界华商领袖圆桌会议"等高端侨务品牌活动,推动世界知名华商与海南省签署"共享农庄"等项目。二是强化海外联谊。加强与东南亚、北美、澳新等侨团、商会的联谊交往,做好沿线国家重要侨商、新华侨华人和青年精英等琼籍重点人物和群体工作,着力人脉培育,引导其参与"一带一路"建设。三是用好侨务对外交往平台。用好用足世界海南乡团联谊大会、文昌南洋文化节、世界海南青少年夏(冬)令营等侨务对外交往平台,讲好海南故事,促进民心相通。进一步加大对华文教育在资金、师资等方面的支持和投入力度,组织开展2018"一带一路"文化巡讲活动,举办"行走中国–2018世界主要华文媒体海南行"活动。此外,海南扎实推进海外琼籍华侨关注的海南省华侨纪念馆建设。

此外,为完善服务体系,依法维护侨胞和归侨侨眷正当权益。加强了全省侨乡侨文化保护与开发;加强涉侨法律维权服务,联合省内有关部门和涉侨部门开展侨法宣传和涉侨法律法规的执法监督检查;进一步完善涉侨维权协调机制和"五侨"联席会议机制,加强重点侨务信访案件督办;争取我省社区侨务工作纳入国家社区"智慧侨务"试点;加强对华侨农场危房改造、职工社保医保、就业扶持等方面监督检查和贫困归侨侨眷的扶贫救助工作;召开全省安置农场难民工作座谈会和印支难民脱贫带头人现场交流会,服务难民发展;举办印支难民农业技术培训班和职业技能就业培训班;积极开展"侨爱工程""万侨助万村"和助学扶贫等侨务关爱活动。

2018年4月9日中午,海南省政府在博鳌举行欢迎午宴,与参加博鳌亚洲论坛2018年年会华商领袖与华人智库圆桌会议的华商领袖及专家学者共话发展新机遇。

省政协主席毛万春表示,党的十九大描绘了中国发展的宏伟蓝图,习近平总书记向全世界宣告:"中国开放的大门不会关闭,只会越开越大。"2018年是中国改革开放40周年,也是海南建省办经济特区30周年。海南正在以习近平新时代中国特色社会主义思想为指引,系统谋划新一轮改革开放,打造更加开放、更有活力、更为国际化的经济特区。在这一大背景下,圆桌会议以"开放创新中的华侨华人"为主题,既符合当代中国开放发展的大局大势,又充分契合当今世界和平、发展、合作、共赢的时代潮流。相信通过各位精英的对话沟通、深度交流,一定能碰撞出更多思想火花,凝聚更多合作共识,取得更多丰硕成果。

4月20日,海南省侨联在海口召开琼籍海外侨胞代表座谈会,来自美国、加拿大、日本、澳大利亚的琼籍海外侨胞代表等20多人在会上畅谈海南发展新机遇,共谋发展。琼籍海外侨胞代表在发言中表示,他们对海南的美好明天充满希望和信心,他们将继续充分发挥海外侨胞自身的优势和资源,抓住海南发展的大好时机,积极推荐人才、技术、项目、资源,大力促进海南与"一带一路"沿线国家和地区在旅游、教育、科技、医疗健康等方面的交流合作,为海南家乡的新一轮发展建设贡献自己的力量。

（四）友城结对，推进城市外交

海南在 2018 年继续加强友城交流，拓展友城布局，深化友城务实合作。一方面加强了友城工作战略谋划。根据党的十九大对外工作部署和海南新一轮开放发展的新要求，结合海南国际友城交往实际，研究制定国际友城合作专项规划，明确重点国家、重点任务等。另一方面树立一批友城合作项目。围绕全省经济社会发展实际需要，推动一批有实质性内容的友城合作项目，推动"中国海南柬埔寨光明行"义诊、援外培训、政府奖学金项目等持续开展。举办友城结好庆典、互访以及人文交流活动。此外，海南适应新形势，积极扩大海南国际朋友圈。加快推进意向友城结好进程，不断拓展海南省在中亚、中东欧以及重点国际游客客源国的国际友城数量，正为争取早日达到全省友城 60 对的目标不断努力。

海南省外事办主任王胜表示，"同许多兄弟省区市相比，海南国际友城工作虽起步较晚，但后来居上。"这其中，岛屿友城数量占到半数。自 1990 年日本兵库县成为我省第一个省级国际友城以来，海南省始终把友城工作作为海南对外交往和推动构建开放型经济体系的主要抓手来谋划、设计和推进。

近几年来，海南拓展友城布局，友城交往的质量和水平不断提升。2018 年新增国际友城 3 对，签署结好意向 8 对，我省国际友城数量增至 59 对，海南国际"朋友圈"越来越大。成功举办了 2018 美大地区友好论坛吸引汤加王国、澳大利亚、新西兰、斐济、巴哈马等 18 个美大地区友好组织参与，深化了海南与相关地区的民间友好交流工作。第 22 届岛屿观光政策论坛则密切了岛屿间合作；此外，依托海南国际旅游岛欢乐节、中国（海南）国际热带农产品冬季交易会、海南岛国际电影节等节庆平台，深化友城间农业、旅游、人文等务实合作；积极向磅湛省、兵库县等友城捐赠人道主义救灾善款，彰显了国际道义①。

智者求同，择宽而行。一直以来，海南鲜明的开放姿态得到了周边国家和地区的积极回应，收获了一批批实实在在的合作成果，国际上的老朋友久而弥坚，新朋友纷至沓来。当前的海南友城布局不断优化，交往质量不断提升，出现了不同于之前的新气象。友城覆盖东盟绝大多数国家和澜湄五国，国际"朋友圈"遍布五大洲，以推动"一带一路"建设为抓手，不断强化与丝路沿线国家和地区的务实交流与合作。

不断拓展的国际"朋友圈"，是海南主动融入"一带一路"建设的直接成果，而友城的缔结又为双方发展创造了更多机遇和发展潜能。城市外交促成了海南与国际友城在经贸、教育、文化、旅游、农业、矿业、医疗、金融、科技等领域的务实合作，提升了海南国际化程度，深耕厚植了双方的友城姐妹情谊。

2018 年 9 月 6 日，海南省国际友城日本兵库县成立 150 周年庆典暨国际友城峰会在神户举行，海南省派团出席。日本兵库县是海南建省之后缔结的第一个省级国际友城，双方自 1990 年结好以来，在教育、科技、人文、旅游、青少年交流等各领域合作成果丰硕。此次友城峰会正值兵库县刚刚遭受了 25 年一遇的超强台风"飞燕"的袭击，系日本境内损失最为严重的地区之一。海南省专门向兵库县捐赠 20 万元人民币善款，用于灾后重建。出席友城峰会的海南代表团负责人表示，2018 年系中日和平友好条约缔结 40 周年，恰逢日本兵库成立 150 周年和海南建省 30 周年，作为兵库县的国际友城，海南人民对兵库县遭受的台风损失

① 海南省外事办公室 2018 年工作总结和 2019 年工作安排

感同身受,代表团特别转达了省委书记刘赐贵、省长沈晓明以及 930 万海南人民对兵库县人民的亲切慰问,希望为兵库灾后重建尽友城之力。兵库县知事井户敏三表示,衷心感谢海南人民的深情厚谊,患难见真情,海南在兵库最需要的时候伸出援助之手,充分体现了友城间互帮互助的国际人道主义精神。

2018 年 6 月 1 日上午,省长沈晓明与埃塞俄比亚南方州州长德塞·达克在海口签署建立友好省州关系协议书。海南与南方州同处热带和亚热带,在气候、优势产业等方面有许多相似之处,双方希望以缔结国际友好省州为契机,进一步加强在农业、旅游、医疗卫生、文化教育及开通空中航线等方面的合作。德塞·达克表达了强烈的合作意愿,介绍了南方州发展情况,并提出了 5 个具体合作事项。他表示,南方州将积极推进落实好双方在农业、旅游、卫生、教育和开通空中航线等领域的合作,希望由埃塞俄比亚航空开通两地直飞航线,加强人民之间的友好往来。

一直以来,国际友城缔结有个通病,就是缔约过后的互动贫乏,实际上的互相交往密度太低。

2018 年 7 月,美国国际姐妹城协会代表团访琼时,海南省外事办副主任康拜英表示,海南省与美国夏威夷州于 1992 年正式结好,两地在自然禀赋、旅游资源等方面都十分相似,但双方交往不够活跃,希望蒂姆·奎格利主席此访能够推动海南省与夏威夷州进一步深化友好交流与合作,同时推动美国有关省州与海南发展第二对友城。康拜英指出,海南可与美国在自贸区建设、医疗旅游、经贸和教育等方面加强交流与合作,夯实友好基础。

蒂姆·奎格利说,他衷心希望海南在深化改革开放的道路上取得更多成绩。对于双方开展交流合作的有关建议,蒂姆·奎格利给予了积极回应。特别是关于拓展友城交往方面,他表示,回国后将通过该协会的人脉资源,进一步激活海南与夏威夷、海口与俄克拉荷马市的友好交往,并愿意帮助海南与美国有关州发展第二对友城关系。

友城资源是一笔财富,依托友城资源实施的“中国海南柬埔寨光明行”义诊行动已经有力地证明了海南与周边国家和地区人文交流的效果提升。另外海南与老挝琅勃拉邦、密克罗尼西亚联邦等国家和地区开展的小额信贷培训班和教育留学奖学金等援外项目,也赢得了当地民众的称赞。在海南扩大开放的大背景下,海南友城发展必上新台阶。

(五)对外交往形式多元,对外传播方式创新

国之交在于民相亲,民相亲在于心相通,而要做到心相通,传播平台、传播手段与传播效果均是至关重要的要素。海南对外交往结合自身特点,发挥外交形式灵活特点,在不同领域积极创新,并开始注重之前受到忽视的传播推介工作,起到了良好效果。

2018 年,海南主动服务国家总体外交大局,依托博鳌亚洲论坛,成功举办了“中国东盟省市长对话会”“21 世纪海上丝绸之路岛屿经济分论坛”“华商领袖与智库圆桌会”“一带一路”与健康产业发展分论坛等 9 项海南主题各异的活动,形式多样的各个平台促进了产业发展和项目合作。

此外,近年来的海南教育外交成绩显著,人才培养成果累累。各类高校出境交流学生屡攀新高,2017 年全年在琼国际学生累计达 3700 多人次。海南首个中外合作办学机构——海南大学亚利桑那州立大学联合国际旅游学院于 2017 年 5 月获教育部批准,当年招生 260多人;新增了海南师范大学和三亚理工职业学院的 3 个中外合作办学项目,目前中外合作办

学在校生规模约 1500 人。

2018 年 1 月，由海南大学与北京外国语大学联合举办的第三届"全国公共外交青年领袖冬令营"在海南大学顺利结营。此次活动吸引了国内外 20 多所高校的 30 余名青年代表参加。本届冬令营邀请了公共外交领域诸多专家进行授课，设置了公共外交工作坊、模拟新闻发言人、专题辩论赛、学术访问、参观调研等实践实训活动，旨在集合公共外交领域的优秀师资和教育资源，为青年学生提供深入学习、研讨和交流的平台，推动我国公共外交事业青年后备力量的培养。

外交部新闻司副司长李名刚指出，新时代中国的公共外交事业离不开青年人的积极参与，高校要充分引导、激发青年的积极性和创造性，不断提升青年学子的公共外交素养和责任意识，大力培养公共外交事业的后备力量。青年学子也要积极发挥主观能动性，善于运用新媒体的力量，适应新时代的发展要求和趋势，不断挖掘和积累国际友好人脉，推动各国青年之间的社会文化交流。

海南大学早在 2015 年就成立了全省最早的公共外交研究机构——海南公共外交研究中心，一直致力于具有海南本土特色的公共外交研究和青年后备力量培养，希望有志青年可以通过参加公共外交冬令营活动不断提升自己，努力做好海南故事的宣传者，中国故事的讲述者、中国形象的传播者、中国公共外交的践行者。

2018 年 2 月，海南大学组织公共外交研究团队的部分师生赴越南调研，以期更好讲好中国故事，助推民心相通。调研中，调研团走访了越南著名工艺村——胜利村，了解越南农村发展现状并对村民进行了问卷调查。此外，调研团还访问了越南社会科学院、河内大学孔子学院、河内人文社会科学大学、越南外贸大学、驻越中国商业机构等，就中越合作交流、对越汉语教学等问题展开调研和探讨。

在形式多样的对外交往工作如火如荼进行的同时，海南对外交往日益注重传媒的力量和传播的技巧，不光"做得好"，也要"说得好"，不但主动地积极宣传推介，而且邀请国际传媒"进家门"，展现海南的方方面面。

2018 年 10 月，以"共建共享 合作共赢"为主题的"一带一路"媒体合作论坛在海南博鳌开幕，来自 90 个国家和国际组织、205 家媒体和机构的 256 位嘉宾出席了论坛。与会者一致表示，此次论坛能够让外国人更好地了解一带一路的倡议是什么，并寻找如何能够与中国合作的答案，积极促进该倡议的未来发展。论坛举办同时，还举行了 2018 一带一路区域合作论坛、媒体合作论坛对话会：人工智能与智慧媒体、2018 丝路文化发展论坛等三场分论坛活动。

在此论坛开幕前，论坛各国媒体代表，分别走进了海口、澄迈、洋浦、昌江、三亚等市县进行采访，共同讲述海南故事。在走访万宁期间，22 个"一带一路"沿线国家的媒体记者 30 多家中外媒体记者的 60 余名新闻工作者先后前往兴隆热带花园、石梅湾凤凰九里书屋和万宁市滨海旅游公路参观采访，了解"生态+科研+文化+旅游"发展模式，了解海南省建省办经济特区 30 周年万宁市的绿色文化、蓝色文化、红色文化的发展成就。

值得一提的是，媒体合作论坛采访团探访万宁当天正值奥地利《维也纳日报》编辑克劳斯·休霍德的生日，中方组织者在凤凰九里书屋为他精心准备了一场生日派对。万宁市委常委、宣传部部长杨志斌为他赠送一幅自己亲自书写的"万福康宁"的书法作品作为礼物，他难掩激动地说："这真是我收到的最惊喜的生日礼物，十分感谢你们为我准备的生日派对,我感到非常的开心,也感受到了万宁人的热情。"①这一典型的对外交往活动以情动人,真正体现了民心相通。

2018 年 2 月 2 日,海南省在外交部蓝厅(新闻发布厅)成功举行外交部海南全球推介活动,为建省办经济特区 30 周年献礼。外交部省区市全球推介活动是外交部利用外交外事资源服务地方发展的重要品牌活动。海南的推介活动是"党的十九大"后外交部旨在宣传新时代中国特色社会主义建设成就的首场省区市全球推介。国务委员兼外交部长王毅、外交部党委书记张业遂以及省委书记刘赐贵、省长沈晓明等领导出席此次推介活动,共吸引来自160 多个国家和国际组织的 240 余名外交官,120 多名中外记者,近 30 位国际知名中外企业代表,中央和地方有关部门代表近 500 余人出席。其中,驻华大使、临时代办和国际组织代表近 120 人。此次推介会有力宣传了中国改革开放 40 周年以及海南建省办特区 40 周年经济发展成就与机遇,充分体现了海南从政府到民间对外交往意识的增强与积极的行动力。

海南省政府相关部门积极适应新形势,拓展宣传渠道。海南省外事办与人民日报英文客户端缔结了合作伙伴关系。双方将以"共建中国故事优质内容聚合平台"为抓手,利用人民日报英文客户端的平台,扩大海南自由贸易试验区、中国特色自由贸易港的海外宣传,用海南践行习近平中国特色社会主义思想的探索与实践讲述中国故事、海南故事。海南对外交往又增添了一个讲故事的好平台。

三、新形势下海南对外交往的任务与挑战

2018 年 10 月 13 日,刘赐贵在《关于深入学习习近平总书记"4·13"重要讲话精神的十点认识》一文中强调,在守住底线的前提下,我们要坚持全球视野,对标国际通行规则,结合海南自身优势,重点在六个方面争创新时代中国特色社会主义生动范例,其中一个方面是全面融入"一带一路"建设、建设 21 世纪海上丝绸之路重要支点。要深度谋划利用好博鳌亚洲论坛和海外侨胞、琼籍乡亲遍布世界等优势,加强同"一带一路"沿线国家和地区务实合作,深化区域合作交流,努力建设泛南海经济合作圈。

纵览 2018 全年的海南对外交往工作,也确实紧跟中央部署,紧扣"4.13 讲话"、中央 12号文件及《中国(海南)自由贸易试验区总体方案》,由此展开的对外交往系列工作取得了亮眼成绩。

新形势下的海南对外交往工作须考虑到政治、经济、人文等多方面因素,还须兼顾不同的客体对象,以多元而非单一的方式与层级进行交流,高度配合自贸区建设的进度、特点与要求,这需要对于对外交往工作进行进度与国别设计。目前的对外交往可以太平洋与印度洋对外开放门户打造过程中的若干国家(地区)或产业作为突破口,以点带面,做出成绩。在此过程中需要正视挑战并坚持若干原则。

1. 鼓励企业外交,坚持经贸先行。首先,注意加强"一带一路"的辐射作用,使区内更多国家和地区普惠共赢;其次,在条件允许的情况下,进行太平洋与印度洋样板工程的打造,"眼见为实",使得中国声音与海南主张得到更多理解;再次,积极鼓励海南企业及机构加大民间经贸往来,推动企业外交,特别对于参与经贸往来的中小企业给予奖励支持;最后,全程

---

①　2018"一带一路"媒体合作论坛在海南举行 2018-10-31 08:46 新华网海口 10 月 31 日电(记者周慧敏 刘诗豪 王海洲)

注重经贸互惠,淡化政治。

2. 加强对外交往,促进民心相通。首先,考虑在政府层面设立指导对外交往的专职部门;其次,培养对外交往人才梯队;再次,发挥海南海洋优势特点,开发具有本土特色的标志性常设活动,增强文化影响力和对周边地区的辐射力;第四,积极走出去,与太平洋与印度洋国家地区互办"文化周""文化月"活动;第五,在中央允许的范围内,加大国际友好城市的数量拓展与质量提升;第七,重视侨务工作,注重与海南周边地区民众的民心相通。

3. 注重有的放矢,国别区分对待。海南对外交往工作须注重多种关系予以区分。(1)区分关键国:美国、日本、印度、澳大利亚、新加坡、南非;(2)太平洋岛国;(3)环印南亚国家;(4)环印东南亚国家;(5)大洋洲国家;(6)环印中东国家;(7)环印非洲国家等。在对国别进行对外交往工作区分的同时,还须对国际社会公众、目标政府、目标公众三种客体对象进行区别对待,最大限度发挥出对外交往的功能效用。

4. 联系国际组织,升级交往合作。海南四面环海,地理条件优越,与周边国家和地区的交往具有天然优势,在新的历史时期,海南应积极走出去,加强联系区内各国际组织,加大与其的友好合作。如中国与环印度洋联盟各成员国的贸易额约占我国对外贸易总额近20%,海南就可以发挥地缘优势,加快与环印联盟建立常态交流机制,并通过博鳌论坛等形式加强在旅游、会展、公共外交等方面与其下属组织环印度洋商业论坛、环印度洋学术组、贸易和投资工作组等机构的联系。

5. 外语与跨文化交际能力。海南须助力予以关注的太平洋与印度洋地区语言构成多元,对此地区的公共外交工作急需大量外语人才。海南须大幅提高相关部门及人员的跨文化交际能力,除英语外同时加强法语、阿拉伯语、印地语、乌尔都语等小语种人才培养,并体现在海南大专院校的课程设置上。

海南全岛在建省办经济特区30周年之际迎来了党中央国务院对于海南发展的全新重大战略定位。海南省的自贸区(港)建设是中国坚持对外开放的明确信号,它对于海南对外交往的力度与质量提出了全新要求。2018年的海南对外交往工作稳妥推进,成绩喜人,未来前景广阔可期,接下来的对外交往相关政策与实践必将在塑造、说明与宣传海南省的同时,使海南对外开放门户的建设稳妥推进,大力促进海南自贸区(港)建设,并积极配合"一带一路"倡议,发展与其他国家良好关系,宏观上更好地维护新的国际形势下的国家权益。

(卢暄　周伟)

第七章　自贸港建设背景下海南营商环境优化
——以海口为例

在海南建省 30 周年之际,国务院出台《关于支持海南全面深化改革开放的指导意见》,赋予海南经济特区改革开放新使命:建设自由贸易试验区和中国特色自由贸易港,推动海南成为新时代全面深化改革开放的新标杆,这给海南带来了发展的新机遇,同时也带来严峻挑战,优化营商环境是推动中国特色自贸港建设的基础和重要路径。

第一节　海南优化营商环境的紧迫性

一、中国特色自由贸易港建设的时代召唤

中国特色自由贸易港建设是国家赋予海南经济特区改革开放新的重大责任和使命,为海南深化改革开放注入了强大动力。面对这一新的重大历史机遇,需要海南全省上下大胆探索创新,努力前行,而营商环境优化是自由贸易港建设的基本功。中央明确了海南在营商环境方面的发展目标:到 2020 年,自由贸易试验区建设取得重要进展,国际开放度显著提高;2025 年,自由贸易港制度初步建立,营商环境达到国内一流水平;2030 年,自由贸易港的制度体系和运作模式更加成熟,营商环境跻身全球前列。这些时间节点要求海南必须快马加鞭提升营商环境。

二、自由贸易港建设的重要支撑

从国际自由贸易港发展经验来看,自由贸易港的发展主要着力点在于利用自由的营商环境,吸引企业集聚,推动经济发展。海口具备建设引领经济发展的潜力,海口江东新区,将作为建设自由贸易试验区的重点先行区域,重点打造国际能源、航运、大宗商品、产权、股权、碳排放权等交易场所聚集区,建设跨国企业、国内大型企业集团、国内外知名科研和服务机构云集的总部经济区。

三、营商环境提升综合竞争力

在 2018 年博鳌亚洲论坛上,习近平总书记提出了要实行高水平的贸易和投资自由化便利化政策,创造更有吸引力的投资环境。他指出:投资环境就像空气,空气清新才能吸引更

多外资。过去,中国吸引外资主要靠优惠政策,现在要更多靠改善投资环境。中国将加强同国际经贸规则对接,增强透明度,强化产权保护,坚持依法办事,鼓励竞争、反对垄断。进一步优化营商环境,是建设现代化经济体系、促进高质量发展的重要基础,也是政府提供公共服务的重要内容。

随着我国经济发展进入新阶段,城市招商引资的模式也发生了深刻的变化,开始更加注重对产业、技术、平台、人才和创新资源等方面的争夺。从投资者的角度,是否选择到一个城市投资,其关注点也从一般的要素成本向综合性的营商成本、营商环境评价转变。因此降低营商成本,打造营商环境高地,能够切实有效地推动城市新竞争优势的形成。

四、海南的定位:中国特色自由贸易港

2018 年 4 月 11 日的《关于支持海南全面深化改革开放的指导意见》提出,海南自由贸易港建设要体现中国特色,符合海南发展定位,学习借鉴国际自由贸易港建设经验,不以转口贸易和加工制造为重点,而以发展旅游业、现代服务业和高新技术产业为主导,更加强调通过人的全面发展,充分激发发展活力和创造力,打造更高层次、更高水平的开放型经济。

2018 年 4 月 13 日,习近平总书记在纪念海南建省办经济特区 30 周年庆祝大会上发表重要讲话时指出,海南是我国最大的经济特区,地理位置独特,拥有全国最好的生态环境,同时又是相对独立的地理单元,具有成为全国改革开放试验田的独特优势。

自由贸易港一般指处于境内关外、货物资金人员进出便捷、绝大多数商品免征关税的特定区域,是目前全球开放水平最高的特殊经济功能区。在海南探索建设中国特色自由贸易港,"特色"主要体现在以下几个方面:

一是坚持走中国特色的社会主义道路和坚持中国共产党的领导。

二是不以转口贸易和加工制造为重点,而以发展旅游业、现代服务业和高新技术产业为主导,不是一蹴而就,而是分阶段建立自由贸易港政策体系。

三是深入研究论证各项政策,加强对重大金融风险识别和防范,优化海关监管。

海南建设中国特色自由贸易港,将结合海南的特色,以制度创新为核心,大胆试、大胆闯、自主改,有利于加快形成法治化、国际化、便利化营商环境和公平统一的市场环境。这将是我国人口最多、面积最大的自由贸易试验区,必将成为新时代我国对话世界的重要窗口。海口也应在这一定位的指导下,找准自己的方向,积极践行先行先试的探索。

五、营商环境体系

(一)营商环境的概念界定

营商环境这一概念近年来进入中国公众的视野,与世界银行年度《营商环境报告(Doing Business)》分不开。经济活动需要良好的规则,这包括确立和澄清产权、降低解决争端的成本、增强经济交易的可预测性、为签署合同的各方提供核心保护等各类规则(世界银行,2013)。良好的营商监管一方面要有高效的监管程序,另一方面要有强有力的制度,建立起透明、可执行的规则。

世界银行将营商环境界定为企业在申请开设、生产经营、贸易活动、纳税、关闭及执行合

约等方面遵循政策法规所需要的时间和成本等条件的总和,是一项涉及经济社会改革和对外开放众多领域的系统工程。自 2003 年起,世界银行每年都发布不同主题的《营商环境报告》,营商环境作为与企业密切相关的外部要素综合,是一个动态有机的系统。

本报告将营商环境定义为一个区域的市场主体所面临的包括政务环境、市场环境、社会环境、基础设施环境等要素构成的综合发展环境,是政府与市场、社会共同提供的一种具有制度特征的特殊公共产品。通常指企业的开办、经营、纳税、合约执行等方面依据有关法律条款所需投入的时间、资金及各项成本支出。即为企业从最初的开办到日常的经营过程当中所牵涉到的各项政策法规环境。其中不但包括大量的制度政策条款,同时还有许多严格的监督管理制度。

在经济全球化大背景下,营商环境不仅对本土企业产生深远的影响,而且也是国外投资者全球范围内寻求商业机会的重要参照标准。从一定程度上讲,良好的营商环境是促进生产力提高和经济发展的关键,而且营造良好的营商环境也有助于各类经济主体特别是民营和个体经济的蓬勃发展;营造良好的营商环境,也是解决中国当前经济发展中的突出矛盾和问题的重要途径。

(二)营商环境指标体系

有学者从企业的外在发展环境出发,认为营商环境是指商事主体从事商事组织或经营行为的各种境况和条件,包括影响商事主体行为的政治要素、经济要素、文化要素等。在营商环境之前的概念是投资环境,当时主要是从吸引外资的角度观察一个地区的发展环境,所以也称为投资营商环境。与其相关的另一个概念是软环境,又叫经济软环境、投资软环境,与"硬环境"相对应。硬环境一般是指一个地区或国家的自然禀赋和硬件设施,也可称之为物质环境;软环境则是物质环境以外的因素总和,包括经济体系、政治政策、社会传统、文化风俗等,也可称之为制度环境。作为硬环境的物质环境与作为软环境的制度文化环境共同构成了一个国家或地区整体的发展环境,通常意义上的营商环境更多是指软环境。

根据以上对营商环境概念的梳理,可将营商环境指标分为四类:

1. 政府监管与服务环境:主要针对开办企业、登记财产、办理建筑许可、获得电力的手续与时间及费用、交纳税款支付次数、时间和总税率以及跨境贸易所需的文件与时间及成本、衡量根据相关法规完成一项交易所需的手续、时间、费用和最低成本要求。

监管力度与程序的复杂性决定商业环境的宽松与否,比如开办企业需要办理多少手续、花费多少成本才能开办企业或登记财产等。良好监管的原则是当私人诉讼不能产生更好的效果时才适用监管,只有在监管能够得到强制执行的时候才适用监管。监管的结果从三个方面体现:执行合同的程序、时间和成本三个指标衡量解决商业纠纷的效率;进出口贸易中的所需文件数量、时间和成本等指标衡量国际贸易的便利度及营商环境便利度。

2. 法制环境:法制环境主要针对关于获取信贷、执行合同、保护投资者和解决破产的法律法规框架。有关获得信贷方面的法律法规是指动产抵押法律和信用信息系统,保护投资者的法律力度是指关联方交易的披露和法律责任,执行合同是指解决商业争端所需的程序、时间和成本,办理破产是指企业破产指标的债权人收回贷款时间、债权人诉讼成效、债权人通过法律行动后的回收率的三个指标衡量企业破产的便利度及营商便利度;雇佣工人是指就业法规的灵活性。

3. 企业经营软环境：人才可获得性、产业配套、市场规模等指标。软环境相对于硬环境而言，指建设、利用"硬件"时，所要进行的决策及管理行为、人员的素质等。软环境包括多方面内容：教育和科技开发，政府管理的规范化、法制化的水平，社会治安、秩序、服务以及道德风尚等。

4. 硬件环境：公共基础设施建设、生态环境、交通条件等指标。企业经营硬环境主要是指公共基础设施建设、生态环境和交通条件等。值得庆贺的是海口在生态环境指标上位居全国第一，这与海南地处中国最南端，风景秀丽，生态环境和自然资源禀赋得天独厚有关；同时，海口深知，良好的生态环境是其未来发展的核心竞争力，因此在推动经济发展过程中经受住了短期经济效益的诱惑，没有沿袭"先污染、后治理"发展的老路，相反，把保护生态环境当作突出政绩，注重经济发展与生态保护相协调。

第二节　海南营商环境建设现状及存在的主要问题：以海口为例

2017年11月9日，粤港澳大湾区研究院发布《2017年中国城市营商环境报告》（以下简称《报告》）指出，海口市营商环境指数为0.499，排名第14位。

一、海口市营商环境建设概况

海口市按照党中央、国务院关于"放管服"改革工作的决策部署，以制度创新为核心，加大力度转变政府职能，深化简政放权、放管结合、优化服务改革，全面提升政府治理能力，加快推进法制化、国际化、便利化营商环境建设，努力打造人民满意的服务型政府。

（一）政府监管与服务环境

1."开办企业"方面

李克强总理在2018年全国两会上提出六个"一"：企业开办时间再减一半；项目审批时间再砍一半；政务服务一网办通；企业和群众办事力争只进一扇门；最多跑一次；凡是没有法律法规依据的证明一律取消。海口响应国家的号召，进一步压缩企业开办时间，降低开办企业制度性交易成本，激发市场活力和社会创新力。

在企业核名方面，海口全程电子化系统已经于2018年7月1日正式上线，用户可以在网上进行核名、设立、变更和注销，无须到现场再提交纸质材料，减少群众来回奔走以及现场等待的时间。

在企业登记方面，从受理、审批到办结只需要不到三天的时间，并且在这一过程中不产生任何费用，而且推行的"多证合一、一照一码"改革，不仅为企业节省时间，还为企业节约成本，原来登记要到多个部门提交多套材料，现在只需要准备一套登记资料。

在刻制公章方面，根据《国务院关于第三批取消中央指定地方实施行政许可事项决定》（国发〔2017〕7号）文件规定，公安机关不再对公章刻制进行审批，保留对公章刻制备案的管理。据此，海口市政府服务中心不再设置公安印章窗口受理公章刻制业务，又进一步缩短开办企业的时间。刻制公章的费用是据《海南省定价目录》（琼府〔2015〕89号）规定，列入目录的商品和服务价格(收费)实行政府定价或政府指导价,目录以外的价格(收费)实行市场调节价,由经营者自主制定。刻章收费标准的制定不在政府定价目录范围之内,实行市场调节价,由经营者自主定价。根据企业调查得知,刻公章、财务章、法人私章、合同章共计840元左右。

在申领发票方面,纳税人资料齐全、符合法定形式的,税务机关受理后即时办结,且在涉税事项办结不需要任何额外费用(图7-1)。

城市	开办企业耗时--男性(天数)	男士开办企业成本(人均收入百分比)	最少支付资本(人均收入百分比)	执行合同耗时(天数)	执行合同的成本(标的额的百分比)	财产登记程序	财产登记成本(财产价值的%)
南京	31	5.9	200	112	13.6	7	4.6
广州	28	6.3	200	120	9.7	8	3.7
深圳	32	5.6	200	206	9.4	6	3.7
济南	33	6	200	210	22	8	4.1
厦门	39	16.5	402.1	231	11.7	7	4
西安	43	15.2	304.8	231	21.7	8	5.1
青岛	37	7.8	200	255	27.6	7	4.3
沈阳	41	6	200	260	24.8	12	3.1
银川	55	12	335.8	270	28.8	10	4.3
武汉	36	13.6	300.8	277	33.1	9	6.2
杭州	31	5.7	200	285	11.2	8	3.7
郑州	41	11.7	267	285	31.5	11	5.1
重庆	39	9.5	273.3	285.5	14.8	7	7
宁波	33	5.2	200	288	10.1	6	3.6
哈尔滨	42	11.9	207.9	290	31.5	8	6.1
上海	35	4.8	200	292	9	8	3.6
成都	35	19.1	354.4	295	35.5	11	4.4
合肥	42	19.4	349	300	41.8	9	5.6
太原	55	9.3	243.5	300	26.4	10	5.4
天津	41		200	300	11.3	5	4.4
海口	38	12.1	273.2	310	14.5	10	4.8
呼和浩特	48	7.9	200	330	23.7	9	4.6
北京	37	3.2	200	340	9.6	10	3.1
福州	40	6.7	200	342	13.7	7	4.4
昆明	42	13.9	383	365	36.4	9	5.4
南昌	40	14.6	317.8	365	16.5	10	6.1
长沙	42	14.6	289.4	382	26.7	10	5.7
乌鲁木齐	44	9	230.2	392	20.5	11	4.4
贵阳	50	26.6	605.2	397	23	9	12.6
南宁	46	16.5	342.4	397	17.1	12	6.8
石家庄	42	9.8	202.5	397	12.2	10	5.2
大连	39	7.8	212.4	400	21.6	10	3.7
兰州	47	14.1	408.7	440	29.9	10	7.8
西宁	51	12	298.7	458	18.5	8	5.3
长春	37	9.5	224.8	540	18.4	8	4.2

(上述数据来源于世界银行)

图7-1 《2017年中国城市营商环境报告》政务环境调查表

2. "办理建筑许可证"方面

办理建筑许可证需满足以下条件:办理该建筑工程用地批准手续;在城市规划区的建筑工程,已经取得规划许可证;需要拆迁的,其拆迁进度符合施工要求;已经确定建筑施工企业;有满足施工需要的施工图纸及技术资料;有保证工程质量和安全的具体措施;建设资金已经落实;法律、行政法规规定的其他条件。需准备48项申报材料,经历4个审批环节,从申报到办理经历7个工作日,在此过程中不产生办理费用。

3. "获得电力"方面

为了给海南自由贸易试验区建设提供一个更加优质的电力环境,南方电网海南电网公司以提升"获得电力"指标为核心,落实办电"简单、快捷、透明、免费"要求,制定"四减少三优化三提升"十项客户服务举措。

高压非居民用户申请办电环节由以前的6个环节压缩至3个环节:用电申请—供电方案答复—竣工检验和装表接电,且所需提供的资料从26项精简到16项,大大提高了获得电力的效率,10kV高压单电源用户用电报装平均80天内从快完成,其中,无电缆管沟建设的10kV高压单电源客户用电报装平均60天内完成。而低压业办电流程缩减至2个环节:用电申请—现场勘查和装表接电,且低压非居民客户用电报装11天内从快完成,其中,无业扩配套工程的低压非居民用电报装,在现场具备装表条件情况下,现场勘查同步装表。

根据《2017年中国城市营商环境报告》,从软环境指数看,海口排在第八位(图7-2)

城市	开办企业指数	执行合同	财产登记	内外资投资指数	税负指数	软环境指数
广州	0.85	0.98	0.87	0.76	0.93	0.877
南京	0.93	0.9	0.83	0.72	0.71	0.82
宁波	0.83	0.85	0.9	0.77	0.59	0.787
杭州	0.94	0.83	0.82	0.72	0.61	0.784
深圳	0.83	0.93	0.92	0.83	0.41	0.782
济南	0.82	0.65	0.83	0.83	0.78	0.779
福州	0.85	0.74	0.85	0.76	0.47	0.734
海口	0.64	0.74	0.62	0.86	0.81	0.734
石家庄	0.58	0.73	0.74	0.81	0.94	0.726
天津	0.7	0.82	0.85	0.81	0.46	0.726
长春	0.61	0.77	0.77	0.81	0.94	0.726
青岛	0.75	0.5	0.83	0.81	0.71	0.719
呼和浩特	0.57	0.53	0.71	0.79	0.85	0.691
重庆	0.57	0.75	0.67	0.78	0.61	0.676
南昌	0.46	0.66	0.61	0.8	0.81	0.671
厦门	0.49	0.86	0.86	0.8	0.35	0.671
哈尔滨	0.54	0.4	0.63	0.77	0.99	0.666
西安	0.43	0.64	0.72	0.76	0.75	0.66
上海	0.72	0.87	0.97	0.73	-0.02	0.654
北京	0.73	0.83	0.8	0.72	0.15	0.647
大连	0.63	0.53	0.77	0.36	0.91	0.642
成都	0.5	0.31	0.83	0.83	0.79	0.641
乌鲁木齐	0.67	0.56	0.74	0.71	0.47	0.629
沈阳	0.66	0.56	0.79	0.23	0.88	0.621
郑州	0.63	0.4	0.63	0.77	0.61	0.607
武汉	0.61	0.37	0.59	0.74	0.71	0.602
西宁	0.43	0.42	0.64	0.46	1	0.591
昆明	0.42	0.24	0.63	0.98	0.65	0.579
太原	0.47	0.5	0.62	0.51	0.79	0.578
南宁	0.37	0.63	0.47	0.57	0.86	0.577
长沙	0.46	0.43	0.54	0.8	0.58	0.562
合肥	0.35	0.17	0.66	0.78	0.78	0.549
银川	0.38	0.47	0.7	0.44	0.72	0.542
兰州	0.37	0.32	0.39	0.77	0.79	0.529
贵阳	0.04	0.5	0.06	0.89	0.67	0.431

图 7-2　《2017 年中国城市营商环境报告》软环境指数排名

（二）法制环境

2017 年 11 月 25 日至 2018 年 6 月 11 日，海口市暂无政府规章发布。2018 年 4 月 13 日以来，海口市出台的地方性法规主要是《海口市电梯安全管理若干规定》(4 月 26 日)；出台的规范性文件主要有：

（1）关于建立领导干部违规干预统计工作记录制度的办法(4 月 20 日)

（2）关于强化建设工程安全生产管理的若干意见(4 月 26 日)

（3）海口市农村公路管理办法(4 月 30 日)

（4）公共租赁住房租金标准(5 月 14 日)

（5）海口市支持总部经济发展若干政策(6 月 8 日)

（6）关于加强东海岸片区范围内项目建设管控的通知(6 月 8 日)

（7）海口市鼓励邮轮产业发展财政补贴实施办法(6 月 18 日)

（8）海口市城市建筑垃圾管理暂行办法(6 月 19 日)

（9）海口市扶持残疾人自主创业就业暂行办法(7 月 5 日)

（10）《关于落实九条特殊措施进一步做好就业扶贫工作的通知》和《关于大力促进贫困家庭劳动力就业的通知》实施方案(7 月 30 日)

（三）市场环境

根据报告，市场环境指数：海口市排名 35 位，居末位。（图 7-3）

排名	城市	市场环境指数		排名	城市	市场环境指数
1	深圳	0.8102		19	西安	0.2923
2	上海	0.8101		20	贵阳	0.2862
3	北京	0.7206		21	厦门	0.2791
4	广州	0.6489		22	南昌	0.2648
5	天津	0.5417		23	长春	0.2586
6	重庆	0.4962		24	呼和浩特	0.2488
7	杭州	0.4876		25	哈尔滨	0.2363
8	南京	0.4464		26	昆明	0.2285
9	长沙	0.4283		27	沈阳	0.1943
10	武汉	0.421		28	太原	0.1903
11	宁波	0.4069		29	石家庄	0.189
12	青岛	0.3966		30	西宁	0.1839
13	成都	0.3693		31	兰州	0.1812
14	大连	0.3392		32	乌鲁木齐	0.1802
15	郑州	0.3344		33	银川	0.1788
16	福州	0.3136		34	南宁	0.1528
17	合肥	0.3132		35	海口	0.1378
18	济南	0.3028				

图 7-3 《2017 年中国城市营商环境报告》市场环境指数排名

1. 人才可获得性

《指导意见》中提出"实施人才强国战略,深化人才发展体制机制改革,实行更加积极、更加开放、更加有效的人才政策,加快形成人人渴望成才、人人努力成才、人人皆可成才、人人尽展其才的良好环境"。5 月 15 日,海南颁布了《百万人才进海南行动计划(2018—2025年)》,此举吸引了大量国内外人才加入建设海南的队伍中来,有力地优化了海南的人才结构,海口也成为各地人才来琼的首选,为海口的人才培养创造契机。功以才成,业由才广,人才是促进海南自由贸易试验区建设的原动力,海口积极创新人才政策,充分发挥用人单位吸引、留住和用好人才的主体作用。

海口购房难的现状会制约有志之士来琼发展,一系列的住房保障政策为人才的获得提供了更多的可能性。一是在人才购房方面,对引进的各类人才自在琼落户之日起购买商品住宅,享受本地居民同等待遇,不受限购政策限制。二是在人才住房保障方面,我省将为引进的大师级人才、杰出人才、领军人才分别按 200 平方米、180 平方米、150 平方米标准提供免租金、可拎包入住的人才公寓,全职工作满 5 年赠予 80% 产权,满 8 年赠予 100% 产权。同时,为其他各类人才提供住房租赁补贴,其中拔尖人才每月 5000 元,其他类高层次人才每月3000 元,40 岁以下的全日制硕士生每月 2000 元,35 岁以下的全日制本科生每月 1500 元,连续补贴 3 年。

2. "产业配套"方面

海口近年来逐步推进产业配套的建设,一是现代农业的发展,带动着设施农业、生态循环农业以及农产品加工业等配套产业也迅速发展。二是工业规模也逐渐扩大,园区基础设施进一步完善,产业的关联度也越来越大,形成了产业集聚效应。三是现代服务业的发展也为现代物流业、商务会展业注入新的活力,配套的新兴业包括高尔夫、游艇业等也凸显生机,同时不断促进金融、保险、中介等产业的欣欣向荣。

海口高新区在产业配套项目建设中表现突出,将发展成为海南省和海口市的高新技术产业化基地和技术创新基地,辐射带动海口市经济的发展和产业结构的升级。2016 年海口高新区首批产业配套 PPP 项目开工,改变传统的投融资模式,为海口的经济发展增添了新的活力,同时加快海口产业配套水平的建设。2018 年 5 月,海口充分发挥自贸区体制机制的优势推进总部经济的发展,启动了 2018 百日大招商的签约活动,面向全世界招商,同中国国际能源集团控股有限公司、普华永道、华亚控股有限公司集中签约,借力大企业搭造平台形成千亿元的产业链企业,进一步的推进海口产业配套的建设。

3."商务成本"方面

商务成本指数与商务成本逆相关,指数越高,成本越低,海口排名第8,商务成本较低。(见图7-4)

排名	城市	工业水价指数	工业天然气价格指数	工业电价指数	房价指数	职工工资成本指数	商务成本指数
1	呼和浩特	0.71	0.79	0.49	1	0.99	0.884
2	郑州	0.93	0.45	0.78	0.81	1	0.841
3	南昌	1	0.39	0.83	0.85	0.92	0.836
4	西安	0.84	0.71	0.59	0.96	0.83	0.835
5	西宁	0.97	0.88	0.13	0.92	0.91	0.83
6	银川	0.8	1	0.2	1	0.79	0.82
7	合肥	0.98	0.65	0.8	0.84	0.79	0.811
8	海口	0.82	0.31	0.94	0.8	0.93	0.806
9	重庆	0.7	0.56	0.83	0.87	0.85	0.804
10	青岛	0.84	0.54	0.83	0.92	0.73	0.795
11	武汉	0.88	0.58	0.71	0.86	0.79	0.791
12	沈阳	0.84	0.26	0.53	0.97	0.85	0.789
13	兰州	0.81	0.61	0.4	0.91	0.85	0.789
14	哈尔滨	0.59	0.29	0.69	0.91	0.91	0.78
15	长春	0.59	0.46	0.64	0.92	0.84	0.775
16	乌鲁木齐	1.01	0.76	0.2	0.96	0.76	0.769
17	济南	0.72	0.2	0.91	0.95	0.73	0.764
18	太原	0.77	0.35	0.53	0.86	0.87	0.76
19	贵阳	0.81	0.24	0.54	0.94	0.82	0.757
20	成都	0.85	0.52	0.46	0.93	0.73	0.756
21	长沙	0.84	0.27	0.81	0.86	0.76	0.756
22	南宁	0.85	0.18	0.69	0.9	0.77	0.749
23	宁波	0.52	0.51	0.89	0.76	0.68	0.729
24	福州	0.9	0.4	0.73	0.67	0.84	0.728
25	大连	0.72	0.38	0.56	0.86	0.73	0.713
26	昆明	0.56	0.1	0.42	0.92	0.85	0.709
27	石家庄	0.71	0.29	0.4	0.76	0.98	0.692
28	厦门	0.9	0.43	0.73	0.61	0.77	0.688
29	南京	0.82	0.33	0.64	0.64	0.53	0.61
30	广州	0.66	0	0.96	0.73	0.53	0.599
31	天津	0.27	0.46	0.99	0.68	0.48	0.577
32	杭州	0.83	0	0.37	0.66	0.59	0.549
33	上海	0.81	0.29	0.96	0.25	0.2	0.381
34	深圳	0.72	0.1	1	0	0.53	0.379
35	北京	0	0.33	0.73	0.5	0	0.283

图7-4 《2017年中国城市营商环境报告》商务成本指数排名

(四)硬件环境

企业经营硬环境主要是指公共基础设施建设、生态环境和交通条件等。海口在生态环境指标上位居全国第一,这与海南地处中国最南端,风景秀丽,生态环境和自然资源禀赋得天独厚有关;良好的生态环境是其未来发展的核心竞争力,因此在推动经济发展过程中经受住了短期经济效益的诱惑,没有沿袭"先污染、后治理"发展的老路,相反,把保护生态环境当作突出政绩,注重经济发展与生态保护相协调,在不断探索道路和总结经验中找到了一条符合海口实际的科学发展之路。

1.公共基础设施建设

气网建设。海南民生管道燃气公司完成新增燃气干支管铺设总长度82千米,主要项目有美安工业园区、琼山大道、金沙湾、老城快速路、新埠岛西苑路等。全年在海口管道天然气管网及配套工程上累计投资9.46亿元,其中管网资产9.05亿元,管网总里程约1600千米。燃气管网覆盖东抵桂林洋高校区、西达粤海大道、南至云龙产业园、北到海甸岛碧海大道的海口市90%的主城区。

路网建设。海南已建成的铁路有海南环岛快速铁路和粤海铁路海南西环线,全岛公路通车里程达1.7万余公里,环岛高速公路也已建成通车,全岛已实现"3小时经济生活圈"。2016年,海口市启动海南省交通基础设施扶贫攻坚战——农村公路建设工程海口项目,总投资14.88亿元。项目包括六大类工程。其中,第一类自然村通硬化路工程994千米,实现所有自然村村道土路硬化;第二类窄路面拓宽工程368千米,为城乡公交一体化及产业发展提供基础支撑;第三类县道改造工程(拓宽改造)2.63千米;第四类生命安全防护工程357

千米,保障农村公路安全运行;第五类危桥改造工程 56 座 9192 平方米,保障桥梁的安全运行;第六类旅游资源路工程 130 千米,助推全域旅游,服务最美乡村,拉动有效投资。该项目已开工建设,计划 2018 年完工。

截至 2016 年,海口市有公路桥梁 217 座,其中四类桥 26 座、五类桥 30 座。由琼山区管养 81 座、美兰区管养 64 座、秀英区管养 41 座、龙华区管养 18 座、地方公路管理站管养 9 座、第二地方公路管理站管养 2 座、市政管养 2 座。有公路 5856.28 千米,其中国道 169.69 千米、省道 171.08 千米、县道 268.70 千米、乡道 521.31 千米、村道 4725.50 千米。

航运交通方面,截至 2016 年年底,美兰机场二期扩建项目征地进展顺利,累计完成土地收储 483.33 公顷;飞行区工程正在进行土方挖填调配及地基强夯作业;T1 高架桥拓宽工程于 11 月 4 日通车等。至年底项目累计投资 28.8 亿元,完成机场工程投资的 19.65%。

光网建设。2016 年上半年海口全面建成"全光网城市",截至目前,海口城区光纤宽带网络基本实现全覆盖,4G 信号覆盖率达到 99% 以上;行政村光网覆盖率和 4G 信号覆盖率均达到 100%,海口宽带速率 2018 年第二季度的排名在全国主要城市中居于第六名,达到 22.2Mbit/s,高于全国平均值 20.22Mbit/s。

海口市已初步实现重点公共场所无线 WiFi 免费覆盖,在海口市许多公共场所,都可以轻松连接到免费的 WIFI,网上冲浪不必再拘于流量限制;另一方面,海口通过下调宽带资费、推出手机套餐优惠升级活动及流量不清零等多种形式,为用户流量"任我用"保驾护航。

水网建设。全市现有规模蓄、引、提工程 724 宗。蓄水工程 271 宗,控制集雨面积 481.78 平方千米,总库容 2.61 亿立方米,兴利库容 1.65 亿立方米。

电网建设。电网建设上已经能实现电力自给,清洁能源供电将很快达到总供给的 50%;在此基础上,海口供电局计划投资约 20 亿元用于电网建设,新建或改造主网项目 18 个,建设配网项目约 1000 个,进一步优化海口电网网架结构,满足海口日益增长的用电负荷需求。

2. 生态环境优势

海口是一座生态宜居的城市,是我国著名的阳光岛、生态岛、健康岛和休闲度假胜地。优美的自然风光、舒适的热带气候,为海口创造了一流的生态环境。海口的"生态红利"成了人才"摸得着的幸福",越来越多的人才不仅追求宜业,也更加重视宜居,海口在生态环境上的优势为人才引进增添了更大的吸引力。

生态环境指数方面,包括空气、建成区绿化覆盖率、废水 3 个指标。海口排名第一。(见图 7-5)

排名	城市	生态环境指数		排名	城市	生态环境指数
1	海口	0.812		19	杭州	0.544
2	昆明	0.754		20	南京	0.541
3	南宁	0.731		21	深圳	0.536
4	北京	0.702		22	武汉	0.532
5	贵阳	0.7		23	沈阳	0.51
6	大连	0.639		24	太原	0.509
7	南昌	0.634		25	乌鲁木齐	0.507
8	广州	0.624		26	长沙	0.498
9	合肥	0.613		27	兰州	0.489
10	长春	0.608		28	西安	0.489
11	重庆	0.604		29	成都	0.486
12	青岛	0.601		30	济南	0.445
13	宁波	0.593		31	厦门	0.424
14	呼和浩特	0.591		32	上海	0.402
15	福州	0.586		33	石家庄	0.38
16	西宁	0.58		34	天津	0.375
17	银川	0.564		35	郑州	0.358
18	哈尔滨	0.548				

图 7-5 《2017 年中国城市营商环境报告》生态环境指数排名

城市	PM2.5浓度（微克/立方米）	优良天气天数	城市	PM2.5浓度（微克/立方米）	优良天气天数
海口	21.3	358	哈尔滨	50.9	282
深圳	27.1	348	沈阳	53	168
昆明	28	362	长沙	53.7	267
厦门	28.4	362	重庆	54	301
南宁	36	348	兰州	54	243
广州	36.1	310	银川	54.9	252
贵阳	37.1	350	合肥	57	253
宁波	38.8	302	武汉	57	237
大连	39	299	成都	62.9	214
呼和浩特	41	279	太原	66	232
南昌	43.4	318	天津	69	226
福州	45	199	西安	71	192
上海	45	275	北京	72.5	198
长春	45.8	291	乌鲁木齐	73	246
青岛	46.4	299	济南	75.6	206
南京	47.9	242	郑州	78	159
杭州	48.8	260	石家庄	99	172
西宁	49.2	271			

图 7-6 全国各主要城市 PM2.5 浓度及优良天气天数排名

城市	建成区绿化覆盖率		城市	建成区绿化覆盖率
北京	60.41%		杭州	40.44%
海口	45.40%		重庆	40.32%
合肥	45.23%		郑州	40.31%
深圳	45.10%		乌鲁木齐	40.30%
大连	44.87%		太原	40.30%
南京	44.49%		济南	40%
石家庄	44.42%		成都	39.82%
福州	43.42%		青岛	39.47%
南宁	43.01%		西宁	38.92%
西安	42.58%		长春	38.78%
武汉	42.54%		上海	38.50%
厦门	41.89%		宁波	38.30%
沈阳	41.78%		呼和浩特	37%
昆明	41.78%		哈尔滨	35.46%
广州	41.60%		兰州	34.49%
南昌	41.15%		长沙	33.73%
银川	40.84%		天津	32.65%
贵阳	40.65%			

图 7-7 全国各主要城市建成区绿化覆盖率

海口因其得天独厚的地理位置及宜人的气候,省委、省政府始终把生态环境保护放在最优先位置,严格划定生态保护红线、环境质量底线、资源利用上线,不断完善环保体制机制,大力开展生态环境六大专项整治,等一系列保护和改善海南生态环境的举措,使得海南的天更蓝、海更碧、山更绿、水更清,也使得海南的生态优势日益彰显。

在环境空气质量方面,2017 年,全市环境空气质量保持优良水平。有效监测天数为 365 天,其中,环境空气质量指数(AQI)一级优天数为 261 天,二级良天数为 91 天,超二级天数为 13 天,环境空气质量优良率(AQI≤100 的天数)为 96.4%。在环保部公布的实施新空气质量标准的京津冀、长三角、珠三角区域及直辖市、省会城市和计划单列市等 74 个城市中,海口市名列第一。

在水环境质量方面,2017 年海口市水环境质量状况总体良好。城市集中式生活饮用水水源地和国控断面水质达标率均为100%,省控断面水质达标率为87.5%,近岸海域水质达标率为92.8%。

在声环境方面,2017年海口市功能区昼间平均等效声级符合《声环境质量标准》,区域环境昼间噪声总体水平为三级(一般),道路交通昼间强度等级为二级(较好)。

在辐射环境质量方面,2017年海口市辐射环境质量总体良好,处于正常环境本底水平。

二、海口市政府监管与服务环境建设取得重大进展

随着海南自由贸易区建设的推进,给海口的发展带来了千载难逢的机遇,为了能够给国内外企业落户海南提供更为优质便利的服务,海口以制度创新为核心,以一系列超前的改革措施,努力破除一切束缚发展的市场机制体制桎梏,全面提升政府治理能力,最大限度地释放改革红利,加快推进法制化、国际化、便利化营商环境建设。尤其是在海口高新区极简审批、减少审批申报资料以及“单一窗口”改革上取得积极成效。

(一)精简审批服务事项,下放审批权限

1. 精简审批服务事项。一是全市的行政审批服务事项大项由原306项缩减为293项,小项由原来710项缩减为533项,减少24.9%。二是落实海南省行政审批制度改革工作领导小组办公室《关于贯彻国务院印发清理规范投资项目报建审批事项实施方案的通知》(琼审改办〔2016〕21号)文件精神,2016年9月27日,海口印发了《关于贯彻国务院印发清理规范投资项目报建审批事项实施方案的通知》(海审发〔2016〕124号),将市住建局、水务局、文体局、林业局、市政市容委等部门的24个审批服务事项,合并为8个事项,事项合并后,一些事项的办理转变为政府部门间内部流转,为申请人提供了便利。

2. 简化投资项目审批事项。自2014年以来,海口市加大投资建设项目行政审批制度改革的力度,根据国家、省“放管服”改革相关文件精神,先后取消了“抗震设防验收、绿化园林规划审批、建设项目竣工环境保护验收、建设项目竣工水保设施验收、建设项目绿化工程竣工验收”等审批事项。

3. 下放投资项目审批权限。为进一步简政放权,深化行政审批制度改革,海口历年来持续推进简政放权工作,自2007年至今下放了8批次224项权项。尤其是2015年8月市委利用市、区政府机构改革的契机,市委十二届九次全会部署了深化市、区、镇(街)行政管理体制改革,把涉及城乡规划与建设、城市管理、土地管理等9个方面37项“含金量”较高的行政管理权项下放各区,进一步激发基层活力。经统计,近几年,海口市下放到区级的投资项目审批事项8个,涉及市住建局、环保局、市政市容委、消防局、水务局等部门。

(二)以“极简审批”为基础,进一步完善审批制度改革

海口市高度重视投资建设领域的“放管服”改革工作,通过推行联合审批、极简审批、五网简化审批、一窗受理等措施,不断完善投资建设项目审批改革。在2015年全省投资建设项目“百日大会战”和2016年“百日大行动”活动中,均取得了全省第一名的成绩,被省委、省政府嘉奖;2017年,国务院调查全国34个大城市投资建设项目取得施工许可证时间的情况,海口工业类投资项目耗时最短,排名第一,企业投资建设项目在全国最快的十个城市中排名第五。

1. 高新区试点"极简审批"的创新模式。海口国家高新技术产业开发区通过实施"规划代立项"、以区域评估取代单个项目评估、优化项目服务、推行承诺制度、建立"准入清单"、实行联合验收、建立诚信档案、实施退出机制等措施促进了"极简审批"的顺利实施。该项改革通过政府权力做"减法"换来市场活力的"加法",节约企业运营成本,提升企业效益,优化投资环境,激发了社会活力,拉动了民间投资。极简审批前,项目从入园到建成投产,总共需审批48个事项,按串联审批全部办理完成法定时限共需847个工作日。实施极简审批后,项目开工前的审批事项从29个减少到2个,法定办理时限从503个工作日(至少126个工作日)缩减至6个工作日,审批效率提高90%以上;项目开工后,通过实施"联合验收",将19个审批事项中的13个验收事项并联为1项,法定办理时限由344天(至少100个工作日)缩减至20个工作日,审批效率提高80%。同时"极简审批"成为园区招商的制度优势,被国务院命名为全国第二批大众创业万众创新示范基地。

2. 以"极简审批"试点为契机,将高新区经验推广到综合保税区。2017年,在美安科技新城实施"极简审批"经验做法的基础上,市综合保税区结合本区实际,建立了5大体系(监管标准体系、极简审批体系、事中事后监管体系、承诺及信用体系、服务保障体系),制定了40项改革措施,行政审批服务事项精减33%,审批环节精简31%,整体承诺时限比法定时限压缩90%。

3. 推进"五网"建设项目极简审批改革,加快基础设施建设速度。2017年,在"多规合一"规划基础上,海口推进"路、光、电、气、水网"(以下简称"五网")项目极简审批。印发了《海口市"五网"建设项目行政审批改革方案(试行)》(海府办〔2017〕341号),通过推行简化审批、创新审批模式,实施取消审批、暂停审批、暂停改备案、即办审批、简化行政审批等措施推进"五网"项目建设。取消简化审批事项14个,所有审批事项3个工作日内完成审批,加之各阶段实行并联审批,达到提高审批效率50%以上的目的。至2018年6月底,已有314个"五网"建设项目进入"绿色通道",审批工作进展顺利,加快了基础设施建设速度。

4. 推进三类建设项目并联审批。海口积极推进建设项目并联审批,竣工联合验收实现"六合一"。2011年8月22日,开始试行三类建设项目并联审批流程实施方案。2012年、2013年进一步强化各项改革措施,优化审批流程,大幅度压缩审批时限,创新机制,进一步完善和优化建设项目并联审批。目前建设项目行政审批时间为49个工作日,涉及9个职能局,21个审批事项,4个阶段。

自竣工联合专项验收以来,海口市以"高效、便民、规范、廉政"为原则,牢固树立改革创新的精神,通过不断改进完善竣工联合专项验收的运作流程,加强协调组织,强化廉政纪律,圆满完成了市辖竣工建设项目的验收工作,将原来的八次专项验收,合为一次,承诺办结时间为7天,取得良好的社会效果。截至今年6月底,进行联合验收的469个项目,已经通过验收的273个,通过率为超过58.21%。

(三)加强服务窗口建设,优化政务服务环境

1. 启动建设项目审批"一窗受理,集成服务"工作。根据国家发改委、财政部等10部门《推进"互联网+政务服务"开展信息惠民试点实施方案》及省、市关于"深化行政审批制度改革,推进'互联网+政务服务',实现'一窗'目标"的要求,海口市2017年启动了建设项目审批"一窗受理,集成服务"工作。通过整合构建综合服务窗口,建立统一的数据共享交换

平台和政务服务信息系统,于 8 月 14 日顺利试行建设项目"一窗"改革,让企业和群众"少跑腿"。将市建设项目审批涉及规划、住建、环保等 9 个部门 22 个受理窗口的 81 个审批事项统一纳入"一窗"窗口集中受理,实行"一张清单、一口受理、一次性告知、一网通办、一窗出证"的"五个一"工作机制。通过"一窗受理,集成服务"改革,改变了以往分项目、单职责窗口的工作模式,实现申办人在任何一个窗口都可以办任何事情的目标,实现审批提质增效。截止 2018 年 6 月底,"一窗"受理事项 6926 件,运行顺畅。

2. 试行不动产"一窗"改革。在前期顺利实施建设项目"一窗"受理的基础上,2018 年 3 月 16 日,海口市开始正式试运行不动产"一窗"受理,将市国土局、住建局、地税局 3 个部门统一的个人房屋(住宅)交易、赠予、亲属买卖、拍卖过户(双方能够当场完税的)、司法拍卖过户(双方能够当场完税的)纳入"一窗"窗口集中受理,统一发件,实行"一窗进出"工作模式。一是让"部门跑"代替"群众跑"。试行不动产"一窗"受理前,老百姓办理二手房过户,需要到市住建局、市国土局、市地税局三个部门叫 3 次号,排 3 次队。设立"一窗"受理后,只需叫 1 次号,排 1 次队,到 1 个窗口,交 1 套材料,大大缩短了办事人等候时间。同时提供多样化便利化的服务,通过样表机,提供申请表格查询、下载和电子格式填写样表说明;通过多媒体自助终端可实现打印、复印、读取身份证信息、开具社区证明等功能。通过让"部门跑"代替"群众跑",解决了群众多次跑的难题。二是优化审批流程,审批提速。试行不动产"一窗"受理前,三个部门办理的承诺时限共 19 个工作日。试行不动产"一窗"受理后,将承诺办结时限由 19 个工作日提速为试运行初期的 15 个工作日到目前的 8 个工作日,提速率 57.89%。三是进一步精简申报材料,方便群众办事。试行不动产"一窗"受理前,原三个部门共需要申办人提供申报材料 28 份。经过逐项研究各单位要求提供的申报材料,对重复要求提供的材料、可通过信息共享的材料和前置条件的材料等进行了进一步精简,目前只需要申办人提供申报材料 5 份,精简率 82.14%,同时申办人免填申请表,减轻了申办人的办事成本。四是实行"一表通,零填表",提质增效。制作了《海口市房屋转移一窗登记申请表》,将市住建局、市国土局、市地税局三个局原需分别填写的《海口市房屋交易申请表》《不动产转移登记申请书》进行整合,剔除重复填报的内容,整合为三个部门共用的"一表通",同时整合后的申请表无须市民填写,通过系统在办理过程中自动生成打印,买卖双方只需签字画押,起到了提速增效的作用,大大缩短窗口受理时限,同时减少群众申请表填写错误和信息缺失问题。"一窗"受理自试运行以来基本顺利,截至 6 月底共受理办件量 1827 件,得到广大群众的好评。

3. 推行互联网全流程"不见面"审批。借鉴浙江"最多跑一次"、江苏"不见面审批"改革、上海"一网通办"等改革成果,2017 年 7 月,海口市着手开展全流程互联网"不见面审批"改革工作,实行外网受理、专网审批、全程公开、快递传达。一是全面梳理审批服务事项。全市梳理出市、区、镇街三级政务服务事项共计 1706 项,经核有法律法规依据必须在现场受理的事项 180 项。二是实现"应上线、必上线"。除需见面事项外,将可实施不见面审批的 1507 个事项全部上线运行,实施比例达 88.34%。三是推进系统对接。为实现缴费不见面、送达不见面,主动开展与邮政 EMS、省财政非税缴款平台的对接工作,进展情况良好。截止 2018 年上半年,市政府服务中心政务窗口共受理办件 69612 件,办结量为 81838 件,提前办结率为 90.90%,群众满意度为 99.25%。网上办事大厅申报办件量为 71736 件,申请表格网上下载量累计为 123 万。截至目前,全市"不见面审批"共受理 6662 件,其中预审通过

4507件,占比67.65%。进一步提高了政府服务效率和透明度,让数据"多跑腿",让企业和群众"少跑腿"甚至"不跑腿",共享"互联网+政务服务"发展成果,全力打造"规范、便民、廉洁、高效"的服务型政府。

4. 持续开展"减证便民"行动。一是在2014年全市所有行政审批服务事项的申报材料精简为40%的基础上,2017年组织砍掉无法律法规依据的各种证明材料447项,精简率14.71%,减轻广大企业和群众办事的负担。二是今年根据中共中央办公厅国务院办公厅印发《关于深入推进审批服务便民化的指导意见》工作要求,结合行政审批服务事项办事指南标准化工作,正持续开展"减证便民"行动,全面清理烦扰企业和群众的"奇葩"证明、循环证明、重复证明等各类无谓证明,大力减少盖章、审核、备案、确认、告知等各种烦琐环节和手续。

5. 清理规范行政审批中介服务。2014年以来,全市将规范行政审批中介服务行为纳入行政审批制度改革内容,拟订了方案,通过制度建设、建立信息平台等措施,规范中介服务行为。《国务院办公厅关于清理规范国务院部门行政审批中介服务的通知》(国办发〔2015〕31号)出台后,全市加大清理规范行政审批中介服务事项和中介服务机构的力度,2016年3月,《海口市人民政府关于市级参与行政审批服务中介机构脱钩和取消指定中介机构服务的决定》(海府〔2016〕47号)出台;2017年2月,为贯彻落实国家、省关于清理规范行政审批中介服务相关文件精神,按照市简政放权清理整改工作领导小组的工作部署,全市再次对"红顶中介"宣战,彻底清理政府部门与中介机构之间的利益关联,并启动行政审批中介服务事项清理规范工作,对中介服务事项实施目录管理。2017年12月14日市政府印发了《海口市人民政府关于清理规范市级行政审批中介服务事项和中介服务机构的决定》(海府〔2017〕134号),对5家从事中介服务相关职能部门下属单位进行清理:1家与主管部门脱钩,4家不再从事中介服务。清理规范行政审批中介服务事项38项;市级行政审批中介服务事项实施目录管理,形成《海口市市级行政审批中介服务事项清单目录》(54项)。行政审批中介服务的规范,大大提高了投资项目行政审批效率,同时,也减轻了企业负担。

(四)推进商事制度改革,释放市场活力

1. 全面实施"多证合一"改革。2016年海口市在企业、农民专业合作社"五证合一"登记制度改革和个体工商户"两证整合"改革措施的基础上,于2017年9月30日全面实施"多证合一"改革。以"减证"促"简政",进一步降低市场主体制度性交易成本。"多证合一"将涉及商务、公安、工信、旅游、住建、文体、交通等7个部门的20项管理备查类一般经营项目涉企证照事项(即"二十证合一"),进一步整合到营业执照上,通过审批系统的数据共享实现由工商窗口直接核发加载统一社会信用代码的营业执照。对于企业来说,"多证合一"只需填写"一份表格",向"一个窗口"提交"一套材料",企业需要办理的证照数量减少了,办事程序简化了,办事成本降低了,市场准入便利度得到极大的提升。至6月底,海口市工商局共办理多证合一业务50609件。

2. 开设"工商便利通"政银服务窗口。市工商局在全国率先在银行开设政银服务窗口,分别与海南银行和建设银行等银行共建"工商便利通"服务窗口,延伸工商登记注册窗口服务、建立企业注册官"驻点办公"、探索开通微信预约注册登记服务等内容,将工商办事中心延伸至重点金融部门,为市场主体提供多证合一、全程服务的形式。截至6月底,共在海南银行 2 个网点、中国银行 5 个网点开通了"工商便利通"工商代办窗口,窗口接待咨询 954 人次,受理名称核准业务 398 件,设立登记业务 345 件,受到广大申办人好评。

（五）12345 热线平台助力市营商环境建设

2018 年 8 月,海口市 12345 政府服务热线在第三方评估机构发布的全国 335 条 12345 热线监测结果中,在接通率和服务水平上均达到双高水平,在全国城市（不含直辖市）服务质量中位列第一名（如图 7-8 所示）,在全国城市（含直辖市）服务水平排行第十二名。

海口 12345 热线通过扩展服务渠道、加强标准建设和完善服务规范等方式改善热线服务体验,积极发挥"指挥棒"和"绣花针"作用,有效地提升了市民和游客对热线的感知与评价,向全社会塑造了海口服务型政府的良好形象,多次荣获先锋奖、骏马奖、金数奖等全国大奖。

排名	城市	排名	城市	排名	城市
1	海口	11	长沙	21	韶关
2	临沂	12	遂宁	22	苏州
3	南充	13	雅安	23	西宁
4	台州	14	岳阳	24	淄博
5	银川	15	巴中	25	汕头
6	揭阳	16	三亚	26	清远
7	广州	17	宜宾	27	成都
8	大连	18	梅州	28	衡阳
9	大同	19	聊城	29	西安
10	惠州	20	商丘	30	无锡

图 7-8　全国热线监测排名

三、海口市营商环境发展面临的主要问题

（一）政府监管与服务环境有待进一步优化

1. 服务意识仍显不足,以罚代管现象普遍。海口市存在较为普遍的"以罚代管"现象,在建筑、环保、交通等领域尤为普遍。商业楼盘超规划建设、农村抢搭违建、围海填岛等违法现象非常普遍,一些项目交了罚款补办相关手续了事,随意性大;在生态环保方面动辄"顶格罚款",没有站在服务于企业的角度思考,使得医药、医疗、餐饮等相关企业左右为难;道路交通标志设置没有体现"以人为本"的管理理念,以海南东线国道 223 云龙镇以南为例,存在多处在限速标志附近安装违法拍照摄像头,群众戏称这样的安排就是为了罚款,不利于树立政府形象。

2. 信息资源共享力度尚显不足。一是"一网通办"任重道远。我市已经建成了全市统一审批信息系统,目前绝大部分单位都已经使用该系统办理政务服务办件。但不可回避的现实是,一些审批服务大单位如工商、公安、交警、社保、税务等部门,都有自上而下的审批信息系统,这些系统尚未实现与我市审批系统的数据交换,对不见面审理改革的深度推进造成极大的障碍。二是信息不共享的问题比较突出。目前,我省、我市的信息资源共享交换平台

初步建立,但在数据交换的实时性、可靠性、可用性上仍显不足。以社保数据为例,由于省人社厅业务系统接口的原因,共享数据与实际数据存在差异,导致该共享数据无法供审批使用,市民仍需到社保部门开具纸质证明。

3. 企业注册容易了,但注销仍然困难。企业注销涉及多项业务类型,包含环节较多且前置条件多样,流程繁杂,需要提交相对较多材料和表格,往返多个窗口,也是纳税人提问率最高,且最不容易理解各项办理环节的业务。企业注销经常成为便捷企业办税,进一步优化营商环境中的"老大难"问题。企业注销业务办理的难点主要表现为:一是多头跑难提速,由于企业注销中的不同环节需要不同业务窗口配合完成,有时需要纳税人楼上楼下各个窗口来回跑,大大增加了整体办理时长。二是流程长难理清,企业注销业务包含网上申报、税控设备注销、注销申报、注销税务登记等十个节点。企业在办理时经常会出现顺序不清,不知道下一步要做什么的问题。而且不同企业情况各异,很难在未经系统查询的情况下准确告知企业注销的办理流程。三是材料繁多难备齐,企业注销需要填报表单较多,其中部分材料还需要管理所盖章或服务商签字,办理业务之前各种材料的准备便让很多企业头痛不已。

此外,企业注销难还表现在花费时间长、费用高等方面,关键原因还是在于各部门之间的"服务壁垒"还未打通,各地各部门应加快改革进程,尽快实现信息共享、协同管理等,不仅让企业注册变得容易,也让企业注销更方便、快捷,从而使创新创业过程更加顺畅。

4. 社会公众对不见面改革的获得感有待提升。全流程互联网"不见面审批"改革工作启动至今已将近一年,总申报量仅有 6000 多件,仅占总不见面事项办件量的 8% 左右,市民在该项改革的认知度、认可度、获得感仍显不足。原因可能包括使用习惯、宣传力度、信息化支撑、系统操作便捷性等多方面因素。

5. 市新政务大厅建设亟待尽快启动。纵观目前全国各地的市民之家或市民中心,均是以行政审批局为主兴建的为老百姓提供政府"一站式"服务的平台,对场所的硬件要求更高。各地的市民之家或市民中心集中了政府各职能部门的行政审批,并将与群众生活关系密切的银行机构、邮政快递、通信运营商、广电网络、水电气、市民卡等公共服务企业进驻市民中心。除了宽敞明亮整洁的办公环境,还不断优化配套服务功能,完善各种人性化服务配置,如配套有 24 小时自助服务区、警务室、医务室、商务中心、各楼层的等候区、阅览区、茶水间、小超市、餐吧、无障碍卫生间和母婴室等便民设施。各地的市民之家或市民中心是一座集政务服务、公共服务、政务公开、资源交易、规划展示、教育培训、商务洽谈、文化休闲于一体的多功能、综合性服务平台,是政府服务企业的窗口、联系市民的纽带,为老百姓提供政府"一站式""办市民所有事,办所有市民事"的服务平台。

市政府服务中心办公及服务大厅场所是 2005 年利用原市人大办公东楼北楼改造而成,目前可用面积约 6415 平方米。中心服务大厅和办公用房建筑面积严重不足,办事群众量大、场地拥挤、设施设备老化、功能缺失、存在安全隐患,同时停车场面积小,车位少,整个人大会堂四周只有一个车辆进出口,产生严重交通拥堵。建议市委、市政府借鉴其他省市的做法,尽快启动新建政务服务大厅工作,以满足新形势下政务服务规范化、标准化、智能化、现代化、人性化的功能需求,给办事群众提供一个优质的政务服务环境,促进"放管服"工作深入推进的需要和成立行政审批局、"最多跑一次"等重点工作的开展,更好地实现"一门服务""一窗受理""一网通办"服务新格局,创造优质的营商环境。

(二)法制环境建设相对滞后

目前,海南建设自由贸易试验区、中国特色自由贸易港相关法律法规尚未出台,在很大程度上制约了海南自贸区(港)建设的法制环境建设。

海口市虽然出台了《海口市支持总部经济发展若干政策》等规范性文件,但关于优化营商环境的政策尚未出台。

(三)市场环境亟待政策突破

1. 企业税费成本相对偏高,企业高管按高标准缴纳的社保在退休后不能充分享受。

很多企业反映海口市各种税费项目种类多、企业负担非常重,与天津、宁波等地相比没有优势;而且企业高管按照高标准缴纳的社保退休后与其他普通员工差别不大,因而导致企业往往按照底线给员工缴纳五险一金。

2. 企业招人难,培养成本高。海口在人才体系建设上还不完善。首先,仅仅通过优惠政策,还不能将就业机会转变成发展机会,人才来了不知道要做什么,最终就会导致人才的流失。其次,海口高昂的生活成本与其较低的工资不能相匹配,以及相对落后的基础设施无法对人才产生吸引力,人才不愿来,来了又走的现象就越普遍。再次,海口的高等教育和职业教育发展相对落后,人才培养能力不足,缺乏一流的人才培养基地,人才供给能力亟待提升。

3. 市场环境制约企业发展。海口市在商业配套方面与国内一二线城市相比还有较大的距离,产业基础薄弱,且产业结构较为单一,导致在岛企业的生产、运营、物流成本、能源价格都高于全国平均水平。根据海口市发改委提供的数据,目前海口社会物流费用占 GDP 比重达到18.76%,高于全国 14.9%的平均水平,而美国等地物流成本占比在 10%以下。我省大工业用电价格在各电压等级中排名均为全国前列。(其中 10 千伏电压等级下我省电价为 0.64 元/千瓦时,全国平均电价为 0.5772 元/千瓦时,我省排名第 8;35 千伏电压等级下我省为 0.63 元/千瓦时,全国均价为 0.5584 元/千瓦时,我省排名第 6;110 千伏电压等级下我省为 0.62 元/千瓦时,全国均价为 0.5400 元/千瓦时,我省排名第 4;220 千伏电压等级下,我省为 0.61 元/千瓦时,全国均价为 0.5281 元/千瓦时,我省排名第 3)。

从市场资源角度上来说,海口的基础资源、公共资源大多集中在政府和国有企业手上,其他企业获取资源的难度加大,中小企业的市场竞争力不强,发展缓慢。同时,国有企业的制度缺乏活力,国企改革在目前并没有得到实质性的突破,很难发挥出其应有的支撑和引导性作用。

4. 招商能力不足。海口对重点项目的规划不足,缺乏对主要产业的深入研究,企业落地配套的条件不充分,最终导致原计划落地项目的流产;其次,海口的市场容量低,招商能力不足,且招商针对性不强,未能做到精准招商,形成了"大小通吃"的局面,大大降低了招商效率;最后,海口相关部门的招商行动跟不上招商意识,基层人员积极性不高,基层动力不足,缺乏活力和竞争;部分地区更是更存在为拼凑项目数量而虚假上报项目的情况,严重阻碍海口招商引资的进程。

（四）硬件环境建设有待发力

海口市生态环境优势明显，硬件环境存在的不足之处主要体现在海陆空交通条件和公共基础设施建设滞后相对有限两个方面。

1. 琼州海峡通道运行不畅，掣肘海口总部经济发展

虽然海南独特的地理位置为其带来了观光旅游的优势，但是海南"一岛孤悬"，与内地联络不便。2018年春节期间，琼州海峡因大雾天气导致数万旅客及车辆滞留南北两岸，海口市区交通严重阻塞；2018年以来，海南菠萝、芒果等多种农产品丰收，但出现销售难的问题。琼州海峡交通困难成为制约海南经济发展的一个重要因素。

2. 海口市交通网络建设滞后

目前，海口市公铁交通网络建设相对滞后。《海口市交通枢纽专项规划》尚待完善；江东新区通往市区及文昌的交通网络基础设施建设亟待加强，公交线网有待进一步优化；全市快速公路网尚未建成（仅有一条海秀快速路通车）；秀英港散杂货业务尚未完全搬迁至马村港；海口美兰国际机场二期扩建工程预计2019年10月前竣工投入使用。

3. 江东新区基础设施建设相对滞后

海口江东新区位于海口市东海岸区域，总面积约298平方公里，主要集中于临近主城区的灵山镇和桂林洋开发区，其他区域建成面积少，目前还只有基本路网及配套设施。基础设施、电力与能源系统等"五网"硬件设施建设相对滞后。

第三节　境内外营商环境经验借鉴

一、境外知名自贸港营商环境建设经验

（一）新加坡——政府引导下的法制优先

在世界银行发布的《2016年营商环境报告》中，新加坡的营商环境连续十年排名居世界第一，其中4个指标居世界第一。

1. 管理模式

新加坡自贸区实行政企分离的管理体制，政府负责招商及规划，具体开发职能则由自贸区主管机构负责，企业直接管理。政府的参与有效填充了自贸区政策制定和执行之间的空白，发挥了政府在营商环境建设中的职能和管理作用。新加坡经济学家Lam教授认为新加坡发展成功的因素之一是其"有前瞻性的、全面的和有目的性的政府干预手段"。

2. 法制保障

新加坡政府在第一个自贸区建立之初，就通过了《自贸区法案》，全方位规定自贸区功能、管理体制、运作模式、优惠政策。

新加坡是世界上税制简易、税负最低的国家之一，其对重点发展的产业和领域给予额外的优惠政策。其企业所得税税率只有17%，自贸区内仅5%-10%；新加坡自贸区容许他国

商用船舶自由进出口岸,仅对部分货物种类征收关税,除了酒类、烟草类、原油产品和汽车这四大类应税货品外,90%以上的货品进出口新加坡不需要交纳关税。在吸引外资方面,新加坡对外国投资者在本国境内投资给予一定的税收优惠奖励;科学制定并出台对跨国公司设立有利的企业所得税税制。

3. 投资和贸易便利

(1)自贸区内投资基本不设限制。企业在新加坡通过网络注册一家企业只需要几分钟;除了国防行业和个别特殊受限行业,外资在其他领域的投资基本不受限制且没有出资比例限制。(2)激励政策刺激外资投资。《经济扩张奖励(所得税减免)法》当中针对给新加坡公司的国外贷款全额免税。(3)鼓励本土企业向外拓展。出台海外企业奖励计划,鼓励本土企业向外拓展,让本土企业也享受到贸易的优惠。

4. 对海南启示

海南可借鉴新加坡,从政府规划引导、完善制度环境、提高政府效率着手,并坚持依法办事,营造良好的市场环境;根据目前的经济现状及未来发展方向,制定相应的招商引资策略,推动海南经济的发展,同时加快海南产业的升级。

(二)迪拜——精准定位,服务优先

迪拜的最大特色在于体现港口定位与产业定位的一致性,实现了理想的产业集聚,形成规模化的产业园区,目前,来自全球120多个国家的7000余家贸易公司入驻区内,整个迪拜自贸区的入驻企业超过12000家。

1. 基础设施建设完善

(1)港口建设,杰贝阿里港作为中东第一大港口、转口贸易集散地,拥有世界级的港口配套设施,方便企业中转货物贸易。(2)机场建设,迪拜政府实行"天空开放"政策,为其带来大量旅客吞吐量,成了连接亚、太、非洲等地的枢纽。完善的基础设施建设创造了良好的社会经济环境,大大降低了各产业使用公共基础设施的成本。

2. 贸易便利,服务周到

(1)办事高效:自贸区管理局通过严明的管理制度和先进的管理理念,承担自贸区的建设、运营、招商等事项,供一站式服务、统一办公,手续高效。(2)服务周到:管理局注重在事前与企业进行各种咨询沟通,提供良好的服务基础。(3)区内土地只租不售,获得出租土地、厂房等设施的租金。(4)除装卸服务,其余一切服务均免费使用,区内没有隐形收费,实行收费公开措施:自贸区的土地价格低廉、能源供应充足,这些都为自贸区外商提供了便利。

3. 税收优惠

迪拜是一个超低税负的国家,首先,税种少,只有社会保障税、海关税和销售税、市政税、企业所得税五种;其次,征税范围很窄且税率低。二是外商公司享有50年免缴所得税的优惠政策,且期满后还可再延长15年的免税期。三是自贸区内的仓储、贸易、加工制造均不征收任何税赋。

4. 对海南启示

从迪拜的经验中我们可以看到:海南在营商环境建设中应该搭建业务、数据平台,向入驻自贸区的商户提供高效服务,在制定自贸区的规则和标准时,应确保良好稳定的趋势和框架,引导商户确立未来的工作方向。

(三) 中国香港——自由经济体制下的国际化优先

金融自由化、投资贸易便利化的制度,为香港发展各种离岸金融投资、跨境贸易提供了政策支持。

1. 自由经济体制

香港自由港的管理模式以服务为主,政府奉行"不干预主义"。香港营商环境相对公平,政府实行无任何差别对待的政策,让市场充分自由调节和发展。在"开办企业"这项指标中,香港所涉及的程序为2个,花费的时间为1.5天;而上海办理程序为11个,花费时间30天。

2. 财税政策

香港税制简单,实行低税负政策。首先,典型的零关税政策,除去其所规定的4个商品外,一般进出口货物无须缴纳任何关税。其次,香港税率较低,税种设置少。只有源于香港的收入才在香港缴税,香港因此又被称为"避税港"。

3. 金融外汇政策

香港开放的金融外汇市场吸引众多投资者,加速了世界资本在香港的自由流动。一是实行完全自由的汇兑制度。香港一半以上的银行业务属于国际性交易,这为对外投资贸易提供了全面、多种的金融服务和贷款支持。二是对金融市场干预少。第三,香港的金融监管对金融机构的透明度和信息披露有很高的要求,这对化解金融风险起到一定的作用,同时起到保护投资者的目的,使香港发展成为全球著名的离岸金融中心。

4. 对海南启示

香港一直被评选为全球最自由的经济体,其高效的公营部门及法治精神,为香港创造了公平竞争的环境;良好的税收制度、金融环境和健全的法律制度和廉洁高效的政府也是海口值得借鉴的地方。香港施政方针以简约高效为主,为外商及本土企业的经营发展提供了很大的便捷。

二、境内自贸区经验介绍

(一)上海经验:法制保障与创新

上海自贸试验区的发展特点主要体现在以下几个方面:以制度创新为核心,培育我国面向全球的竞争新优势;在提升对外贸易、航运服务、便利化环境等基础上,增加服务贸易、金融领域的扩大开放;借鉴国际通行做法,以开放促改革、以改革促发展,为全国的改革开放积累经验;作为国家战略,强调在投资管理、服务业开放、金融、航运、贸易等多个层面的先行先试和全方位的制度创新。

上海自贸区法制保障与创新是其最大亮点,运用国际法和法治化的手段,以自贸区的市场准入和行政审批制为聚焦点,一方面对接国际经贸规则和惯例的新趋势,进一步创新贸易便利化、投资便利化、资本项目可兑换的放松管制的法律促进机制;另一方面进一步建立和完善有效监管、风险防范和争端解决的法律保障机制。在市场准入方面,率先在外商投资领域引入"准入前国民待遇加负面清单"管理模式,对负面清单之外的领域,将原来的审批制改为备案制,迫使行政管理简政放权,逐渐实现了一个服务性政府、高效率政府、集中的放权简政的政府。

（二）深圳前海经验：廉政出效益

深圳前海在全国率先建立集纪检、监察、检察、公安、审计职能"五位一体"的廉政监管新体制，成立前海廉政监督管理局，打造更加廉洁、高效、公平、公正的法治化营商环境。高起点，高标准创建"廉洁示范区"、启动前海"e站通"政务服务改革、建立前海政府投资工程廉情预警评估系统、制定《前海深港现代服务业合作区防止利益冲突规定（试行）》等系列文件，使得政府、市场、社会三方互动的廉洁工作格局初步形成。

（三）成渝经验："一带一路"助力产业发展

成都、重庆作为我国第三批自贸试验区，围绕"一带一路"建设，结合自身优势，根据企业需求进行创新，以企业为主体，推动产业聚集，形成良好的产业生态链。

成渝经验有以下几点可资借鉴：

1. 组织保障有力，强化统筹推进机制。重庆市牵头组建"1+5+1"的市级自贸试验区管理组织架构；成都健全自贸试验区建设领导小组会议及办公室专题会议制度。

2. 强化宣传推广。成都通过各类新闻媒体发布自贸试验区信息，扩大社会影响；重庆组建招商推广中心，加强新闻发布和全媒体宣传引导。

3. 深度融入"一带一路"建设，产业聚集效应初步显现。成都重点推进合作共建"中国—欧洲中心"暨"一带一路"交往中心，引进重大功能平台和产业化项目；重庆采取订单招商、专业招商、精准招商、金融支持招商等方式，培育人工智能、航空制造、总部和转口贸易、融资租赁等产业新集群，形成发展新动能。

（四）珠海横琴经验：规划先行

习近平总书记说：城市规划在城市发展中起着重要引领作用，考察一个城市首先看规划，规划科学是最大的效益，规划失误是最大的浪费，规划折腾是最大的忌讳。

为此，横琴以最高的标准进行了规划设计。2009年8月14日，国务院正式批复了《横琴开发总体规划》，明确了横琴的战略方向：（1）"一国两制"下探索粤港澳合作新模式的示范区；（2）深化改革开放和科技创新的先行区；（3）促进珠江口西岸地区产业升级发展的新平台；在中央的战略布局中，横琴承担着在"一国两制"下探索制度创新、营造国际化营商环境、促进澳门经济多元化发展的历史使命。

横琴的地下综合管廊系统工程更是横琴新区规划中的点睛之笔，获得我国建设工程质量最高荣誉奖——"鲁班奖"，也是全国第一个获得此项殊荣的地下综合管廊工程。管廊将"平面错开式"变为"立体集约式"布置，纳入给水、电力、通信、冷凝水等6种管线，同时配备有计算机网络、自控、视频监控和火灾报警四大系统，具有远程监控、智能监测（温控及有害气体监测）、自动排水、智能通风、消防等功能。该系统为国内城市综合管廊建设树立了标杆，为市政基础设施升级改造提供了成功典范，大力推动了智慧城市的建设步伐，促进了城市集约高效和转型发展。

第四节　海南营商环境优化对策建议

为进一步优化海南营商环境,提出以下对策建议:

一、优化政策措施,营造优良营商环境的法制保障

借鉴新加坡和上海经验,建立规范有序的制度体系。上海、广东、天津等地先后颁布了《自由贸易试验区条例》,陕西、河北、辽宁等地先后颁布了《优化营商环境条例》,从立法授权、行政法规、地方性法规、部门规章和行政规范性文件、地方规章和地方规范性文件等构建法制框架。

建议系统和全面研究国家关于自贸区(港)建设、简政放权、营商环境建设的政策法规,使政府出台的政策与制度形成体系,避免"碎片化";引入第三方专业评估机构,对海南营商环境状况进行评估;推动海南省出台自贸区(港)建设、优化营商环境相关法律法规,研究优化营商环境具体措施,使其成为优化营商环境的有力抓手。

(一)打造有利于自贸港建设的法治保障及管理体制

十八届五中全会提出"重大改革于法有据、立法主动适应改革和经济社会发展需要"。建议推动《中国特色自由贸易港法》或《中国海南特区基本法》等立法工作,并构建与中国特色自由贸易港建设要求相匹配的法制保障体系;建议尽快完成海南行政区划调整,推进党政机构改革,构建适应中国特色自由贸易港建设的政府管理体制,全盘复制其他11个自贸区的成熟经验,营造世界一流的营商环境。

(二)担当创新重任,打造政策高地

建议创新财税金融政策,着力优化企业及个人税收优惠政策,加大金融机构引进、金融产品开发等相关工作,解决企业的融资问题;建议加强人力资源环境建设,下大气力制定人才引进及留用政策,实现"人才+项目"引进的良性互动:引进人才带回项目,项目落户吸引人才;着力帮助企业降低物流、用电、用工等成本,在引进外地企业的同时,务必重视本土企业与本土人才的培养与发展,以免"引来女婿气走儿"。

建议建立健全行政事业性收费和政府性基金目录清单制度,清理取消不合法、不合规、不合理的收费和基金项目。对目录清单之外的收费和基金项目,一律不执行。建议推动税收征管由"以票控税"向"信息管税"转变,大幅度减少企业纳税次数,简化办税程序,提高办税效率;简化税收优惠办理程序和提供一站式服务。

(三)争取具有国际竞争力的税负环境

争取把打造具有国际竞争力的税负环境作为中国特色自由贸易港建设的"牛鼻子工程",以"低税率+简税制"为特征,争取吸引全球优秀企业、优秀人才来海南发展。

海南社会经济发展相对落后,对照营商环境评价指标体系来看,除了生态环境指数,在

营商软环境其他方面，11 个自由贸易试验区已经领跑很远了，要迅速提升海南的营商环境，肩负探索中国特色自贸港建设历史责任，争取国家降低海南企业及个人的税负水平是中国特色自由贸易港建设的"牛鼻子工程"。降低税负水平还必须一步到位，与新加坡、香港地区等地相比都要有国际竞争力，甚至可以针对鼓励行业的企业、新设企业，出台较长时间、较大额度的减免税政策。

（四）进一步推进投融资便利化

一是"内外资一视同仁"。允许外国银行在中国境内同时设立分行和子行，进一步放宽证券公司、期货公司、人身险公司的外资持股比例上限。二是完善债券市场建设。支持企业的境外母公司按照有关规定在境内发行人民币债券，支持银行按有关规定发放境外项目人民币贷款，给对外融资企业提供人民币授信支持，探索设立国际债券交易平台。三是拓展跨境电商金融服务。支持银行为企业和个人的跨境贸易提供人民币结算服务，支持取得跨境外汇支付业务许可的非银行支付机构通过银行为跨境电商办理跨境外汇收支和结售汇业务，支持境内个人电商在"单一窗口"备案后可开立外汇结算账户。

（五）出台政策要尽量保持一定的系统性和可操作性

2018 年 4 月份以来，海南在房地产、汽车、江东新区规划等方面政策调整力度较大，给企业带来一些负面影响，建议政府考虑给予相关企业适当经济补偿。未来出台政策要尽可能注意把握连续性和可操作性，重大政策调整尽量提前告知，并有纠偏机制，以免给企业带来困扰。如海南首汽集团有关业务政策尚不明朗，公司投融资决策一直未能实施，还在等待主管部门的相关政策出台。

（六）强化企业建设经营要素保障

一是降低使用成本。围绕提高项目建设和企业生产经营所需的地、水、电、气等要素，通过地租补贴、费用返还等方式，进一步降低涉及企业生产经营的用地、用水、用电、用气成本。二是建立水、电、气等生产要素供应稳定性和收费透明度评价指标体系。加强要素供给监管，在供给持续性、供给中断电频率和持续时间、中断电预警等方面进行绩效监管，提高供给保障能力和办理效率。

二、规划先行，引领产业发展和自贸港建设

（一）借鉴厦门经验做好产业规划，聚焦优势产业形成集聚效应

海南省十二大重点产业包括旅游业、热带特色高效农业、互联网产业、医疗健康产业、现代金融服务业、会展业、现代物流业、油气产业、医药产业、低碳制造业、房地产业、教育文化体育产业等。

2017 年，海口市互联网产业相关营业收入 205.2 亿元，同比增长 32.28%，占全省47.7%，继续在全省各市县中排名第一，实现增加值 72.46 亿元，增速达到 3.5%，占全省比重 40.4%，对全市 GDP 贡献率为 4.3%，是全市十二个重点产业中发展最快的产业。2018年上半年，我市互联网产业实现互联网相关营业收入 138.85 亿元，同比增长 42.64%，占全

省比重 51.8%。

2017 年前三季度,海口金融业增加值 123.77 亿元,占全省 56.7%,占全市 GDP 比重 12.3%,对经济增长的贡献达到 10.2%,现代金融业是全市十二大重点产业 GDP 占比唯一超过 10% 的产业,金融业已经成为海口市的支柱产业之一。

建议海南借鉴厦门经验做好产业规划,围绕十二大产业突出重点,侧重引进互联网产业、现代金融服务业、旅游业、医疗健康产业、教育文化体育产业的国内外知名企业,发挥产业集聚效应。

(二)切实做好江东新区概念规划,加快硬件环境建设

2018 年 7 月 9 日,上海同济城市规划设计研究院等 10 家投标机构通过资格预审,正式受邀编制江东新区的概念规划方案。按照招标公告中的时间节点要求,投标人须于 9 月递交投标成果。

推进海南省交通基础设施扶贫攻坚战农村公路建设工程海口项目(六大类工程),根据江东新区规划方案,尽快组织实施基础设施建设,加快硬件环境建设。

1. 以江东新区为试点发展离岸注册经济

美国有 64% 的财富五百强公司注册成立于特拉华州,中国香港、新加坡、迪拜、英属维京群岛、开曼群岛、百慕大群岛等地也在世界范围内享有"避税天堂"的美誉。借鉴开曼群岛、英属维京群岛、百慕大及美国特拉华州的经验,争取在海口江东新区、三沙、陵水黎安先行试验区等地试点发展离岸注册经济,鼓励离岸创新创业,在离岸贸易、离岸金融等离岸业务领域,探索可复制可推广的风险防控体系建设经验,进而推广到海南全岛。

2. 在海南设立丝路全球商品交易结算所

目前国内外大宗商品交易所通常采用国际货币结算,不能满足"一带一路"沿线外汇匮乏的国家(也称"汇困国")的国际贸易需求。据统计,目前非洲国家中最低的外汇储备仅约30 亿美元,最高的也不过 1000 亿美元,这些汇困国因为外汇储备匮乏,开展国际贸易非常困难,通常采用原始的易货贸易,但因为缺乏统一的全球结算体系,往往成交效率低、规模小,适用范围非常有限。华为等国内企业在开拓非洲市场的时候,采取了以煤易货、以油易货、以米易货等多种方式拓展业务,但面对煤炭、石油、大米等商品不具备专业的储运能力,常常面临换汇的压力。

建议尽快推动在海南设立"丝路全球商品交易所"的项目建议,发展目标是打造国内第一、国际领先的商品交易所。主要意义包括:一是提供标准化的集中交易平台,服务实体企业,促进商品融通;二是解决汇困国企业贸易困难,降低企业自主交易的风险;三是助力一带一路,加强国际经贸合作,促进国际贸易的商品流通;四是提高人民币国际影响力。

三、加快硬件环境建设

(一)建议尽快规划启动海口市新政务大厅建设项目

海口市政务服务中心建筑面积仅有 8000 余平方米,不仅不能与银川市政务中心的 12 万平方米、南宁市政务中心的 17 万平方米相比,而且本省三亚、儋州启动的政务大厅建设项目面积也达 6 万—8 万平方米。建议在江东新区规划建设海口市新政务大厅,配套相应的

市民场馆,以便更好地服务于江东新区总部经济建设和自贸港建设。

进一步加大信息资源共享力度,加快"一网通办"建设。建议协调各市县审批服务大单位(如工商、公安、交警、社保、税务等部门),尽快实现其部门审批信息系统与我市审批系统的数据交换;建议协调海南省各厅局、各市县按照"全岛一盘棋"的思路,尽快建立信息资源共享交换平台,加大信息资源共享力度,加快"一网通办"步伐。建议学习杭州经验,抽调相关部门主要领导到政务中心协同攻关,专职协调处理信息资源共享事宜,直到相关数据信息实现共享。

(二)推进琼州海峡港航一体化,建议规划琼州海峡跨海通道

加快推进《琼州海峡交通一体化发展综合规划》、《琼州海峡交通运输供给侧改革方案》的编制工作;加快琼州海峡"半小时立体交通圈"、加快南岸港航资源整合等工作;推进秀英港散杂货业务搬迁至马村港(目前马村港二期码头已建成投产,现已实现秀英港区散杂货业务 70% 存量的搬迁至马村港区)。

世界范围内,但凡不是远离大陆的经济发达的岛屿,大都建成了连接大陆的跨海通道,如新加坡、香港地区等。2010 年 7 月海南设立省政府直属的正厅级事业单位——跨海工程筹建办公室[①],主管跨海工程筹建和铁路行业规划、建设、管理、协调工作。2016 年 5 月,海南省跨海工程筹建办公室因故撤销[②]。随着海南自由贸易试验区及中国特色自由贸易港建设上升为国家战略,海南社会经济发展势必会提速增质,轮渡海运以及机场空运远远不能满足琼州海峡的运输需求。2018 年 7 月 25 日,交通运输部发布《贯彻落实〈中共中央国务院关于支持海南全面深化改革开放的指导意见〉实施方案》[③],明确要求"研究琼州海峡通道,构建由高速铁路、高速公路、水路客滚运输等多种运输方式组成的综合交通走廊,融入国家综合运输大通道",建议在保障琼州海峡轮渡利益的前提下,尽快统筹规划琼州海峡跨海通道工程。

四、持续创新人才服务,积极打造人才高地

(一)加强人力资源服务,扩大人才市场供给

一是加强"高精尖缺"人才引进,在编制管理、收入分配、职称评聘、科研经费等方面保障和落实用人主体自主权,探索多种分配形式引进紧缺人才或者高层次人才。二是建立人才服务窗口,完善引进人才任职、居留、社保、医疗、住房保障、子女教育、家属就业等配套政策。三是加强职业教育和培训力度,改善和优化结构,实施"工匠"培育计划,最大限度减少劳动力流动限制和成本。

(二)大力发展高等教育和职业教育

加快人力资源开发,是全面提高居民素质,加快海南自贸区(港)建设的重要途径。建

---

① 黄晓华. 我省决定设立琼州海峡跨海工程筹建办公室. 海南日报,2010 年 7 月 14 日.
② 海南省发展和改革委员会. 海南省发展和改革委 2016 年决算公开目录. 2017 年 8 月 8 日.
③ 交通运输部. 贯彻落实《中共中央国务院关于支持海南全面深化改革开放的指导意见》实施方案,2018 年 7 月 25 日.

议大力发展高等教育和职业教育,与海南大学等地方高校加强合作,培养高层次研究型人才,加强人才培训力度;建议将海口经济学院升格为海口大学,培养高素质的应用型人才,加强职业技能培训工作。

(三)广泛培训,不断提升营商环境意识及业务水平

一是针对各部门领导组织高级培训,重点讲解建设中国特色自贸港、优化营商环境的决策精神、工作理念及相关工作要求。

二是组织对窗口单位、基层部门、关键岗位、重点人员的培训和考试,对优化营商环境的工作目标、流程环节、优化举措、服务标准等各项内容进行详细讲解,要求窗口工作人员熟知政策要求,提升服务意识,提高其政策水平和业务素质,确保执行"不打折"、落实"不走样",保障优化营商环境改革顺利高效运行,切实推动管理型政府向服务性政府转型。

三是针对服务企业开设系列业务培训课程,组织相关人员参加免费业务培训,熟悉单一窗口、不见面审批、信息数据共享等业务流程。

五、转变思想观念,推动管理型政府向服务型政府转型

海南各市县在面对"窗口"的"面子环境"提升很快,但在后台审批管理的"里子环境"还有很大的提升空间。例如部分建设项目在环评、消防等审批方面存在耗时长、耗费大的情况;又如国安部门虽然已经将审批改为备案,但事实上没有国安部门盖章还是不能进行下一步的工作(建议借鉴上海划片管理的经验,对于涉外区域重点监管,而对于普通的区域可以考虑省去备案程序)。以上现象从另一个角度说明海南还是有部分部门主动服务意识不足,不敢或者不舍得放权。

建议推动政府各部门工作人员尽快转变观念,加快推进管理型政府向服务型政府转型,通过制定公开透明的规章制度,规范执法行为,杜绝"以罚代管""一企一策"等不符合自贸港建设需要的管理作风。

六、加强组织领导保障,建议组建优化营商环境专门机构

一是借鉴成都、重庆、厦门等地经验,以主要领导牵头,尽快组建优化营商环境工作领导小组;组建各厅、局优化营商环境工作小组;组建跨部门各种专项优化营商环境工作小组(如数据信息共享平台建设攻坚小组)。明确分解目标责任并落实部门负责人的部门主体责任和人员的具体岗位责任,确保责任到岗、责任到人,形成一级抓一级、层层抓落实的工作局面。

二是以海口12345政府服务热线为基础,将之铺开至全省,设立营商环境提升行动投诉监督专线,做好投诉情况第一时间核实、第一时间汇报、第一时间整改、第一时间回复,并追根溯源,制定预防和纠正措施,不断完善营商环境优化举措。加强对直接面企部门的动态化、常态化、突击化日常检查,保持对投诉企业或个人的100%回访。

三是将优化营商环境开展情况纳入考核,并实行一票否决制,但凡出现破坏营商环境的行为被投诉核实的将取消评优评先资格,情节严重的将视具体情况进行严肃处理。

七、多措并举,建议做好优化营商环境宣传工作

充分利用报刊、电视、互联网等新媒体及传统媒体,广泛宣传海南优化营商环境工作情况,构建全方位、多层次、多领域、系统化的宣传格局,为打造开放包容、重信守诺、亲商护商、互利合作的国际化营商环境营造良好的舆论氛围。

建议在重要报纸、网站、电视台、电台等媒体统一在重要版面、重点时段开设"优化营商环境,助力自贸港建设"专题专栏,围绕海南在优化营商环境各方面的举措、进展和成果开展持续深入的报道。借鉴重庆、深圳经验,制作年度营商环境宣传片、宣传册、宣传刊,制作各项业务操作手册,不定期面向服务企业策划各类宣传活动。

（樊　燕　刘家诚）

第八章 自贸区（港）背景下的政府职能转变与政府机构改革

中央部署海南全岛建设自由贸易区、探索建设中国特色自由贸易港,要求推动海南成为新时代全面深化改革的新标杆、形成更高层次改革开放新格局,进一步完善和彰显中国特色社会主义制度优越性,是新时代下海南承担的重大国家战略和光荣使命。为了切实履行这一战略和使命,海南必须进一步全面深化改革开放,加大力度转变政府职能,在制度建设上有重大突破。

第一节 海南建省以来的政府职能和政府结构改革回顾

海南设立成为中国最大的经济特区和唯一的省级经济特区,承担了全国改革开放试验田和排头兵,以及在特定历史背景下加快改革和经济发展,体现社会主义优越性的政治经济职能。按照邓小平同志“杀出一条血路”“实行比其他特区更‘特’的政策”的精神,以及一系列中央文件的部署,在全国率先推进了粮食购销体制改革、股份制改革、社会保障体制改革、“小政府、大社会”省直管县体制改革等一系列改革。其中,海南在全国各率先实行省直管县体制,探索“小政府、大社会”管理架构,率先开展省域“多规合一”改革,在探索政府职能改革,加快建设中国特色社会主义市场经济方面走在了全国前列。

一、建省初期的“三个自由”与“三十条”政策

1983 年,中央 11 号文《加快海南岛开发建设问题讨论纪要》提出“给海南行政区以较多的自主权”“以对外开放促进海南岛的开发”以及“大体比照实行特区的有关政策”的发展思路,确定了“开放”、“放权”的基本政策方向。1984 年 5 月 4 日,国务院批转《沿海部分城市座谈会纪要》,决定进一步开放 14 个沿海港口城市和海南岛,实行经济特区的某些经济政策;随后,六届全国人大二次会议审议通过了国务院关于撤销广东省海南行政公署、设立海南行政区人民政府的建议;1986 年 8 月,国务院发出通知,赋予海南行政区以相当于省一级的经济管理权限,实行计划单列。

中央关于加快海南发展的一系列部署引起了广泛关注。1987 年 4 月,港商李嘉诚、霍英东等人向主管海南开发的副总理谷牧提出将整个海南划作自由港的建议[①]。9 月,时任国

---

① 和讯网,“洋浦:从‘先驱’到‘先烈’”,2014 年 01 月 15 日。

务院副总理谷牧在会见外宾时说:"海南岛将实行比中国现在的经济特区和沿海开放城市更加开放的政策。""在坚持四项基本原则的前提下,我们准备在海南岛积极采用国际上先进的科学管理经验"。

同年 11 月 25 日至次年 1 月 14 日,受海南建省筹备组的邀请,中国社科院原副院长刘国光带队的调查组对海南的发展战略问题进行研究,撰写《海南经济发展战略报告》,提出海南发展战略的总体思路是发展市场经济,产业结构方面"以工业为主导,工农贸旅并举"。同时提出加大开放力度,建立全方位的"自由经济区"。1988 年 4 月 1 日,在七届全国人大一次会议第三次新闻发布会上,海南建省筹备组负责人梁湘提出了海南的"三个自由"政策,即资金进出自由、境外人员进出自由、货物进出基本自由。1988 年 8 月 1 日,省政府正式公布了轰动一时的"三十条"政策①,其中充分体现了"三个自由",对海南的发展战略和思想解放产生了极大的影响,为建省初期轰轰烈烈的改革奠定了基础。

二、"小政府、大社会"省直管县体制改革

"小政府、大社会"改革的提出与"三个自由"政策密切相关。海南自建省筹备始,按照顶层设计先行,坚持"开放"和"放权"的思路,与后来中央提出的发展中国特色社会主义市场经济是一致的。在建省初期的设计中,"小政府、大社会"行政管理体制改革是建设中国特色社会主义市场经济、实现"三个自由"的内在要求。在当时,全国普遍实行省、地(市)、县、乡四级行政管理体制,海南推行"小政府、大社会"的省直管县体制改革是我国行政管理体制改革的超前试验,也为国家"大部制"改革提供了参考模式②。

1987 年 9 月,《人民日报》发布海南筹备建省的消息,首次明确提出海南政治体制改革方针是党政分开、政企分开,实行"小政府,大社会"管理模式。1987 年 12 月 11 日,国务院批转《关于海南岛进一步对外开放加快经济开发建设的座谈会纪要》,要求"海南从建省开始,就要按照政治体制改革的要求,坚持党政分开、政企分开,精简机构,多搞经济实体。政府机构的设置,要突破其他省、自治区现在的机构模式,注重精干、高效,实现'小政府、大社会'。"

按照海南建省筹备组的要求,刘国光带队的海南产业发展战略研究课题组同时开展海南省政府机构设置研究,提出了海南机构设置的几条主要思路:一是在机构设置中打破生产领域和流通领域的界限,才符合管理市场经济要求;二是要打破外引内联界限,建立一个窗口对外、一支笔审批项目,一本政策招商的经济合作部;三是要尽可能归并机构③。课题组提出的方案得到了建省筹备组的认可,在省级机构设置方案得到了体现。按照研究制定的省级机构设置方案,1988 年 5 月,新组建的海南省政府省直机构共 48 个,比原海南行政区的机构减少 37 个,人员编制减少 200 多人。其中 11 个经济主管局和 8 个行政性公司转制成了省属企业单位,800 多名行政干部走向市场,成为企业职工,不定行政级别,进入"大社会"。同时,在市县职能设置上,实行了"县市分治,市只管城市本身,县则由省直接管理"。

---

① 《海南省人民政府关于贯彻国务院(1988)26 号文件加快海南经济特区开发建设的若干规定》,琼府(1988)22 号文。

② "回顾海南建省 25 周年特别历程:1988,新纪元",新华网海南频道庆祝海南建省办经济特区 25 周年文集。

③ 王子谦,"智囊廖逊忆海南改革:'小政府、大社会'终得人心",中国新闻网 2018 年 3 月 31 日报道。

海南建省时的"小政府、大社会"行政管理体制改革是一次成功的超前改革试验,至今仍然非常具有现实意义。在西方市场经济制度下,有"看不见的手"和"守夜人"理论。而在我国建设中国特色社会主义市场经济的背景下,实行"小政府、大社会"的行政管理体制具有其深刻的现实需求。对此,邓小平同志曾论述到:"我们的各级领导机关,都管了很多不该管、管不好、管不了的事,这些事只要有一定的规章,放在下面,放在企业、事业、社会单位,让他们真正按民主集中制自行处理,本来可以很好办,但是统统拿到党政领导机关、拿到中央部门来,就很难办"。

1993 年 7 月 2 日,中央印发《关于党政机构改革的方案》和《关于党政机构改革方案的实施意见》,21 日至 23 日,全国机构改革工作会议在京召开,启动了全国机构改革。11 月,党的十四届三中全会通过的《中共中央关于建立社会主义市场经济体制若干问题的决定》提出关于转变政府职能的要求。按照《决定》的要求,以"小政府,大社会"行政管理制度改革为基础,在 20 世纪 90 年代,海南陆续推行了企业直接登记制改革、粮食购销体制改革、股份制改革、综合性社会保障体制改革,"一脚油门踩到底"的燃油附加费等 66 项改革[①]。这些改革在国内形成了较大的影响,让"服务型政府"的理念深入人心。目前,全国各地普遍开展的政府服务和政府职能改革,都普遍体现了"小政府、大社会"减少政府干预、降低行政治理成本、提高效率的精神,推动政府职能向公共服务型转变。

1998 年 3 月 10 日,九届全国人大一次会议审议通过了《关于国务院机构改革方案的决定》,启动了旨在消除政企不分的组织基础、建立适应社会主义市场经济体制的有中国特色的政府行政管理体制的机构改革。1998 年开始,机构改革自国务院开始,从中共中央各部门和其他国家机关及群众团体逐步开展,2000 年,全国范围的市县乡机构改革全面启动。在此过程中,海南结合推进行政审批制度改革和贯彻落实行政许可法,先后将 65 项行政审批事项和 43 项行政许可事项下放到市县。

2008 年,海南省委五届三次全会做出了进一步完善"省直管市县"体制的重大部署,开展了以放权为主要手段、完善省直管市县管理体制重大改革,颁发《关于进一步完善省直管市县管理体制的意见》、省政府《关于下放行政管理事项的决定》等重要文件,将 197 项行政管理事项下放到市县,将国家规定市县可以行使的行政审批全部下放给市县,而且实现了人事、财政的省县直接对接,从而在真正意义上实现了省直管市县。与当时全国大部分地方的省直管县改革只限于在财政体制上相比,海南的改革显然更进一步。故有专家称此举"引领了全国改革的大方向"。2008 年 7 月,省委决定儋州建不辖县的地级市,履行地级市权责,从而带动整个西部发展。同时,提出将琼海打造为东部中心城市,撬动整个东部经济发展。2009 年 9 月,海南省运用地方立法权,出台法规性的决定——《进一步完善省直管市县管理体制的决定》。至此,海南的直管市县的改革成果以法定程序转化为地方国家权力机关意志,得到了制度层面的巩固和保障。

三、"国际旅游岛"战略实施与全面深化改革

2010 年 1 月 4 日,国务院发布《国务院关于推进海南国际旅游岛建设发展的若干意见》,将海南建设国际旅游岛上升为国家战略。《意见》要求海南进一步转变政府职能,深化

[①] 王子谦,"智囊廖逊忆海南改革:'小政府、大社会'终得人心",中国新闻网 2018 年 3 月 31 日报道。

改革,建立健全政府引导、行业自律、企业依法自主经营的旅游管理体制和运行机制,从而激发市场活力,建设优良的旅游公共服务体系。此后,针对海南国际旅游岛建设对政府职能和旅游市场治理的需求,以及市场运行中存在的"黑导游""黑车""零负团费"现象,政界和学界都进行了广泛的讨论。2011年2月,海南省政府出台《海南国际旅游岛建设发展条例》,要求各级政府切实转变政府职能,加快旅游管理体制改革,整合行政执法资源,推行综合行政执法,建立和完善旅游企业诚信信息系统,健全旅游投诉处理机制,严厉查处旅游违法行为。同时要求各级人民政府引导成立各类行业协会,支持行业协会发挥规范、协调、服务、自律本行业的作用。

2013年11月,党的十八届三中全会提出"全面深化改革"的重大战略目标和举措,其中,加快转变政府职能被提高到了空前的高度,提出了健全宏观调控体系、全面正确履行政府职能、优化政府组织结构三方面的任务和措施。阐明了转变政府职能的主要任务,并与深化财税体制改革相独立,更加明确了转变政府职能的内涵和外延。在全国统一部署的全面深化改革和海南国际旅游岛建设双重战略实施下,海南聚焦减少微观管理、直接干预,深入推进放管服改革,大幅度简政放权、建立市县两级权力责任清单、最大限度简化审批、推进服务业扩大开放多方面改革,激发市场活力、发挥市场在资源配置中的决定性作用,推进政府职能改革。

第二节　我国自贸区(港)建设与政府职能和政府机构改革

建设自由贸易试验区(港)是党中央、国务院在新形势下全面深化改革和扩大开放的战略举措,对加快政府职能转变、积极探索管理模式创新、促进贸易和投资便利化,为全面深化改革和扩大开放探索新途径、积累新经验,形成可复制、可推广的经验,服务全国的发展具有重要意义。

一、自贸区(港)战略的提出及海南自贸区(港)建设的基本思路

党的十七大把自由贸易区建设上升为国家战略,十八大提出要加快实施自由贸易区战略,十八届三中全会提出要以周边为基础加快实施自由贸易区战略,形成面向全球的高标准自由贸易区网络。十八大以来,在复杂的国际政治经济形势下,我国进一步主动融入国际经济、扩大改革开放,批复设立了中国(上海)自由贸易试验区、中国(广东)自由贸易试验区、中国(天津)自由贸易试验区等12个自由贸易试验区。2017年10月,十九大报告继续高屋建瓴地提出"赋予自由贸易试验区更大改革自主权,探索建设自由贸易港",作为推动形成全面开放新格局的主要抓手之一,引起了社会的广泛关注和讨论。2018年11月7日,国务院印发《关于支持自由贸易试验区深化改革创新若干措施的通知》,支持自贸试验区深化改革创新,进一步提高建设质量。

上海、重庆均曾提出过建设自由贸易港的设想,但至今,只有海南中国特色自由贸易港建设得到批复、提上日程。2018年4月11日,《中共中央　国务院关于支持海南全面深化改革开放的指导意见》要求海南高标准高质量建设自由贸易试验区、探索建设中国特色自

由贸易港,从制度建设、政府职能转型、产业开放等方面提出了海南自由贸易试验区建设的要求:在制度建设方面,要以制度创新为核心,加快形成法治化、国际化、便利化的营商环境和公平统一高效的市场环境;在转变政府职能方面,要深化简政放权、放管结合、优化服务改革,全面提升政府治理能力;在产业开放方面,要实行高水平的贸易和投资自由化便利化政策,对外资全面实行准入前国民待遇加负面清单管理制度,围绕种植业、医疗、教育、体育、电信、互联网、文化、维修、金融、航运等重点领域,深化现代农业、高新技术产业、现代服务业对外开放,推动服务贸易加快发展,保护外商投资合法权益。推进航运逐步开放。发挥海南岛全岛试点的整体优势,加强改革系统集成,力争取得更多制度创新成果,彰显全面深化改革和扩大开放试验田作用。

而探索建设中国自由贸易港,则是在自由贸易试验区基础上,探索进一步扩大开放、进一步改革政策和制度,是新中国改革开放以来最高标准的开放战略。中央对海南自由贸易港建设提出的总要求是,逐步探索、稳步推进海南自由贸易港建设,分步骤、分阶段建立自由贸易港政策体系,明确指出重点在于自由贸易港的政策体系。除免签政策、FDI政策外,还需要"在内外贸、投融资、财政税务、金融创新、出入境等方面探索更加灵活的政策体系、监管模式和管理体制,打造开放层次更高、营商环境更优、辐射作用更强的开放新高地"。显然,中央对海南自贸港的定位非常高,要求海南成为全国的开放新高地,成为引领全国改革开放向纵深推进的领头羊之一。

二、海南自贸区(港)建设中的政府职能转型实践

不同于其他自由贸易试验区建设,海南同时建设自由贸易实验区和中国特色自由贸易港,需要在总结借鉴已有自由贸易试验区成功经验的基础之上,向建设中国特色自由贸易港的目标有更大的突破和创新。尤其是如何确定中国特色自由贸易港的基本模式和政策体系,决定了海南政府职能转型的方向和程度。

第一,中国(海南)自由贸易试验区(港)建设对政府职能转型的要求

中国(海南)自由贸易试验区(港)建设对政府职能转型的要求,主要体现在营商环境方面。自由贸易港作为我国对外开放的最高形态,必然要建立最优秀、国际化的营商环境。

粗略地看,目前我们对营商环境的认知有两大类:第一类,提高政府效率和政府能力。在既有框架下,以完善政府自身职能为主,由政府提供更优秀的产业发展环境;第二类,进一步厘清政府与市场的关系,将政府职能主要地定位于"守夜人",通过加强法制体系建设,由法制保障市场机制,由市场机制保障营商环境。

显然,这两种不同的认识,决定了完全不同的两种转变政府职能的路径。由于探索建设中国特色自由贸易港要求海南营商环境走向国际化,同时,海南的"小政府、大社会"改革已经为法制型营商环境建设打下了良好的基础,在这样的背景下,通过进一步完善市场经济的法律法规政策体系,建设既符合国家发展需要,又符合国际标准和国际准则的中国特色自由贸易港的市场经济制度,可能是海南建设自由贸易港政策体系需要重点考虑的问题。从这个角度看,我们将北京大学周其仁教授所说的"伟大的试验",理解为在当今全球新形势下,进一步扩大开发和完善中国特色社会主义市场经济体系。

第二,目前海南自贸区(港)建设中政府职能转型的进展

如何转变政府职能,更好地推进海南自贸区(港)建设,是海南很关心海南发展的社会

各界特别关心的重大问题。海南省省长沈晓明多次在不同场合提出要转变政府职能,打造一流营商环境。例如,2017年在推进"多规合一"改革领导小组办公室调研时指出,要深入推进"多规合一"改革,加快政府职能转变,努力推进政府治理体系和治理能力现代化建设;2018年5月15日,在全国知名企业家考察团上,指出"各类属性企业对营商环境的需求不同,外企更关注会计、法律、仲裁等专业服务,国企更加关注政府办事效率,民企更加关注政府诚信度"。如何转变政府职能、打造一流营商环境,既涉及产业发展政策,也包括了政府职能方面的内容,是海南自贸区(港)建设的关键所在。经过过去一年多来的努力,取得了一定的进展。参照《中国(海南)自由贸易试验区制度创新案例》,综述如下:

1. 政府机构改革

2018年9月13日,中共中央办公厅、国务院办公厅印发了《海南省机构改革方案》,系全国首个获得中央批准的地方机构改革方案。随后,海南省机构改革工作正式展开。机构改革后,海南省将设置党政机构55个。其中,党委机构18个,其中纪检监察机关1个,工作机关14个,工作机关管理的机关3个;政府机构37个,其中省政府办公厅和组成部门23个,直属特设机构1个,直属机构6个,部门管理机构7个。在全国率先基本完成了省级机构改革,初步建立起适应自由贸易试验区和中国特色自由贸易港的组织机构。同时,市县机构改革也在推进之中。

改革举措紧紧围绕海南'三区一中心'的战略定位,服务国家重大战略作为机构改革的导向,在推动高质量发展、培育新动能、生态环保、服务民生等方面创新设置党政机构。例如,组建海南省委全面深化改革委员会办公室的同时挂省委自由贸易试验区(自由贸易港)工作委员会办公室的牌子,加强对重点领域改革与对外开放工作的统筹协调;调整优化商务厅职责,加挂省口岸办公室牌子,同时组建市场监督管理局、知识产权局、地方金融监督管理局、人才发展局等党政职能机构,聚焦法治化、国际化、便利化营商环境和公平统一高效的市场环境;适应"国家生态文明试验区"的建设要求,组建省自然资源和规划厅、省林业局,将陆地、海洋自然资源纳入统一的管理体系;重新组建省生态环境厅,建立大环保管理体制。适应国际旅游消费中心的建设要求,整合旅游、文化、体育职能,组建省旅游和文化广电体育厅,服务全域旅游发展。

2. 商事制度改革

2018年12月26日,海南省第六届人民代表大会常务委员会第八次会议审核通过了《中国(海南)自由贸易试验区商事登记管理条例》,自2019年1月1日起施行。在商事登记方面进行了商事登记"全岛通办"、简化简易注销公告程序、探索信用修复制度、减免商事主体信息公示事项、探索外国(地区)企业直接登记制度五大制度创新。作为配套制度,海南省市场监督管理局印发《中国(海南)自由贸易试验区商事主体名称禁限用规则》《中国(海南)自由贸易试验区商事主体名称相同相近比对规则》《内资有限公司和个体工商户设立的登记文书、材料规范、章程、办事指南》《海南省市场监督管理局注册官工作和管理规则》《海南省市场监督管理局关于实施〈中国(海南)自由贸易试验区商事登记管理条例〉的通知》五个配套文件,细化具体政策和实施了自主申报登记、注册官制度、名称自主申报等13项新举措。

通过"全省通办"商事登记,打破了管辖地的限制,减少了注册官的自由裁量权。压缩企业开办时间,即到即办,实现工商注册登记、印章刻制、申领普通发票、企业社会保险登记等流程3个工作日内办结;将简易注销登记公告时间由原来的45日大幅压缩至7日,这是在全国率先推出的制度创新,公告方式也由报纸公告改为更加简便的公示系统公告;激发失信记录的商事主体自我纠错的动力,主动纠正失信行为、消除不良社会影响、积极承担社会责任,促进守信激励和失信惩戒机制全面发挥作用。

3. 在省级层面实施三类法定机构

为破除现行体制机制障碍,构建与自由贸易试验区和中国特色自由贸易港相适应的行政管理体制机制,海南在省级层面政府序列之外尝试设立三个法定机构:海南国际经济发展局、海南省大数据管理局、海南省博鳌乐城国际医疗旅游先行区管理局。并根据不同任务和改革试点需要,分别采取社团法人、事业单位法人、企业法人三种登记形式,在总体保持法定机构基本属性的条件下,探索不同的组织形式和运作机制。

三类法定机构通过专业化、企业化运作,让市场机制在公共管理和服务中发挥重要作用,能更好地整合政府、市场和社会资源,提供专业化、高效率、高水平的公共管理和服务,提升相关行业或区域的发展能力与运行效率,推动政策优势与体制优势叠加放大;也有利于吸纳各方面力量参与法定机构的运行,最大限度激发社会活力,群策群力推动中央赋予的各项政策落地见效,打造共建共治共享的公共管理和服务新格局。

第三节　全面深化改革开放,加大力度转变政府职能的建议

转变政府职能绝非易事。政府职能转变,必须要有完善的市场机制作为替代。因此,市场机制建设和政府职能转变必须同时进行。而市场机制则建立在法治基础之上,完善法律法规和相关政策制度体系,是建立完善市场机制的必然途径。因此,既要有的放矢地在发展具体产业、具体区域的过程中转变政府职能,更要抓紧立法和制度建设。

一、加快推进自由贸易区(港)立法工作

按照全球自贸区(港)"法无禁止皆可为"的法治原则,以法律法规作为海南自贸区港的治理主体,充分利用特区立法权,加快推进海南自贸区(港)立法,并尽快推进生态环境、财政税收等各项配套制度建设,尽快形成自贸区法律体系。

制定中国(海南)自由贸易试验区和中国(海南)自由贸易港基本法。参照国际主要自贸区(港)和《中国(上海)自由贸易试验区条例》等,按照最高水平开放的原则,以完善中国特色社会主义市场经济、进一步推进改革开放为目标,将立法作为头等大事来提上日程。

加强金融监管法律法规,创新制度设计,实现金融监管和主要国家货币在海南自由兑换的双赢。参照香港标准制定海南自贸区(港)金融法律法规;同时,针对中央关于海南自贸区(港)加强对重大风险的识别和系统性金融风险的防范,严厉打击洗钱、恐怖融资及逃税等金融犯罪活动,有效防控金融风险的要求,创新外汇流动监管方式,加快探索经常项目下资金流动后台自动兑换;资本项目下资金流动托管后自由流动,或发行双向可替代型存托凭证的新制度。在此基础上,放开全球股票、基金、衍生品市场在海南交易。

二、弱化省级以下地方政府间竞争,促进政府回归服务职能

借鉴国际国内先进经验,在海南自由贸易试验区和中国特色自由贸易港的建设中,进一步厘清政府和市场的关系,突出市场竞争在资源配置的决定性地位,以市场竞争取代政府竞争,为政府淡化经济发展职能、向服务职能回归提供条件。

海南"大社会、小政府"改革曾在全国形成深远影响,是海南过去最为成功的改革创新之一,至今仍然具有非常重要的现实意义。从制度建设和制度发展的角度看,海南建设自由贸易区和中国特色自由贸易港,就是要转变政府职能,让"小政府"专注于服务职能,从过度干预甚至主导经济发展的角色中解放出来,让市场机制成为经济发展的主导力量,加快探索建设中国特色社会主义市场经济制度,为全国进一步扩大改革开放提供经验。

借鉴省级层面实施三类法定机构的做法和经验,在"江东新区"试点类似海南国际经济发展局的管理服务模式,探索政府逐步淡化直接经济管理职能的路径。

三、以重点产业和重点区域为突破口,加快探索更加国际化的政策体系

自由贸易试验区,尤其是中国特色自由贸易港建设的关键在于建立更加国际化的政策和制度环境,打造国际化的一流营商环境,逐步破除体制和政策障碍,激发市场活力。为了加快探索更加国际化的政策体系,可选择部分重点产业和重点区域为突破口重点推进,以保障2020年自由贸易试验区建设取得重要进展,国际开放度显著提高,和2025年经济增长质量和效益显著提高,自由贸易港制度初步建立,营商环境达到国内一流水平的中期目标,进而为实现2035年和20世纪中叶的中长期目标达成打下基础。

以金融、教育为重点,通过扩大市场开放、完善市场机制,逐步减少对产业政策的依赖,参照香港、新加坡、泰国等地区的成功经验,在重点产业实行最大程度的开放政策。划定港口及配套腹地,前期实行封闭运营,在封闭区内实行零关税、零壁垒、零补贴,更具试点成绩,逐步扩大范围。比如,金融产业方面,根据中央的金融主管部门政策方向,主动争取、加快落实"金融开放11条",加快推进外资银行、投资公司、保险公司落户。参照香港标准,划定区域建设基金小镇;教育方面,扩大"桂林洋大学城"规模,更名为"江东新区国际大学城",从国家和海南自贸区(港)建设的战略层面思考海南教育发展方略,实行国际化的教育投资政策,允许国内外知名大学在合法前提下,自由自主设立分校,鼓励国内省内公立大学与国内国际知名大学自主合作设校、联合办学,将教育的公益性与产业性深度融合,实现教育国际化,撬动人才国际化。

以"一线高度放开""二线普通放开""三线管住""四线管严"的"四线结构"模式,抓好洋浦开发区和海口江东新区两个重点区域,探索"高度放开",逐层扩散,在洋浦开发区重点对接东盟自由贸易区,在江东门新区重点发展金融、教育产业和总部经济,有的放矢,加快推进建设进程。

四、选择港区的部分或全部领域试点直接税改革,大幅度削减政府直接干预市场的客观需求

税制是自贸区(港)制度中的基础制度和重点、难点问题,也是我国全面深化改革要推行的重大改革。其中,实行直接税还是间接税为主的税制更是根本所在。为了促使经济贸易制度、要素和商品价格、产业政策等方面与国际高度接轨,实行直接税改革是海南建设自由贸易试验区,尤其是建设中国特色自由贸易港的合理选择,并能为我国探索推进直接税改革提供前所未有的试验经验。

在目前实行的间接税为主的税收体系下,研究设计自贸区(港)港政策体系,需要针对人才安居、土地市场、原材料市场等设计既不同于国内普遍实行的政策,也不同于以西方国家和世界上主要自由贸易港的政策体系,使政策制定难度过大,同时还难以与国际接轨。比如,间接税从制度层面导致部分物价虚高,从而对营商环境形成负面影响,但如果通过补贴促进价格与国际接轨,则将带来沉重的财政负担,也不符合国际惯例。因此,海南有条件,更有义务为我国直接税改革探路。

在直接税改革实施的战略方面,建议选择港区或新设产业园区,区域内选择领域,或全部实行直接税为主的税制体系,以税政替代各类补贴政策和政府的直接干预,削减政府直接干预市场的客观需求。

(张先琪)

第九章　自贸区(港)的法律体系建设

十一届三中全会以来,伴随着经济建设和改革开放的进行,我国的民主与法制建设也取得了显著成绩。1997 年十五大将"依法治国"确立为治国基本方略,将"建设社会主义法治国家"确定为社会主义现代化的重要目标,并提出了建设中国特色社会主义法律体系的重大任务。1999 年依法治国写入宪法,为经济建设和改革指明了发展的道路和方向。如何正确理解法治与改革、法治与经济建设的关系,是十一届三中全会的经济建设和改革开放以来理论界和实务界高度关注的问题。2014 年习总书记在主持召开中央全面深化改革领导小组第二次会议时做出重要指示:凡属重大改革都要于法有据。在整个改革过程中,都要高度重视运用法治思维和法治方式,发挥法治的引领和推动作用,加强对相关立法工作的协调,确保在法治轨道上推进改革。紧接着的十八届四中全会不仅再次确立了"重大改革于法有据",并进一步表明"必须坚持立法先行",使得先改革后立法的模式成为历史。这是对改革与法治辩证统一关系的明确。这意味着改革开放进入了法治化的新阶段,强调要用法治思维和法治方式来推动改革,同时也为改革开放提供了强大的法治保障。

一、自贸区(港)法律体系建设的现实基础

2017 年十九大报告明确提出"赋予自由贸易试验区更大改革自主权,探索建设自由贸易港"。2018 年 4 月 13 日在庆祝海南建省办经济特区 30 周年大会上,习近平总书记代表党中央宣布了支持海南全岛建设自由贸易试验区,支持海南逐步探索、稳步推进中国特色自贸港建设的重大决定。随后中共中央、国务院又下发了《中共中央 国务院关于支持海南全面深化改革开放的指导意见》,真正拉开中国自由贸易港建设帷幕。在中国特色社会主义进入新时代的大背景下,赋予海南经济特区改革开放新的使命,是习近平总书记亲自谋划、亲自部署、亲自推动的重大国家战略,必将对构建我国改革开放新格局产生重大而深远影响,也为海南全面深化改革开放注入了强大动力提供了前所未有的发展机遇。

无论自由贸易试验区还是自由贸易港建设都要以"制度创新"为核心。4 月 13 日的讲话中,习总书记对海南全岛建设自贸试验区及自由贸易港的工作提出了五项基本原则,其一就是坚持以制度创新为核心任务。自由贸易港建设是"制度先行",自由贸易试验区则旨在"创新先行"。

如何创新?怎么创新?创新什么?在依法治国的大背景下,践行立法、执法和司法的完善与创新乃是自贸试验区和自由贸易港建设的必经之路。也是推动自贸试验区和自由贸易港建设的重要保障。其中,立法又是执法和司法的根基和基石。立法先行,加强和完善港口立法,是建设中国自由贸易港的首要任务和当务之急。需立哪些法?能立哪些法?采取何

种立法模式？如何通过立法来进行顶层设计,促进自贸试验区和自由贸易港建设？这都是自贸区(港)建设需要面对的现实问题。

（一）先进自贸港建设的经验:完善的法律体系、发达的法治水平

自由贸易港(区)建设是一个全球性的现象,中国的自由贸易港建设也是全球化的一个重要组成部分。世界上不同的国家和地区都在建立自由贸易港(区),甚至在某一个区域之内会建立多个。据统计,2012 年世界上有 637 个跨国性的自由贸易区,3000 多个各种形式的免税区和自由港。

自由贸易港兴起至今,走过了"转口贸易型""生产加工型""综合型"以及"跨区域综合型"四个发展阶段。以德国汉堡为代表的第一代自由贸易港形成于 19 世纪后半叶的工业革命鼎盛时期。这一阶段的自由贸易港主要承担货物中转功能。随着欧盟单一市场的建立和经济一体化的冲击,这类自由贸易港的作用逐渐淡化,取而代之的是第二代自由贸易港,即"生产加工型"自由贸易港,以巴西的马瑙斯港和罗马尼亚的苏利纳港为代表。这类自由贸易港利用交通便利和保税港的优势,大力发展加工型生产企业,以转口贸易和出口加工作为其支柱产业。第三代自由贸易港,即"综合型"自由贸易港,凭借其区位优势,充分发挥其综合作用,在发展转口贸易和生产加工的同时,适应国际贸易、金融、航运、物流发展需求,逐步形成国际商贸中心,并带动港口周边的经济发展。目前,世界上大多数自由贸易港属于此类自由贸易港。自 20 世纪 90 年代,结合当时兴起的互联网,世界范围内的跨境合作在促进信息交流、技术转让、投资和改善基础设施方面呈现出巨大的发展潜力。新加坡和中国香港及时抓住这一发展契机,引领第四代自由贸易港向智能化方向发展。事实上,新一代自由贸易港已经突破了原先的"贸易"范畴,逐渐演变成"跨区域综合型"自由经济区。与以往的自由贸易港不同,资源禀赋、地理位置等传统 市场要素在第四代自由贸易港建设中并不是最重要的,人才和技术才是发展新一代自由贸易港的核心要素。自由贸易港也不再停留在海(河)港口这一传统范畴,纯粹的内陆交通枢纽城市也可以发展成为自由贸易港。

无论是第一代以"便利的交通运输"和第二代以"高效的加工生产"作为其发展的侧重点,还是第三代强调"完善的服务设施"以及第四代以"人才和技术要素"作为发展重点,自由贸易港的发展无不体现其法治的精神。与第一代自由贸易港相配套的制度构建主要是围绕保税区和保税物流园区建设,没有保税区、保税物流园区的免税通关,就没有第一代自由贸易港的形成;第二代自由贸易港则离不开外商投资企业法的保障,没有法律明确规则给予外国投资者的税收优惠,就没有第二代自由贸易港的发展。而第三代、第四代自由贸易港建设则带动了整个地区乃至整个国家法治水平的提升。因为无论是"综合型"的第三代自由贸易港,还是"智能型"的第四代自由贸易港,它们都离不开各部门的协调配合,而只有完善的法律制度才能确保各部门的有效运转。

宏观上自由贸易港的国际实践可以大体表现为,形态多样、开放自由程度高、海关监管便利、政策优惠普遍等特征。具体而言,其经验多种多样,每个自由贸易港在建设中都会围绕着自身特色采取特殊的发展政策,但对于成功的自由贸易港而言,都不约而同地存在一个共同点,即以法治化营商环境巩固投资信心,维护"境内关外",充分保障企业投资和人员的合法权益。由此可见,自由贸易港的通行治理模式或管理即在于高度的法治化,"先立法、后设区":完善基本立法,加强和创新地方立法,为自由贸易港的改革创新和可持续发展提

供合法性依据,也为区内活动主体的合法权益提供稳定、透明的法律保障。完善的法律体系、发达的法治水平是各自由贸易港建设的必备要素,也是其建设取得成功的制度保障。离开了法治的保障,其他的改革性措施将无法得到推行。自由贸易港建设离不开优越的地理位置和自然环境,但脱颖而出还要靠便利化、法治化、国际化营商环境,香港、新加坡等多次在全球营商环境、综合竞争力等权威排行榜中名列前茅,依靠的便是其高度的法治水平。自由贸易港在建设初期需要提供一整套有竞争力的优惠政策。但更重要的是要形成更加高效安全、自由宽松的制度安排,降低交易成本,营造法治化营商环境。

(二)国内自贸区实验的经验和教训

2017年3月,国务院正式批复设立7个自贸试验区,并分别发布了总体方案。包括辽宁、浙江、河南、湖北、重庆、四川、陕西,加上此前设立的上海、天津、福建、广东4个自贸试验区,共同形成了东中西协调、陆海统筹的全方位、高水平对外开放新格局。至此,中国11个自贸试验区已经从沿海最发达、开放程度最高的区域,向东北、内陆地区延展,涵盖了西部大开发、东北振兴、中部崛起等重大主题。自贸试验区作为目前中国自由化程度最高的自由经济区,是全面深化改革和扩大开放的重大战略举措。投资体制改革、贸易便利化、金融开放创新、事中事后监管、营商环境完善和服务国家战略等领域的制度创新是自贸试验区的核心要求。具体而言来看,目前11个自贸区建设中的经验有:

第一,投资体制改革。核心是放宽国外和国内资本的市场准入限制,减少事前审批。不断优化"准入前国民待遇+负面清单管理",负面清单之外的外商投资由审批制转变为备案制,实现了外商投资管理制度的重大变革。同时积极加快推进"证照分离""三证合一""一照一码"等现代商事制度改革。

第二,贸易便利化。重点是减少放松管制和加强部门协同。向各自贸试验区管委会下放省级管理权限超过1000项,不断清理规范审批事项。积极探索实践国际贸易"单一窗口",实现"一站式"办理各种通关事项。"货物状态分类监管""第三方结果采信"等措施加快推出,通关效率显著提高。

第三,金融开放创新。围绕有效服务实体经济发展目标,出台了多项支持政策,如在上海自贸试验区创设自由贸易账户(FT)系统,推广个人其他经常项下人民币结算、银行办理大宗商品衍生品柜台交易涉及的结售汇和跨境双向人民币资金池等可复制经验,有力支持了园区企业和区域经济社会协同发展。通过金融创新实践,形成了融资租赁、企业集团资金池等新模式。

第四,事中事后监管。不断完善以信用为基础的事中事后监管体系,充分发挥社会监督和中介机构的作用。深入推行"互联网+政务"服务,实现政府部门信息共享和综合执法。网上政务大厅、公共信用信息服务、事中事后监管信息等三大互联网平台功能不断完善,执行成效显著。

第五,完善营商环境。探索对接国际最高水平投资贸易规则,不断完善国家和地方两个层次上的相关法律法规,重点包括加强知识产权保护、司法和仲裁的制度建设等。

所有的这些经验性的措施归结到一点,都需要法治的保障。也就是说立法和改革决策要相衔接,要在法治的轨道上推进改革,在改革的进程中完善法治。路径包括有:将改革涉及的立法项目作为立法工作的重点积极推进;及时制定修改法律,巩固确认改革成果;通过授权或者做出有关的决定来支持和保障改革等。为此 11 个自贸区分别进行相应的法律制度上的修改或调整,同时 11 个自贸区建设还分别出台了《自贸试验区总体方案》、《自贸试验区管理办法》和《自贸试验区条例》等综合性、整体性的法制规划。然而自贸区实验的教训也在于此。这三类文件分别是政策性文件、地方规章和地方法规,位阶较低。导致的问题在于:立法的权威性弱、宏微观管理体制协同性差、法律适用问题突出、执法难度大。一方面,自贸区担负着体制机制改革和制度创新的重大使命;但另一方面,由于其法律地位不高、独立性受限,自贸区建设中的立法保障力度欠缺。

(三)海南自贸区(港)建设的天然法治优势:双重立法体制

2018 年中共中央、国务院发布的《关于支持海南全面深化改革开放的指导意见》中提出,坚持全方位对外开放,按照先行先试、风险可控、分步推进、突出特色的原则,第一步,在海南全境建设自由贸易试验区,赋予其现行自由贸易试验区试点政策;第二步,探索实行符合海南发展定位的自由贸易港政策。在第一步海南全境建设自由贸易试验区过程中,要以现有自由贸易试验区试点内容为主体,结合海南特点,建设中国(海南)自由贸易试验区,实施范围为海南岛全岛。

海南因改革而生,也因改革而兴。在海南省建省办经济特区的历程中,其独特的双重立法体制是海南生化改革的助推力。1988 年 4 月 13 日,第七届全国人大第一次会议通过了两个关于海南的历史性决议,即《关于设立海南省的决定》和《关于建立海南经济特区的决议》。1988 年 4 月 26 日,中共海南省委、海南省人民政府正式挂牌,海南由此成为我国最年轻的省份和最大的经济特区,海南的经济社会发展进入了一个崭新的历史时期。其中根据《关于设立海南省的决定》,海南省及其省会城市的海口市依职权便取得了地方立法权。而《关于建立海南经济特区的决议》中明确规定:划定海南岛为海南经济特区。授权海南省人民代表大会及其常务委员会,根据海南经济特区的具体情况和实际需要,遵循国家有关法律、全国人民代表大会及其常务委员会有关决定和国务院有关行政法规的原则制定法规,在海南经济特区实施,并报全国人民代表大会常务委员会和国务院备案。因此,海南省人大及其常委会根据全国人大的授权而取得了特区立法权。由此可见,上述两个历史性文件赋予了海南建省和建经济特区的双重使命,同时也明确了海南双重立法体制,是海南开展特区立法和地方立法的源头。在海南自贸区(港)建设中,应当积极使用特区立法权和地方立法权,不断推动自贸区(港)法律体系的建立与健全。

海南建省伊始就确立了依法治理的战略思想,提出要把海南省的各项工作纳入法制化的轨道,确立了"从海南经济特区的实际出发,用足用活中央给予海南的优惠政策,以经济立法为重点,加快立法步伐,逐步建立具有海南经济特区特色的法律体系"的立法指导思想,出台了一系列地方性法规和地方政府规章,其中大部分为经济立法。截止 2019 年 3 月,现行有效的省级地方性法规 220 件,其中经济特区法规 47 件,特区法规占比率为 21.4%。

根据全国人大及其常委会关于经济特区授权决定和立法的相关规定,与地方立法权相比,特区立法的主要特征在于其实验性和变通性。① 实验性意味着除中央的专属立法权之外,国家尚未制定法律或者行政法规的,经济特区可以根据本地方的具体情况和实际需要,结合改革开放的需求,先行制定法规,作为改革的实验。变通性意味着,经济特区根据授权决定,结合特区的具体情况和实际需要,遵循宪法的规定以及法律和行政法规的基本原则,可以制定法规,对法律和行政法规的规定做出变通规定。

海南经济特区建立 30 年以来,利用特区立法权极大的引领、推动和保障了海南的改革开放和经济建设,取得了较高的成就,同时还给全国的改革开放和经济发展提供了有益的探索,积累了一定的经验。但也显露出了一些问题。就整体而言,海南的特区立法权的使用还是非常不够充分。

根据《法治政府蓝皮书:中国法治政府评估报告 2017》统计的结果,深圳是全国地方立法最多的城市,1992 年被授予特区立法权,2000 年获得地方立法权,截至 2017 年累计制定 220 项法规,其中先行先试类 105 项,创新变通类 57 项 。因此深圳市政府以总分 798.27分,在全国位列第四,荣获"法治政府建设典范城市"称号。与深圳相比,海南自 1988 年就取得了特区立法权和地方立法权,截止 2017 年以一个省的体量累计制定的特区法规总共才 42 项,加上决定一共是 48 项,既包括先行先试,也包括创新变通,还是低于深圳一个市做出的创新变通立法数量。尽管在 1992-2000 年间,深圳只拥有特区立法权,因此某些属于地方立法权范围的事项也需要动用特区立法权来制定法规,因此深圳的特区立法总量存在一定的虚高。但是就创新变通这一特区立法的特性而言,海南还是远远落后于深圳。

海南是我国最大的经济特区,也是新一轮改革开放的排头兵,特区立法权是海南深化改革,进行自贸港建设的助推力。应当用足用好特区立法权,不断健全相关法规体系,并注重特区立法水平的提高。为此,需要争取特区立法权的扩容,注重特区立法权和地方立法权的协调,并通过编制立法规划、开展特区立法以及运用决议决定以及政策等途径用足用好特区立法权,健全特区法规体系,提高特区立法质量,不断推进改革开放和自贸港建设的进行。

经济特区建设的教训在于,双重立法体制之下的特区立法权和地方立法权均没有得到有效的行使,尤其是特区立法权的运用较其他经济特区明显落后,导致立法的引领、推动和保障功能并未得到有效的发挥。因此,在自贸港建设过程中,应当发挥海南立法体制优势,注重特区立法权和地方立法权的协调发展,两者不可偏废,但也应合理划分立法事项范围,充分发挥各自的优势和功能。就特区立法和地方立法而言,地方立法是地方法治建设与发展的基础,其通过实施性和具体性规定,发挥有效治理的作用,从而为海南经济社会发展创造稳定的法治环境;而特权立法是改革的助推力和排头兵,通过变通性和创制性规定,发挥先行先试的作用,从而为海南各领域的改革提供法治引领、推动、支持与保障。因此,特区立法和地方立法的功能和任务不同,其立法范围也有所差异,在开展立法活动时,需要对其进行细致的梳理,从而合理划分两者的界限,从而发挥两种立法权的作用。对于地方立法而言,需要梳理内容包括哪些是国家已有明确性细则行规定的,哪些是需要地方做出具体规定

---

① 2000 年《立法法》颁布,其中第 64 条(2015 年《立法法》修改后改成了第 73 条)规定:除本法第八条规定的事项外,其他事项国家尚未制定法律或者行政法规的,省、自治区、直辖市和设区的市、自治州根据本地方的具体情况和实际需要,可以先制定地方性法规。在国家制定的法律或者行政法规生效后,地方性法规同法律或者行政法规相抵触的规定无效,制定机关应当及时予以修改或者废止。该规定在某种程度上使一般地方立法权也具有了自主性,特区立法权的先行先试的独特性逐渐淡化,其与一般地方立法权的区分主要集中于变通性方面。

的，哪些是法律、行政法规未做规定，但属于地方性事务而需要地方自主立法的。而对于特区立法而言，其需要梳理和研究的内容包括：一是国家已有立法和立法存在空白的区域。对于国家立法的空白，则要研究相关事务是否属于地方事务，如果属于地方事务，则要研究如何在遵循国际规则和法的基本原理的基础上来填补空白，进行先行、创制性立法。在南海岛礁建设和海洋经济发展中，由于现有立法多聚焦与陆域性事务，因而存在着较多的立法空白，因而可以发挥特区立法的作用，二是国家现有立法的可操作性和实施的有效性。针对国家已有的立法，应当结合自贸港建设和经济发展的实际，分析、研判其适用的有效性。如果现有规定与实际情况存在着较大的差距，无法满足、解决实践中出现的问题，则存在着变通的可能性。根据自贸港建设和经济发展中呈现出的立法需求分析，受地方立法事项范围的限制，地方立法难以解决所有法律障碍，因而需要特区立法去变通、突破，从而为建设和发展提供法律支撑和法治保障。

二、自贸区（港）法律体系建设中的关键议题

（一）自贸区（港）建设：从开放升级到制度平台升级

自由贸易园区（FTZ）是 2008 年商务部海关总署《关于规范"自由贸易区"表述的函》所指依据国内法在本国特定区域实行特殊发展政策的区域。时任国务院副总理、现任全国政协主席汪洋同志指出"自由港是设在一国（地区）境内关外、货物资金人员进出自由、绝大多数商品免征关税的特定区域，是目前全球开放水平最高的特殊经济功能区"。2013 年国务院批复成立中国（上海）自由贸易试验区，先后批复各地设立了 11 个自贸区，加上海南和雄安共 13 个自贸区。海南是目前唯一在建的中国特色自由贸易港。2018 年 4 月 14 日中共中央、国务院发布了《关于支持海南全面深化改革开放的指导意见》。同年 6 月 3 日，海南设立中国（海南）自贸区海口江东新区（298 km²）作为重点先行区域。

以"投资、贸易和服务一体化"为内容的国际经贸新规则，对我国全面开放格局的构建提出了新要求。现有特殊经济区作为开放的制度平台，已不能满足我国构建全面开放新格局的制度创新需求，因而需要自由贸易港的制度设计作为引领我国深层次开放的新平台。我国自由贸易港建设应在借鉴国际通行经验的基础上，从构建全面开放新格局的总体框架出发，形成既有国际高标准的开放度，又兼顾辐射国内市场双重目标导向的制度设计，最终促进国内产业结构升级和我国在全球价值链中的地位跃升。2018 年 4 月 11 日，中共中央、国务院发布的《关于支持海南全面深化改革开放的指导意见》指出：探索建设中国特色自由贸易港，根据国家发展需要，逐步探索、稳步推进海南自由贸易港建设，分步骤、分阶段建立自由贸易港政策体系。

进入 21 世纪以来，随着信息与通信技术（ICT））的迅速发展，降低了企业与企业间的跨境信息沟通成本，使得全球分工进一步深入到产品工序层面，跨国公司得以将不同工序配置在全球范围内的多个国家完成，这种全球化的持续深入被称为全球化的二次松绑。全球生产分工的新格局下，跨国公司主导的全球供应链中，不同环节的中间品通过离岸外包的模式在不同国家生产，并带来以大量中间品为载体的任务贸易。新的国际分工模式下，跨国公司全球化经营呼唤货物、服务和投资一体化的国际经贸新规则。

国际经贸规则的升级对我国中国特色自由港建设的全面开放新格局构建提出了新要

求。第一，对开放的深度提出了新要求，国际经贸新规则的重心从"关境间"深入到"关境内"，投资、竞争政策等新规则对我国的投资管理体制和国有企业的运行管理模式都将带来新的挑战。第二，对开放的广度提出了新的要求，我国加入 WTO 以来的开放主要以货物贸易自由化和便利化为主，在服务贸易领域的进一步开放推进相对缓慢，即使是中国签署的双边 FTA 中涉及服务贸易领域的扩大开放也比较少，而国际经贸新规则中涉及许多服务领域的新规则，不仅包括基于《服务贸易总协定》（GATS）基础上的规则深入，而且在欧美签署的 FTA 中详细制定了金融、电信等服务部门规则专章，此外电子商务规则也以专章形式纳入了最近签署的 FTA 之中。第三，对开放中的政府监管能力提出了新要求，WTO 框架下的规则集中于货物贸易领域，对一国而言，货物贸易跨境流动的监管相对容易，而国际经贸新规则下涉及资金、服务、人员等要素的跨境流动，对我国的政府监管能力提出巨大挑战，资金跨境流动的开放会对我国现有金融市场造成冲击，服务的开放对我国现有国际竞争力相对较弱的服务业发展带来压力，人员的跨境流动也会对我国的社会管理带来挑战。

不同经济发展阶段下我国开放制度性平台的演变大体经历了三个阶段：一是主要以经济特区、国家级新区为代表的特殊经济功能区，作为我国开放的制度性平台；二是主要以海关特殊监管区域为载体，作为我国开放的制度性平台；三是主要以自贸试验区为载体，作为我国开放的制度性平台。但现有开放平台的制度性约束在于：第一阶段以经济特区、国家级新区为代表的特殊经济功能区，曾在我国从计划经济向市场经济转型过程中发挥了重要的开放引领作用，随着我国总体市场经济改革的深入，逐渐演化为开发区模式，国家对其制度创新功能的要求弱化。第二阶段以保税区为代表的海关特殊监管区，重点在货物贸易便利化方面进行了诸多重要的制度创新探索，实行国际通行的"保税"政策设计，也一定程度被赋予某些"境内关外"的特征，但由于政策设计之初就是为了推动货物贸易领域的开放和便利化，因此在制度创新的范围上不足以承担新形势下以"关境内"开放和改革为主要内容的制度需求。第三阶段自贸试验区制度平台的建立，是在国际经贸新规则重心从"关境间"转向"关境内"的背景下，我国在开放和制度创新领域的一次重要尝试，从试点内容上看涵盖了货物贸易、服务业开放、投资、金融和事中事后监管制度创新等多个领域，尽管取得了一定的成效，但受制于改革的自主权限，导致成效与制度设计的预期之间存在差距。总的来说，现有的制度开放平台无法满足构建全面开放新格局对制度开放提出的新要求。主要原因在于，作为"渐进式改革"的重要制度平台，特殊经济区的制度创新效应不能充分发挥，它们要么受限于本身的试点领域（如特殊监管区仅限于货物便利化），要么受制于改革的自主权限（如自贸试验区）。在这种背景下，需要从全球化新趋势下企业的微观需求出发，通过中国特色自由贸易港的制度设计，为我国构建全面开放格局网络体系提供新的制度平台，即通过真正意义上的"境内关外"的制度发展定位，不仅扮演局部率先深层次开放的"安全阀"功能，在货物、资金和人员的跨境流动方面进行高度自由化的制度探索。所以，随着国际经贸规则的变化和我国经济的不断发展，现有制度开放平台无法满足全面开放新格局建设对制度创新的要求，从而需要自由贸易港这个新的制度平台，发挥其在我国开放创新中的引领作用。

(二)自贸区(港)建设中的重大法律问题

1. 投资便利化领域需要解决的法律问题

构建新型的符合海南区域特点的生态型、文化型、便利型和自由型的投资法制是海南自由贸易港建设的重要内容之一,也是落实中共中央关于中国特色自由贸易港建设文件精神的必要步骤,具有重大的理论和实践价值,也极具现实意义。海南自由贸易港投资便利化领域需要解决的法律问题有:

第一,国际投资的多样化和便利化促进。国际投资方式的多样化有利于大量的资本和技术投放到世界各国和地区。现有的国际投资方式主要有合资经营、合作经营、跨国兼并、收购、合作开发等传统的投资方式,也有像 BOT 投资这种比较灵活的方式。① 投资方式的多样性直接关系到投资方式的便利化。为此需要结合海南省的实际发展情况和全国各地自贸区投资制度的实践经验,重点研究 BOT 模式下衍生出的多种新型的投资方式,为便利海南自由贸易港建设的投资提供合理的建议。

第二,投资准入便利化。2017 年 7 月 28 日,我国开始实行《外商投资产业指导目录(2017 年修订)》,进一步减少了投资的限制性措施。修订的重点在于提出了在全国范围内实施的外商投资准入负面清单,负面清单之外的领域原则上实行备案管理,不得限制外资准入。可以看出,我国外资准入方面越来越放开。但考虑到国际经济主权和公平互利这两个基本的国际经济法原则,海南自由贸易区(港)投资准入的便利化措施应当因地制宜。海南建设自由贸易区(港)的目的是为了提升海南经济的发展,同样也要预防过度宽松投资政策对海南自身经济安全的影响。因此,要合理分析海南自由贸易区(港)投资准入的风险,为投资准入提出合理的便利化对策。

第三,投资服务便利化。海南自由贸易区(港)的服务能力的建设程度体现着海南整体的软实力。在投资领域,投资服务的便利化措施能够积极吸引外商投资以及先进技术、管理经验的引进。《国务院关于实行市场准入负面清单制度的意见》中提到到社会信用体系、激励惩戒机制、信息公示制度、信息共享制度等与负面清单制度相关的配套制度。这些方面的规定构成了投资服务便利化措施的一部分。海南自贸港建设中应当通过不断完善投资服务制度,便利投资国进行风险评估,降低投资国对投资风险的担忧,提高投资国的期望值。

第四,投资争端解决便利化。投资争端的解决是建设海南自由贸易区(港)的必要,国际投资争端也是在国际投资中通常会遇到的情形。通常情况下,投资方不会选择东道国法院作为投资争端解决的首选机构。仲裁、调解等其他方式的争端解决成为主要的投资争端解决手段,尤其是仲裁。中国在对涉外仲裁的态度上是相对保守的,如不接受临时仲裁,外国投资争议裁决的执行也是存在很多的问题。就国际投资争端的解决而言,我国有自己的一套司法裁判系统,2018 年 8 月 24 日,最高人民法院发布了《关于聘任国际商事专家委员会首批专家委员的决定》,增强了人民法院国际商事审判的专业化水平。在应对国际投资争端方面,海南本土的仲裁机构还缺乏足够的实践经验和成熟制度安排。因此,建设海南自

---

① BOT 主要是指投资者通过特许协议取得东道国政府对其参与某一基础设施项目的建设与经营的许可,在规定的期限内有该投资者负责特定项目的筹资、建设与经营,并通过对该项目的经营活动收取使用费或服务费用回收投资并取得合理的利润,当协议期限届满时则向政府移交该设施的所有权、经营管理权等。

由贸易区(港),使投资争端解决便利化,是需要应对的现实问题。

2. 贸易便利化与税收制度改革领域需要解决的法律问题

税收法律制度改革和完善是自由贸易港法治建设中的重要一环,也是自由贸易港法治建设的关键。其主要问题包括有:

第一,税收征收权和相关法权。目前,自由贸易试验区、自由贸易港建设中税收制度改革遇到的首要问题是税权问题。我国是单一制结构的国家,中央与地方之间在事权划分上有着严格的界限,税收权集中于中央政府。在海南自由贸易港制度建设中,如何合理分配税收权,公平处理好税收利益关系极其重要。海南自由贸易港的建设和发展与税收法治环境息息相关。

第二,税赋减免和税收优惠制度的法治化。海南自由贸易港税收制度改革是海南自由贸易港经济发展的引擎,是各项制度改革的首要环节。由于税收法律制度的特殊性,必须要根据税收法律制度的特点,结合海南自由贸易港是实际,完善切实可行的税收法律制度。

第三,税收利益表达和救济制度的缺失。海南自由贸易港税收法治化水平的提高要重视税收利益表达机制的畅通,对税收利益损害提供有效的救济渠道。目前,我国尚缺乏有效的纳税人利益表达机制。良好的纳税人利益救济制度是投资环境的重要组成部分,我国目前没有切实可行的纳税人利益救济制度,也没有相应的税务法院或者税务法庭,税务制度上存在缺憾。

第四,税收法治实现与自由贸易港经济发展的良性互动。税法可以影响国家的宏观经济,也可以影响个人的投资行为。税收法治环境对投资者的直接影响具有广泛性、强制性和持续性。税收法治环境对投资者影响的广泛性体现在所有的投资者都是纳税人,投资者的大部分投资行为都会受到税法的规范。而税法的强制性决定了所有的投资者不得不将税收法治环境纳入投资的考量因素。税收法治环境对投资者影响的持续性体现在税法的安定性上。税收法治环境的稳定性决定了税法对投资者投资后具有持续的影响力,这也是投资者必须考量的因素。

3. 金融创新和监管领域的法律问题

海南自由贸易港金融创新和金融监管方面,既要推进创新,落实实现金融发展,为实体经济发展服务,同时也要实现金融法治的国际化。

第一,金融创新的法治路径。需要总结国际先进自由贸易港的金融创新实施经验,明确我国自由贸易港金融创新中存在的主要问题,将国际经验与本国实情进行有效结合,在市场风险可控前提下,研究金融创新的路径。主要包括:一是中国特色自由贸易港金融创新和离岸金融市场的建设路径。从国际经验来看,自由贸易港的金融创新是自由贸易港的生命力所在,对发展自由贸易港经济也具有不可忽视的作用。二是如何通过法治创新化解金融创新中存在的矛盾和问题,并解决自由贸易港金融创新中的体制机制障碍。三是如何对外开放自由贸易港区内的金融市场。其包括制定更为宽松便利的货币兑换机制、创新以离岸贸易为依托的离岸金融政策并加快完善融资租赁体系、有序推进利率市场化改革、放宽资本项目管制等。

第二,金融监管的法律制度的重构。受历史发展等诸多因素的影响,一直以来,我国金融监管采取的是规则性监管模式,其优点在于能够比较有效地控制市场风险,但其弊端也很明显,属于典型的机构性监管模式特征,强调对市场上所有金融机构按照行业性质进行划分。这种监管模式在理念、内容和方法上滞后,容易发生监管冲突和监管真空。显然不利于促进金融业务的创新和金融机构综合竞争力的提高。自贸区的金融监管制度改革面临两个挑战:一是人民币资本项目可兑换所带来的监管挑战,二是金融混业竞争所带来的监管挑战。因此在风险控制和金融创新之间如何寻求平衡是自贸区金融监管法律制度的建构必须面对的课题。从微观审慎监管到宏观微观审慎监管并重,自贸区金融监管体系不能再沿袭传统以微观审慎监管为核心的架构,而是应当在微观审慎监管基础之上确立宏观审慎监管体系。在自贸区的日常管理中,还应建立社会力量的参与机制,以增强决策的合法性和实施效果。鉴于此需要结合我国金融市场状况来重构自贸区(港)内的金融监管法律制度。

4. 营商环境建设领域的法律问题

目前,海南自贸港建设中突出的问题是营商环境问题,这也是中国所有地方经济发展中的突出问题,自贸港的建设首先就要破除体制机制弊端,调整深层次的利益格局。优化营商环境,必须坚持立足于地区社会政治经济的客观现实,坚持实事求是原则,走出一条符合海南特色和发展需求的政府与市场均衡发展道路。打造良好的营商环境,应当以实现政府、市场与公民社会的良性互动为价值性原则,指导政府与市场的理论研究与实践探索,政府对微观经济运行干预多、管得死,不仅会抑制发展活力,还会滋生社会矛盾。而中国改革开放40年,正是以制度动力盘活经济动能的不平凡历程。

世界银行近期发布的《2018年营商环境报告:改革创造就业》显示,中国在全球190个经济体的营商环境评价中,排名第78位。在北京师范大学政府管理研究院与江西师范大学管理决策评价研究中心联合发布的《2016中国地方政府效率研究报告》中,2016省级政府效率排名,海南第31位,位居全国最后一位。在推进海南自由贸易试验区和中国特色自由贸易港建设过程中,市场主体的作用举足轻重,打造一流的营商环境,为更多企业创造留得住、发展得好的成长空间,才能不断激发市场主体活力和社会创造潜力,为海南全面深化改革开放打下坚实基础。当前海南面临的问题比较突出,如政府职能转变还不到位、经济增长内生动力还不够足,创新能力还不够强等,自由贸易港建设的需求下,将使得这些发展不平衡不充分的问题更加突出。需要通过积极的制度创新,发挥其对良好营商环境构建的价值导向和指引作用。

三、自贸区(港)法律体系建设框架

(一)自贸区(港)法律体系建设的思路

1. 循序渐进、按需立法:先易后难

根据以往自由贸易港建设的经验,发达国家往往采用"先立法、后设区"的做法;发展中国家或地区立法和设区顺序虽不完全相同,但是都制定了自由贸易园(港)区的专门法律,明确规定自由贸易园(港)区的区域性质、法律地位和监管模式。目前,我国的自由贸易港建设还面临着制度层面和技术层面的一些障碍。对于这些障碍不能靠当年自贸区成立之初通过"暂停"实施某些法律来解决,而必须针对自由贸易港进行专门立法。

世界各地的自由贸易港因其所处的区域范围不同,其立法模式也不尽相同。我国自由贸易港法制建设应遵循"循序渐进、按需立法"的思路推进。"循序渐进"是指自由贸易港立法是一个长期的过程,不能指望一蹴而就、一劳永逸;"按需立法"是指根据实际需要逐个修

改现有法律或制定专门法律。

按照《立法法》的规定税种的设立、税率的确定和税收征收管理等税收基本制度、基本经济制度以及财政、海关、金融和外贸的基本制度等事项属于中央立法权。因此自由贸易试验区现行的规范性文件无法成为自由贸易港所需的权力渊源和法律依据。2015 年《立法法》修订中专门规定了全国人民代表大会及其常务委员会可以根据改革发展的需要,决定就行政管理等领域的特定事项授权在一定期限内在部分地方暂时调整或者暂时停止适用法律的部分规定。设立自由贸易港并非是权宜之计,而是着眼于全面融入经济全球化的一项基本国策。因此,相关法律的修改是自由贸易港法制建设的基础性工程。

2. 特区立法权和地方立法权并行:充分发挥双重立法体制的功效

第一,用足用好地方立法权,积极开展地方立法,提高地方立法质量。海南自贸港建设涉及政治、经济、文化、社会和生态等各个领域,且随着建设和发展的深入,其涉及的地方性事务不断增多,其法律需求也在不断增多,因而需要通过地方立法的方式满足现实需求、化解实践障碍。首先,应强化特区意识,敢于运用地方立法权,积极发挥地方立法的引领和推动作用,主动回应海南自贸港建设过程中的地方立法需求;其次,应用足地方立法权。在敢于运用地方立法权的前提下,围绕海南自贸港建设过程中的地方立法需求,围绕"三区一中心"建设,应有步骤、有针对性地积极开展地方立法,从而使地方立法能够适应海南自贸港发展的需求。再次,要用好地方立法权。在用足地方立法权,积极开展地方立法的过程中,还应强调用好地方立法权,注重地方立法效果和水平的提升,从而使地方立法真正发挥立法的引领、推动和保障作用。地方立法的最终目标是要制定出能适用于社会现实,能引领、推动和保障社会发展的地方法规。为此要切合实际开展地方立法。在全国人大授予海南特区立法权的决议中明确规定其要"根据海南经济特区的具体情况和实际需要","具体情况"和"实际需要"是地方立法的立足所在。此外要统筹兼顾整体发展并突出重点特色地开展地方立法。就地方立法而言,有综合整体发展和突出重点特色两种立法路径。从整体角度而言,海南的发展应该是综合性的;但从现实角度而言,海南需要结合自身的优势与特色寻找一条适合自身的重点发展道路。根据习总书记"4. 13"讲话内容和中央 12 号文件的规定,"海南自由贸易港建设要体现中国特色"。因此,海南自贸港地方立法应当统筹兼顾并要突出重点和特色。

2018 年 4 月 14 日,中共中央、国务院出台了"12 号文",其中第十条论述了海南如何探索建设中国特色自由贸易港。中央"12 号文"中对海南自由贸易港建设提出了要求,海南自由贸易港要体现中国特色,符合海南发展定位,学习借鉴国际自由贸易港建设经验,不以转口贸易和加工制造为重点,而以发展旅游业、现代服务业和高新技术产业为主导。在内外贸、投融资、财政税务、金融创新、出入境等方面探索更加灵活的政策体系、监管模式和管理体制,打造开放层次更高、营商环境更优、辐射作用更强的开放新高地。"12 号文"提出"凡涉及调整现行法律或行政法规的,经全国人大或国务院统一授权后实施。《立法法》第 72 条:"省、自治区、直辖市的人民代表大会及其常务委员会根据本行政区域的具体情况和实际需要,在不同宪法、法律、行政法规相抵触的前提下,可以制定地方性法规。设区的市的人民代表大会及其常务委员会根据本市的具体情况和实际需要,在不同宪法、法律、行政法规和本省、自治区的地方性法规相抵触的前提下,可以对城乡建设与管理、环境保护、历史文化保护等方面的事项制定地方性法规。"

第二,充分发挥特区立法权。与地方立法权不同,特区立法权来自中央的授权,其特点在于"变通"。特区立法权是应运改革而生,创新、变通、实验是其本质特性,也因此特区立法权的使用既要大胆创新,又要谨慎小心。从谨慎小心出发,首先需要对现有的法律法规进行全方位的梳理,整理出与自贸港建设的要求相冲突的内容,并判断哪些需要中央决定停止适用、废除或者修改,哪些需要在海南范围内做出变通规定而又需要中央进一步特别授权的,哪些可以直接动用特区立法权做出变通规定。对于前两项内容做出一个一揽子建议提交中央,以获得中央层面的支持,为特区立法权的行使奠定坚实的基础。海南自贸港建设的核心内容主要在以下四个方面:自由市场、便捷管理、优惠税收和权利保护。这四个方面,也是需要进行制度创新,发挥特区立法权实验和创新作用的领域。

3. 宏观顶层设计和微观配套制度建设同步:推动中央制定《自贸港基本法》,同时逐步完善各项配套的管理条例①

推动最高立法机关制定自由贸易港的基本法,发挥立法的引领性与前瞻性。海南中国特色自由贸易港建设的政策创新与法治创新必然会受到现有法律或行政法规的约束,即自由贸易港建设的政策创新与法治创新规定往往会与上位法相矛盾,进而产生法律适用冲突问题,这是在海南中国特色自由贸易港建设中不得不面临的体制障碍和制度瓶颈。因此,《自贸港基本法》作为我国中国特色自由港建设法律体系中最为重要的法典将起到至关重要的衔接作用。《自贸港基本法》应当具有引领性和前瞻性,条文设计与内容要既源于自由贸易港,又高于自由贸易港。一方面能够为海南中国特色自由港建设战略提供稳定法治保障;另一方面通过制度创新并复制推广可以实现海南中国特色自由贸易港建设与国内各自由贸易区建设联动、协助"一带一路"倡议实现,进而推动我国新一轮改革开放大战略格局整体向前发展。此外,还要积极出台配套管理条例,支撑自由港管理运营。地方关于自由港的管理条例应该对港区的管理机构、企业设立程序和经营规则、土地使用和建设、人员货物和车辆船舶出入港区、港区内的金融业务、用工用人制度、地方性优惠政策等事项,做出详细规定。

(二) 自贸区(港)法律体系的构建

1. 投资便利化领域法律制度构建

自由贸易港作为世界上开放程度最高的一种形式,在投资便利化领域理应更成为先行先试的样板,为全国投资便利化改革提供可供借鉴可复制可推广的经验。在投资便利化领域的制度建设上要探索制定《自贸港投资便利化促进条例》、《外商投资条例》等相关法律制度。

《自由贸易港投资便利化促进条例》的制定旨在解决自由贸易港投资便利化整体框架与顶层设计问题,为投资提供一个更稳定、透明和具可预见性的政策与法律环境。具体规则涵盖但不限于:(1)明确企业商事登记确认制。对不涉及准入负面清单、商事登记前置审批事项的一般企业设立登记,改革商事登记许可制,实行登记确认,对企业商事主体资格进行

---

① 十三届全国人大二次会议期间,海南代表团提出的关于启动海南自贸港法立法工作的议案被大会采纳,随后修订后的全国人大常委会工作报告新增了开展海南自由贸易港法等立法调研、起草工作等内容,并且要求确保如期完成立法。这标志着海南自由贸易港法正式被纳入全国人大常委会工作计划,提上国家立法日程。海南自由贸易港将走上一条立法先行的路径,在逐步探索、稳步推进中建立具有中国特色的自由贸易港。

自动审查确认,降低企业注册登记成本。(2)统一行政审批。在各类企业登记注册、投资项目备案(核准)和企业投资建设工程审批等领域实行统一管理,尽可能减少审批项目与审批环节。(3)统一监管。自由贸易港投资与经营监管领域,统一监管职权,避免多头监管与监管空白,努力降低监管成本和企业运营成本。(4)完善相关税收税制。引导和规范简化税收征管流程,进一步降低税负。

自由贸易港建设的核心内容是开展制度创新,外商投资法律体系改革是制度创新中的重要内容。2019年3月15日,十三届全国人大二次会议通过了《中华人民共和国外商投资法》(简称:《外商投资法》),这是我国历史上第一个全面系统的外资立法,具有里程碑的意义,是贯彻落实党中央扩大对外开放、促进外商投资决策部署的重要举措。《外商投资法》将取代传统的"外资三法",是一部外资领域新的基础性法律,是海南自贸港建设重要的法律指引和有力的制度保障。《外商投资法》实际上是对中国加入世贸组织议定书承诺的贯彻和落实,强调了对外商的国民待遇加负面清单制度,充分体现出全面对外开放的政策。所谓国民待遇就是按照世界贸易组织规则以及中国所加入其他国际贸易投资规则,对其他国家的投资者同等对待。所谓负面清单制度,就是根据中国经济社会政治文化发展的需要,确定外商投资和外商投资者禁止进入或者限制进入的领域,让外商投资者有明确的投资预期。如果外商投资者非法进入中国禁止投资的领域,外商投资者必须承担法律责任。《海南自由贸易港外国投资条例》需要建立在《外商投资法》的基础上,同时遵循外商投资法的总体原则和精神,体现出自身的特色和自贸港的先进性。《海南自由贸易港外国投资条例》理应贯彻以下理念:一是改革外商投资的多头监管模式,统一监管职权;二是完善外商投资争议解决程序机制和行政救济制度;三是完善外资准入的审核或备案制度,实现"高效服务,创造便利的营商环境",将自由贸易港内对外商投资的管控权力限制在最小的范围之内。

2. 贸易便利化与税收领域法律制度构建

第一,建议修订《对外贸易法》,推进行业领域法律法规体系的整合和修改。随着贸易全球化的进行,我们需坚定改革国内贸易管理体系,是调整与开放有关的法律法规体系。建议尽快修订《中华人民共和国对外贸易法》,制定政策措施促进服务出口。其次,推进行业领域法律法规体系的整合和修改。对涉及服务行业的法律法规按照最新签署的双边或区域贸易协定(例如中韩自由贸易 协定等)进行系统整理,废除过时条款,修订妨碍贸易自由化的条款,增加预警和监管条款,为贸易安全建设一个透明公正的法律支持体系。

第二,调整和改革税收制度。海南自贸港建设要吸引全球资本,需要有一个具有强烈吸引力的着力点,优惠的税收将成为海南独特的吸引力之源。因此需要在国家统一授权的前提下,对于海南自由贸易港内各类税收制度进行调整与改革:首先试行有限或者单一的税收管辖权。我国个人所得税的纳税人是根据收入来源地税收管辖权和居民税收管辖权确立的双重税收管辖权。双重税收管辖权符合国际税收的惯例,也是国家税收主权的体现,但随着跨国纳税人的增加,国际间双重征税问题也日益严重,更为重要的是,双重税收管辖权诱发了国际避税行为,导致了国内投资者和国外投资者之间的不公平竞争。在自由贸易港内先试先行个人所得税有限的或者单一的税收管辖权,以招揽更多优秀的人才参与到海南中国特色自由贸易港的建设中来。其次完善个人所得税税前扣除。自由贸易港作为中国改革开放的窗口其生活成本与国内其他地区存在较大差异。因此,自由贸易港应在符合我国税制改革方向和国际惯例的前提下,结合本地区居民的开支系数和物价指数,试行符合本地区的浮动税前扣除标准,以便于吸引国际高端人才的入驻。再次适度扩大企业所得税税收优惠。在中国的其他经济特区对企业所得税的优惠方式是直接优惠,海南自由贸易港不宜再以直接优惠的方式对企业所得税提供优惠,而应从加速折旧、投资抵免、加计扣除等方面进行考虑。最后适度扩大个人所得税税收优惠。可以考虑适当加大税收优惠力度。例如对创新性人才因发明创造活动而获得的企业奖金免税,对于个人向特定行业转让专利等无形资产实施个人所得税优惠等等。

3. 金融创新与监管领域法律制度构建

海南建设中国特色自由贸易港过程中如何引用金融开放与创新的法律引领和规制自由贸易港的发展,是海南自由贸易港建设中的关键环节。整体而言,海南建设中国特色自由贸易港进行金融创新,需要采取以下措施:

第一,暂停实施部分法律法规,为海南中国特色自由贸易港金融法律制度的单独立法提供依据,并为港内政府职能的转变减少法律法规上的限制。

第二,通过地方立法的形式制定《海南自由贸易港金融监管条例》,促进政府放权形成可持续性局面,并推动与海南自由贸易港相适应的金融监管制度的建立。通过对域外国际金融中心金融监管制度的考察可知,制定一部海南自由贸易港内适用的金融监管法规,进而构建完善、全面的监管框架,具有现实必要性。

第三,综合海南自由贸易港内实施的金融创新制度与金融监管经验,建立国家层面的金融监管协调机制和协调机构,以利于化解海南自由贸易港与其他区域的制度冲突、推进两者之间的合作及交流,并利于海南自由贸易港金融创新和金融监管成功经验在全国范围内的推广。

4. 法治化营商制度构建

政策出台重在制度创新,自由贸易港的"境内关外"需要法治化营商环境来予以保障。自由贸易港建设离不开优越的地理位置和自然环境,但脱颖而出还要靠便利化、法治化、国际化营商环境。中央财经领导小组第十六次会议强调"要改善投资和市场环境,加快对外开放步伐,降低市场运行成本,营造稳定公平透明、可预期的营商环境",自由贸易港在建设初期需要提供一整套有竞争力的优惠政策,但更重要的是要打造便利化监管体系,推进"放管服"改革,营造法治化营商环境。根据海南营商环境发展实际,以制度创新为核心,参考国际营商环境评价指标体系,从各方面开展营商环境基本制度建设,包括但不限于:

第一,积极开展制度创新,完善相关法律法规。对当前省内立法制度进行系统梳理,对不符合国际惯例和自由贸易港建设的内容的相关制度进行修订或废止,围绕自贸区法制创新,完善涉及营商环境的法律法规,研究如何借助新兴国际贸易规则,加快开放性经济新体制建设,推进贸易服务、金融服务、科技创新、公共管理等领域的制度创新,促进投资和贸易相关法律制度要与国际接轨,为今后政策创新和制度创新探索方向。

第二,应当充分运用大数据及技术,构建社会信用体系。加速推进互联网+法治,主动运用大数据、云计算等现代科技,推行政务公开,加强政府机构公共服务和智能服务效能,推动建立健全与市场主体信用信息相关的司法大数据收集共享和应用机制,建立社会诚信体系,实现信息共享,激励诚信守约行为,严格制裁违约失信行为。

第三,健全法律救济机制,完善国际商事仲裁制度。建立快速响应机制,通过设立专线、投诉等保障法律救济权利,实现多元纠纷解决机制的整合。完善国际商事仲裁制度,对接国际标准,发展国际商事仲裁和商事调解机制,研究国际通用的仲裁规则,加大人才引入,建立多元背景的仲裁员名单,不断完善诉讼与非诉商事纠纷解决制度间的衔接,构建符合国际标准的仲裁庭。

第四,完善知识产权保护制度,激发企业自主研发积极性。从产权保护、合同审理、垄断遏制、侵权赔偿等多方面加以规范和指引,加大对企业自主知识产权的支持力度,建立快速通道和奖惩机制保护创新成果,鼓励和推动企业抓紧核心技术研发。建立知识产权快速维权制度,推进知识产权案件快速受理和审理,提高案件处理效率,打造知识产权申请、纠纷调解、行政执法、司法诉讼为一体的知识产权纠纷快速解决平台,为企业提供知识产权的申请、授权、维权的绿色通道。

（陈志英）

第十章　自贸区(港)背景下的大健康产业研究

随着社会经济飞速发展和科技进步,人们的生活方式和生活理念正发生着重要的转变,保健意识日益增强,如何提高生命质量、实现高品质的健康生活,已成为全人类普遍关注的问题。健康产业正是在这种大背景下,作为一种拥有巨大市场潜力的、与人类健康紧密相关的生产和服务业态,受到了世界各国的普遍重视。近年来,健康产业已成为世界许多国家特别是美欧发达国家和广大新兴市场国家有效应对金融危机冲击、增强经济发展活力、满足多样化健康需求、加快抢占全球健康产业分工新制高点的战略选择。我国健康产业发展同样处于重要战略机遇期。党的十九大报告提出"实施健康中国战略",强调"发展健康产业",把健康产业摆在国家民族优先发展的战略地位。

一、大健康产业的概念、分类和国际视野

(一)大健康产业的概念

1. 对健康的认知

人们对于健康的认知受到经济水平、社会发达程度的影响。传统上认为健康是指没有生理上的缺陷和疾病,即无病、无残、无伤。随着经济的发展和社会进步,人们对健康内涵的认识在不断地完善中。

1948年,世界卫生组织(WHO)更新了对传统概念的理解,它指出健康不仅是指没有疾病和虚弱,而是包括生理健康、心理健康和社会良好适应状态。1989年,WHO进一步加入了道德健康的要求,认为健康是指生理健康、心理健康、社会适应良好和道德健康等几个层面的综合,并提出了健康的十条标准。进入21世纪后,WHO又提出了健康公式:健康=7%环境因素+8%医疗+10%社会因素+15%遗传因素+60%生活方式,对健康的影响因素进行更加精确的概括。

2. 健康产业的概念

近期,我国国家统计局最新发布的《健康产业统计分类(2019)》中明确,健康产业是指以医疗卫生和生物技术、生命科学为基础,以维护、改善和促进人民群众健康为目的,为社会公众提供与健康直接或密切相关的产品(货物和服务)的生产活动集合。

但目前国际对健康产业尚未形成一个权威、公认性的标准与定义。国际上对健康产业的认识有狭义和广义之分,主要有以下几种:一是目前国际上常用的狭义健康产业(healthcare industry)概念,是指经济体系中向患者提供预防、治疗、康复等服务部门的总和,对应于我国的医疗卫生服务业。二是美国经济学家保罗·皮尔泽在《财富第五波》中所提

出的保健产业(wellness industry),是指针对非患病人群提供保健产品和服务活动的经济领域,其外延不包括医疗卫生服务活动。三是综合上述两种范围的广义健康产业,是指所有投资于改善、增进人群身体健康的相关产业,包括了保健产业和医疗产业。

大健康产业围绕着人的衣食住行以及人的生老病死,关注各类影响健康的危险因素和误区,提倡自我健康管理,是在对生命全过程全面呵护的理念指导下提出来的。它追求的不仅是个体身体健康,还包含精神、心理、生理、社会、环境、道德等方面的完全健康。提倡的不仅有科学的健康生活,更有正确的健康消费等。大健康产业的范畴涉及各类与健康相关的信息、产品和服务,也涉及各类组织为了满足社会的健康需求所采取的行动。

(二)大健康产业的分类

在健康产业分类方面,综合国内外研究,对健康产业从三种视角进行分类,一是从经营方式的视角,认为健康产业是与健康紧密相关的制造与服务产业体系;二是从健康产业链的角度,将健康产业划分为前端、传统和后端产业,分别达到维持健康、修复健康和促进健康的目的;三是从健康消费需求和服务提供模式角度出发,认为健康产业可分为医疗性和非医疗性健康服务两大类,并在此基础上做进一步划分为医疗产业、医药产业、保健食品产业与健康管理服务产业。

我国国家统计局最新发布的《健康产业统计分类(2019)》,依据《"健康中国2030"规划纲要》等有关健康产业发展要求,以《国民经济行业分类》(GB/T 4754-2017)为基础,从新的视角将健康产业分为医疗卫生服务,健康事务、健康环境管理与科研技术服务,健康人才教育与健康知识普及,健康促进服务,健康保障与金融服务,智慧健康技术服务,药品及其他健康产品流通服务,其他与健康相关服务,医药制造,医疗仪器设备及器械制造,健康用品、器材与智能设备制造,医疗卫生机构设施建设,中药材种植、养殖和采集等13个大类。

(三)大健康产业的国际视野

21世纪是健康产业的世纪,以健康为核心,发展多层次、多元化、全方位的健康产业链将成为这个时代经济发展的主要特征,越来越多的国家开始对该领域进行深入的研究和探索,共同构建全球健康产业蓝图。从全球范围看,经过多年发展,许多国家依托自身优势特色,已逐渐探索形成了若干经济和社会效益良好,有较强国内外市场竞争力和影响力的发展模式,构建起各具特色的组织形式和支撑体系,在创新发展、融合集聚、新产业新业态培育和传统业态转型升级等方面积累了丰富实践成果和典型经验,汲取它们的成功经验对我国健康产业的发展具有重要的借鉴价值。

1. 主要发达国家健康产业发展状况

(1)美国

得益于政府大量的财政支持和生物技术的不断发展,美国现已成为世界上健康产业最发达的国家。根据统计结果分析,服务业是美国目前生产总值最高的产业,健康产业在服务产业中所占比例最高。美国健康产业以全民健康管理、健康商业保险和膳食补充剂为特色,拥有完善的产业体系和成熟的产业运行模式,主要涉及健康管理、健康保险、保健食品、医疗服务、家庭及社区保健服务、医疗器械等内容。美国的健康产业始于20世纪60年代的健康管理业。当时,人口老龄化、慢性病人群和医疗成本的不断上涨导致了高额的医疗经济负担,从而催生了新型的、以健康管理为中心的卫生服务模式。随后健康管理被纳入医疗保健计划,并建立了专门的健康法案。目前,美国的健康产业支出占 GDP 的比重超过 18%。相关经济学家预测,美国健康产业将会在 2020 年占到国家经济总量的 25%,健康产业已经成为美国的朝阳产业。

（2）日本

日本是著名的长寿之国,也是世界健康产业的领跑者。1979 年,日本开始提倡中老年健康运动来应对人口老龄化。1988 年,实施全民健康计划。2002 年,出台《健康促进法》。目前,日本的健康产业总产值占 GDP 的比重超过 10%,成为国民经济中的支柱性产业,也是当前日本经济发展战略布局中重要的环节。日本是世界上第二大健康器械市场,年产值超 2000 亿美元。同时,日本还是世界上保健品最发达的国家之一,被誉为"保健品发明国家"。日本健康产业以健康管理为主导,结合营养保健的积极参与,同时重视保健食品的发展。早在 20 世纪 60 年代,日本的保健食品就开始走进人们的生活。在 90 年代后期,日本遭遇泡沫经济崩溃,经济严重衰退,但是健康食品的发展却始终保持两位数的增长速度,日本在健康食品的产品研发和技术应用方面对世界健康食品的发展做出了巨大贡献。

（3）加拿大

作为发达国家中的高福利典范,加拿大的健康产业逆势增长,为国家带来了巨大的经济和社会效益。目前,健康相关产业的产值已达到经济总量的 10%。据调查,一半以上的公民对医疗质量表示认可,九成以上的公民满意本国的医疗体系。加拿大政府对健康产业非常重视,特别成立了"health Canada 加拿大卫生部",主要负责向公众提供健康产品和普及健康常识,并且为健康相关项目提供财政支持。该部门的成立为改善国民健康起到了非常积极的作用。综合而言,加拿大的健康产业发展具有以下特色:（1）完善的全民医疗保障体系。加拿大的医疗保障体系始于 20 世纪 40 年代,强调以人为本,由公共医疗保健制度、医疗救助制度和私人商业医疗保险三部分构成,其中公共医疗保健制度由政府通过税收筹集资金,由财政拨款给医疗机构向国民提供免费或低收费的医疗服务。（2）严格的分级诊疗制度。根据患者病情所处阶段接受相应的医疗服务。加拿大有覆盖全国的全科医生,构成了初级医疗保健系统的基础,起到了分流患者的作用。

2. 代表发展中国家健康产业发展概况

（1）印度

印度健康产业近年来发展迅速,随着印度人口数的快速增加,预计 2030 年其服务产业规模将超过中国[①]。随着产业规模和就业人数的快速增加,健康产业已成为支撑印度经济社会发展的主要领域之一。据分析,人口数量增加,传染性及慢性病发病率的增加,以及生活方式相关疾病患病人数的增加是印度医疗服务业迅速扩张的主要原因。

在健康产业领域,印度延续了身心疗养和传统草药的独特优势,虽然没有提出健康产业的概念,但是与健康相关的产业发展较好,如医疗旅游、心灵静修、养生瑜伽等领域都居于世界前列。其中,印度的医疗旅游业更是远近闻名。医疗旅游是指旅游者在前往国外进行旅游的同时接受保健服务和医学治疗,可以说医疗旅游是以医疗保健为主题的旅游服务项目。印度的医疗旅游最早始于 20 世纪 90 年代中期,近几年,印度的医疗旅游业日渐成熟,每年

---

① 邵刚,徐爱军,肖月,赵琨,单婷婷 . 国外健康产业发展的研究进展[J].中国医药导报,2015,12(17):147-150.

吸引大量患者前往,已经发展成为世界最受青睐的医疗旅游目的地之一。作为世界医疗旅游胜地,印度有三大优势值得借鉴。首先,印度拥有高质量的医疗服务,独特的传统疗法且医疗费用极低。患者只需花费"第三世界的价格",就可以享受到"第一世界的医疗服务"。其次,作为世界四大文明古国之一,享誉古今的名胜古迹和丰富的自然资源使印度成为旅游胜地。每年有大量海外游客来印度休闲度假的同时接受医疗服务。再次,政府大力扶持本国的医疗旅游产业,设立医疗保健旅游局来保障海外游客的医疗服务质量。目前,蓬勃发展的医疗旅游业已成为印度经济发展的新引擎。

（2）泰国

泰国的健康产业主要由医疗旅游业、传统草药业、医疗美容业、医疗保健业三个领域组成,尤其是泰国的医疗旅游业规模世界第一,称霸全球。泰国医疗旅游业从1997年起步以来,就得到了政府的高度重视,在2004年制定了首个医疗旅游发展五年规划,将泰国的特色草药融于医疗保健服务中,全方位打造"世界医疗旅游中心"。目前随着发达国家医疗费用的剧增和医疗资源的紧缺,泰国已成为世界医疗旅游业的"领头羊",并且在健康旅游产业发展过程中积累了丰富的经验值得借鉴:①国际化的医疗水平。泰国的医疗服务已达到国际领先水平,专业的医疗团队和现代化的医疗设备,在国际上赢得了很多声誉。②价格低透明度高。泰国的医疗水平高,但价格却很低廉,相比多数西方国家便宜40%—70%,且医疗价格可在网站公开查询。③人性化的服务。医院为来自世界各国的顾客提供国际签证、服务预约、语言翻译等全方位、多层次的便捷服务。随着健康产业收入的不断增加,泰国的医疗保健水平和服务项目也在不断地升级完善。具有国际水准的泰国医疗旅游集健康医疗、文化休闲、观光度假为一体,深受世界游客的欢迎。

二、大健康产业发展现状研究

（一）我国大健康产业发展现状

在时代机遇与政策环境的推动下,我国大健康行业的发展前景可期。随着消费不断升级,大健康产业呈现出巨大的发展空间,刚需、抗周期等特性使它成为市场的蓝海。然而,我国大健康产业的发展还存在诸多问题,如法律法规仍需完善,部门监管跟不上行业发展,自主创新能力不足等,都亟待改善和提升。

1. 我国大健康产业保持持续、快速增长

近年来,我国大健康产业保持持续、快速增长的趋势。以医药制造业为例,虽然大健康产业的新兴行业不断崛起,但医药制造业仍是我国大健康产业的主体。根据《中国统计年鉴》的数据,"十二五"期间,我国医药制造业取得长足进展,规模效益快速增长、创新能力显著提升,国际化步伐也不断加快。

国内规模以上医药制造企业经营状况良好。2017年全国医药制造业企业营业收入2.82万亿元,实现利润总额3315.1亿元。截止至2017年底,中国医药制造业企业数量已达7697个,比上年同期增加248个。纵观2012-2017年我国医药企业数量不断增加,六年间共增加了1622个,增长十分迅速。领跑我国其他制造业领域(见图10-1,10-2)。

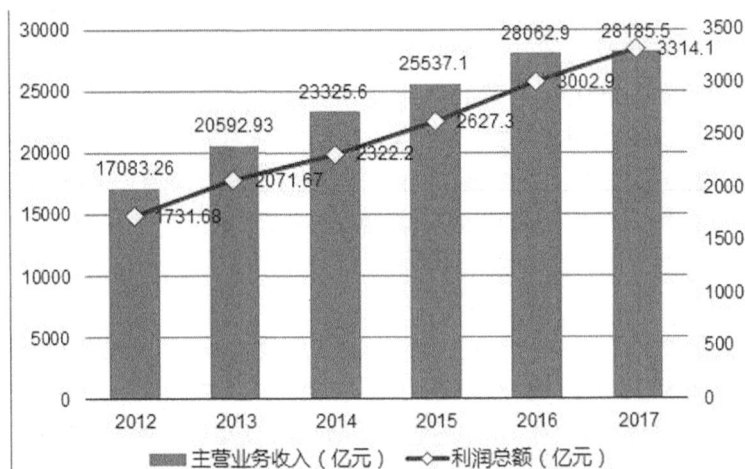

图 10-1　2012—2017 年医药制造业主营业务收入变化趋势

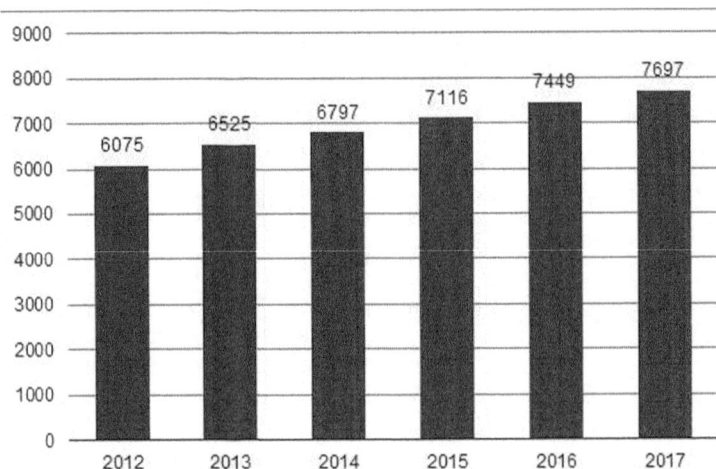

图 10-2　2012—2017 年我国医药制造业产业的企业数量

2. 健康消费不断升级,健康产业规模不断增长

近年来,随着我国经济持续快速发展,城镇化进程加速,慢性病发病率不断增长,人口老龄化程度日益加深,加之医学技术进步,医疗与互联网加速融合,我国人民群众健康消费需求持续释放,健康产业规模不断增长。我国健康服务行业以 20%-30% 的速度增长,2017 年健康服务行业规模已近 1900 亿元(见图 10-3)。其中,社会办医发展迅速,2017 年 6 月底民营医院机构数增至 1.7 万家,占医院总数的比重上升到 57.7%;医药产业主营业务收入增长提速,2017 年规模以上企业实现主营业务收入 2.98 万亿元,同比增长 12.2%;商业健康保险作为发展健康服务业、促进经济提质增效的"生力军",2016 年保费收入规模达到 4042.5 亿元,同比增长 67.71%;新业态快速发展,据统计,截至 2017 年 12 月我国互联网健康医疗用户规模为 2.52 亿人,年增长率为 29.9%(见图 10-4)。

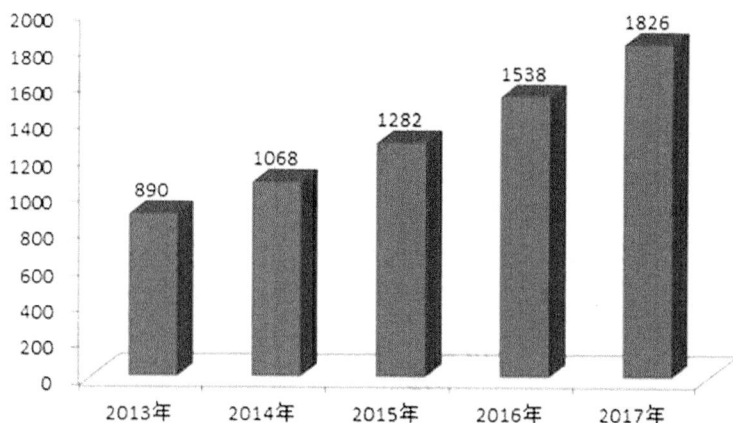

图 10-3 2013—2017 年我国健康服务行业市场规模

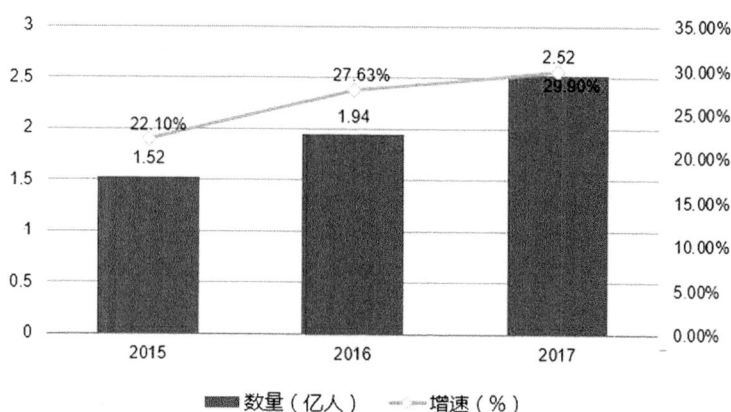

图 10-4 2015—2017 年我国健康医疗用户规模

3. 产业融合初现端倪,推动经济转型升级

随着生物、信息等技术快速发展,健康与养老、旅游、互联网、健身休闲、文化等多业深度融合,涌现出医疗旅游、医养结合、智慧医疗大数据、互联网医院等新兴业态,呈现跨界融合发展的良好态势。健康产业覆盖多个领域,贯穿一二三产,产业链条长,附加值高,新业态多,吸纳就业能力强,蕴藏着巨大发展潜力和空间,健康产业的融合发展特性有力推动了传统产业的转型升级、提质增效,对于推动现代制造、现代农业以及新型服务业发展,加快培育形成新供给新动力具有重要意义。近年来,健康产业投融资来源也日益多元化,以百度、阿里、腾讯等为代表的互联网公司纷纷进入移动医疗健康领域,万达、万科、恒大等地产企业也陆续进军健康产业。

4. 产业布局逐步展开,推进城乡统筹发展

目前,各地依托优势特色资源,积极推动健康产业建设,全国健康产业布局已经逐步展开。例如,北京、上海、天津、深圳等东部地区优质医疗资源聚集、高端人才集中、科研基础雄厚,以高端医疗和生物医药研发为核心,带动医疗旅游和生物医药制造等相关产业同步发展;云南、贵州、广西等地区,依托当地生物多样性、中医药和民族医药资源优势,大力发展

健康养生、养老等服务业。同时,各地越来越注重以健康产业的体系化发展带动产城融合,以健康产业的发展推动城乡统筹发展,将健康产业发展与新农村建设、县域经济转型等结合起来,从发展健康小镇、健康县域经济入手,推动健康医药食材生产制造及健康休闲养生服务发展,实现绿水青山与金山银山、百姓富与生态美的有机统一。

5. 产业投资热情高涨,企业并购趋势加快

近年来,健康产业领域投资逐年攀升,特别是社会资本热情高涨。根据国家统计局数据,2017 年全社会卫生固定资产投资 7372 亿元,同比增长 18.1%,增长幅度高于全国行业平均水平近 12 个百分点。医疗、医药、健康管理等产业领域并购动作频繁,根据普华永道统计,2018 年整个大健康产业包括医药产业和医疗服务的并购交易在 2016 年达到高峰后略有下降但活动依然活跃,企业医院和民营医院特别是民营专科医院出现颇多投资亮点。2013 年至 2018 年,中国医院共发生 764 起境内外并购交易,披露交易金额达 1323 亿元人民币,其中 2018 年发生 199 起,交易规模为 241 亿元。在经历了 2016 年的整体爆发式增长后,2017 年及 2018 年,海外并购交易金额大幅减少,境内并购金额略有下降(见图 10-5)。

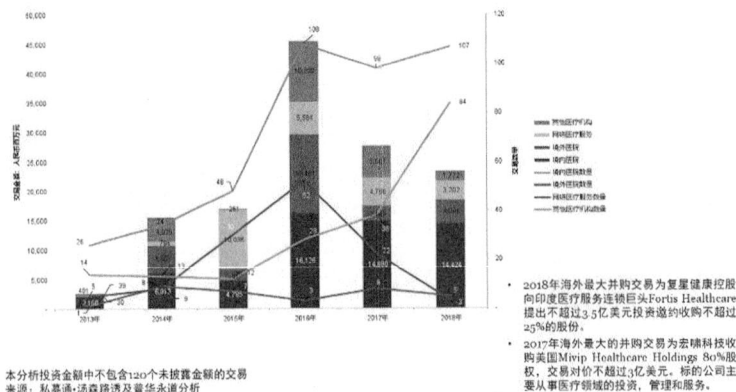

图 10-5　2015—2018 年我国境内医院并购活动情况

(二)海南大健康产业发展现状

健康产业是以维护和促进人民群众健康为目的,全社会从事健康、服务提供健康产品生产经营等活动的集合,主要包括健康服务业、健康产品制造业、健康农林牧渔业以及跨界融合形成的健康新业态等,覆盖面广、产业链长、发展潜力大,是助推海南全面深化改革开放,探索实现更高质量、更有效率、更加公平、更可持续发展的重要抓手和突破口。2018 年 4 月 13 日,习近平在庆祝海南建省办经济特区 30 周年大会上指出海南要全岛建设自贸试验区和探索推进中国特色自由贸易港建设。2018 年 11 月 22 日,沈晓明主持召开海南省政府专题会议时指出,要把健康产业作为海南自贸试验区优先发展的产业,走出具有海南特色的健康产业发展道路。并强调,发展好健康产业,必须准确把握其内涵,制订针对性强、可操作的发展规划。他分别从第一、第二、第三产业 3 个方面进行了深入分析。第一产业主要是发展与健康相关的农业。其中,南药种植要做好规划、扩大规模、制定规范标准;海洋生物是海南未来药物发展的方向。第二产业主要是发展生物医药产业,重点发展生物制药、医疗器械、保健品等产业。第三产业主要是发展医疗服务业和康养服务业。依据沈晓明省长上述精

神,2019 年 1 月 11 日,海南省政府印发《海南省健康产业发展规划(2019-2025 年)》(琼府〔2019〕1 号)指明以"三区一中心"为海南健康产业发展基准定位,打造"健康海南""世界健康岛""世界长寿岛"品牌。发展大健康产业是海南省顺应时代要求的明智选择,也是千载难逢的发展机遇。

1. 海南省大健康产业的驱动因素

(1)独特的地理位置、优越的气候条件、资源条件为发展健康产业赢得先机

在地理位置上,海南位于中国最南端,北面以琼州海峡与广东划界,西面濒临北部湾与广西壮族自治区和越南相邻,东面濒临南海和台湾岛相望,东南和南方在南海中与菲律宾、文莱、马来西亚、印度尼西亚、新加坡等为邻。无论是古代海上丝绸之路,还是 21 世纪"新丝绸之路",海南在远洋航船中作为中转站、补给港的地位始终没有改变。并且,海南地处泛珠三角"9+2"与东盟自由贸易区"10+1"的交汇处,紧密连接泛珠三角经济圈、东盟经济圈、中国-东盟自由贸易区、环北部湾经济圈及太平洋经济圈,区位条件优越。

在气候条件上,热带季风气候使得海南全年雨水充沛,四季温暖,平均气温 22-26℃,年平均辐射量约 0.46—0.58MJ/cm^2,光照率达到 50%-60%。全岛多年平均年径流量达 308 亿立方米,平均年径流深 909mm。这些优越的气候条件,为发展健康产业奠定了优良的基础,是健康产业发展必不可少的自然条件。

在资源条件上,森林覆盖率和空气质量优良天数比例全国领先,作为独具特色的热带旅游海岛,形成了融阳光、海水、沙滩、植被、海岛、田园等为一体的旅游资源带,药用动植物资源富集,素有"天然药库""南药之乡"之称,资源禀赋特色突出。

(2)大健康产业巨大的内在需求

从国际国内大环境看,在全球化逆潮和贸易保护主义抬头等不利形势下,推动海南探索建设自由贸易港,打造国际旅游消费中心,塑造对外开放样板,既表明了中国进一步推进经济全球化的决心和信心,又顺应了国内消费转型升级、成为经济增长第一动力的趋势。与此同时,在海南建设国际旅游消费中心,也可以引导国人境外消费回流。

目前,中国公民只有 5%持有护照,但中国游客消费却占全球出境旅客消费的五分之一,是美国游客的两倍。购物消费是众多出境游旅客的主要诉求。如果未来这些需求中的四分之一能够在海南释放,每年所带来的消费额将达到几千亿元,接近甚至超过当前海南的 GDP 总额[1]。

巨大的养老压力引发养老红利,创造了一个庞大的消费市场,老龄化人口在对社会形成压力的同时,也为健康产业提供了巨大的养老需求。随着中国人口老龄化的加剧和"候鸟式"养老的日渐兴起,"到海南过冬"正成为中国老年人的一种时尚,海南也成了"候鸟老人"的养老热地。据调查统计,每年来海南过冬的"候鸟老人"约有 45 万人[2]。规模庞大的"候鸟老人"已成为海南一道独特的风景线,影响到海南社会的方方面面。为海南健康产业的发展提供了巨大的内在需求。

按照《海南省健康产业发展规划(2019—2025 年)》发展目标来看,2019—2020 年,健康产业增加值占全省 GDP 达到 5%;2010—2025 年,达到 10%。建立起体系完整、结构优化、

① 马振涛.国际旅游消费中心的海南使命与担当[N].中国旅游报,2018-04-18(003).
② 黎莉,王珏,陈棠.从旅游业角度看海南"候鸟式"养老的发展[J].地域研究与开发,2015,34(01):100—104.

特色鲜明的健康产业体系。这也为健康产业的发展提供了较大的提升空间。

（3）有利的政策支持为发展健康产业提供了制度保障

国家政策对大健康产业的支持力度在不断加强，驱动了大健康产业的快速发展。对国家近年来出台的大健康产业相关的国家政策进行分析可以发现，国家对于大健康产业的支持政策除了在科学研究、产业布局领域不断深入外，健康服务产业被放在了重要的位置上。可见，政府对于大健康产业从上游的研发制造到下游的服务业有了更为全局的认识，大健康产业的服务对象不仅仅是患者，而是越来越趋向于通过整体规划提升全行业对于全民健康的服务能力（见附件）。

海南省是我国改革开放的重要窗口和"一带一路"国际交流合作大平台，全岛建设自由贸易试验区，探索推进中国特色自由贸易港建设，国务院批复设立海南博鳌乐城国际医疗旅游先行区，全岛实施59国入境旅游免签，具备发展健康产业的政策优势。海南省委、省政府大力支持健康产业发展，将其纳入海南省重点发展产业。在海南省卫生健康委员会成立相关产业部门，指导全省健康产业发展。先后出台了《海南省医疗健康产业发展"十三五"规划》《海南省健康产业发展规划（2019—2025年）》等文件，这些政策支持有力保障和促进了健康产业的科学发展。

2. 海南省健康产业发展现状

近年来，海南健康产业起步稳、成长快，总体呈现良好发展态势，产业规模持续扩大，特色不断凸显，集聚格局初步形成。2018年上半年实现增加值99.83亿元，同比增长23.2%，占同期全省GDP的4.1%。以博鳌乐城国际医疗旅游先行区为龙头的健康旅游业发展迅速，在干细胞临床研究、肿瘤治疗、医美抗衰、辅助生殖等4个方面聚集资源，中医药健康旅游辐射俄罗斯、东欧、澳洲等市场，海南健康产业取得一定发展。

（1）健康养老产业融合不断深入

随着以健康养生为目的的养老人群的不断增多，为本地和异地养老人群提供健康管理服务是海南发展老年健康产业的一个特色且极具潜力的部分。海南养老产业逐渐呈现出与医疗、地产、旅游等业态融合发展趋势。据统计，2011—2016年，海南省规划建设省、市县中心养老院14个，投入资金5亿多元，建筑面积10万平方米，床位2588张。并且2010年以来，省委、省政府已连续5年将农村敬老院建设纳入为民办实事项目，累计投入建设资金2.35亿元，新建、改（扩）建农村敬老院120所，加大公办养老机构建设力度。除此之外，鼓励和支持社会力量兴办养老机构，数据显示，截至2015年10月，全省共有各类养老服务机构213家、养老床位数33586张，其中公办养老机构177家、床位数17074张，民办养老服务机构36家、床位数16512张。各类养老机构床位总数比2010年增加28949张，增长624.3%。全省平均每千位老年人拥有养老床位数达到26.7张。另外，2018年海南省还成立首家健康养老体验中心，使老年人体验到高标准、高质量的晚年生活，对全省健康养老产业的发展具有较好的引领作用。在健康养老产业融合方面不断深入。

（2）"健康+医疗+旅游"产业融合发展

健康医疗旅游又被称为健康旅游、保健旅游、养生旅游等。世界旅游组织将健康医疗旅游定义为以医疗护理、疾病与健康、康复与休养为主题的健康管理和旅游服务。据统计，全球医疗旅游产业从2000年不到100亿美金，飙升到2017年的7000亿美金，并且以每年20%的速度保持增长。2017年全球医疗旅游的收入达到6785亿美元，占世界旅游总收入的

16%。但我国医疗旅游产业尚处在早期阶段,无论面对我国出国医疗旅游的中高端客户,还是面向东北亚、东南亚和南亚地区快速增长的医疗旅游服务需求的角度,发展我国医疗旅游业均变得越来越迫切,而海南发展医疗旅游产业具有得天独厚的优势。近年来,海南凭借优越的生态环境条件,健康医疗服务业发展势头良好并形成了一定的基础,2018年,海南医疗健康产业增加值同比增速10.4%,尤其是博鳌乐城医疗旅游先进试验区进展顺利,现已对接项目101个,16个项目开工建设,建成项目9个,总投资210亿元,成功打造博鳌超级医院,中国内地首针九价宫颈癌疫苗在海南完成接种,部分进口医疗器械审批权下放海南,并且已引入17个顶尖学科团队,成立了11个院士工作站,利用药品器械等优惠政策开展了8个中国首创的医疗技术创新应用案例,初步实现了先进技术、药品、医疗器械于国际先进水平"三同步"。2018年12月25日,海南省卫生健康委、海南省旅游和文化广电体育厅联合印发《海南省健康医疗旅游实施方案》,指出海南将通过引进国际知名医疗机构、医学美容机构、养生保健机构、保险机构、中介服务机构等,发展具有中国特色及海南特点的医疗旅游服务项目,实现与国际医疗旅游市场的全面对接,并围绕"医学治疗""医学美容""康复疗养""养生保健"等四大医疗旅游关键领域,打造"一心、五区"医疗旅游布局体系,把海南建设成为高端医疗旅游与特色养生保健相结合的世界一流医疗旅游胜地、国际著名医疗旅游中心。促进健康医疗旅游产业的融合发展。

(3)健康产业投资热情高涨

近年来,海南省政府注重调控房地产市场,支持发展健康产业。统计显示,海南在2018年内发布针对房地产市场的政策不下20次。在政策的管控下,海南省国民经济和社会发展统计公报显示,2018年,海南房地产业总投资下降16.5%,增加值下降12.0%,竣工面积下降6.3%,销售面积下降37.5%,销售额下降23.2%。房地产行业,牵一发而动全身,直接影响建筑、消费、金融、家电等产业发展。2018年,海南房地产开发投资下降16.5%,导致一些与房地产捆绑的非房地产投资同步下降,整个固定资产投资同比下降12.5%(见图10-6)。房地产调控后留下的缺口,需要有新产业来填补,填补的内容,就是旅游业、现代服务业和高新技术产业等新兴产业,大健康产业是其中重要的部分,也是发展转向的重要突破点。以医疗健康产业为例,2018年,海南共对接医疗健康领域企业435家,全年海南医疗健康产业招商签约项目27个,签约额299.6亿元,超额完成99.6亿元。

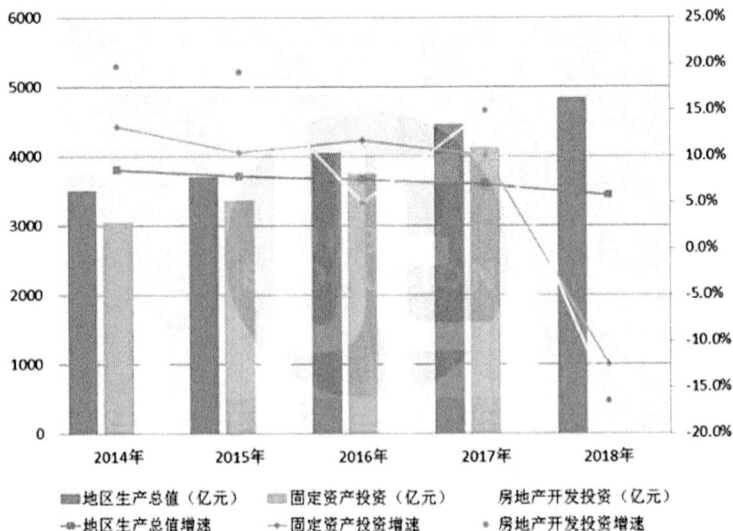

图 10-6　2014—2018 年海南省经济整体表现

三、大健康产业发展问题分析

(一)我国大健康产业发展问题分析

1. 健康产业统计体系尚未建立

2014 年 4 月,国家统计局已根据国务院《关于促进健康服务业发展的若干意见》中对健康服务业内涵和范围的界定,制定了《健康服务业分类(试行)》,为第三产业政策制定提供了重要的基础信息,但随着新业态、新形式不断涌现,其分类已经不能反映当前我国健康服务业发展的新进展和新要求。2019 年 4 月,国家统计局最新公布《健康产业统计分类(2019)》,为健康产业划出清晰边界,该《统计分类》保留了《健康服务业分类(试行)》的主要内容,同时结合健康产业发展新业态、新模式等,增加了健康产业所涉及第一产业、第二产业内容,丰富调整了健康服务业内容。而健康产业覆盖一二三产,涉及多部门、多行业,目前缺乏权威统一的概念和统计口径,且尚未建立起健康产业核算制度,无法为规划和政策制定提供详细、准确的产业经济信息,难以为健康产业宏观管理提供决策指导。

2. 顶层设计和统筹规划较为缺乏

目前,国家层面尚未出台指导健康产业发展的综合性政策文件,只有针对健康服务业的《国务院关于促进健康服务业发展的若干意见》(国发〔2013〕40 号)。由于全国缺乏统一的规划和引导,很多地区在健康产业发展初期,特别是在生物医药、精准医学、再生医学等健康产业核心的高精尖领域,存在公共服务功能和公共技术平台建设相对滞后等"瓶颈制约",或在健康养老和健身休闲等领域由于市场盲目投资导致大量不必要的资源闲置和浪费,另外,还有一些地方健康产业整体发展方向和产业培育特色并不清晰,导致出现目标客源趋同、重复建设、同质竞争等问题,同时还导致部分领域极易形成新的结构性问题,不利于组团发展、形成合力。

3. 产业供给尚不能满足人民健康需求

我国健康产业供给尚不能满足人民日益增长的健康服务和产品需求。目前，我国高端医疗服务、健康管理服务、健康养老、商业健康保险、营养健康食品等领域发展相对迟缓，不能为消费对象提供整体化全方位的健康服务，消费能力外溢问题严重。医疗旅游行业数据显示，2014 年我国 90% 以上医疗旅游游客选择出境旅行购买医疗服务，如日本癌症早期风险筛查、韩国整形美容等旅游产品已成为许多旅行社国外旅游主推项目，然而入境医疗旅游尚处于早期萌芽阶段，在产业规模方面明显落后于日本、韩国、泰国、马来西亚等亚洲邻国。近年来我国营养保健品进口规模持续快速增长，2015 年我国保健品行业进口金额（69.74 亿元）远高于出口金额（17.97 亿元）。

4. 产业融合程度和集群集聚效应有待提升

由于各地健康产业融合发展程度较低，且与支撑产业互动不足，阻碍了产业集群进一步升级和壮大。一方面，健康产业内部融合发展的模式与路径仍待探索，如商业保险公司与医疗、体检、护理等机构缺乏合作，相关保险产品开发不足，健康保险业规模仍然较小；另一方面，忽视了支撑产业在产业发展中的重要作用，如金融、法律和财务等专业性服务和住宿餐饮等配套服务等，有利于协助企业规避商业风险，促进企业规范化经营，从而间接推动企业规模的扩张和产业集群的健康发展。从地方实践看，我国部分地区仍以"粗放式"招商引资方式发展健康产业，所引进的企业相互之间往往缺乏产业活动上的联系，导致健康产业体系主导产业不明确或对关联产业带动效应较弱，这使得目前的许多"健康产业集群"大多呈现出一种松散的地理集中特征，各自发展，缺乏有机联系，对地方经济的综合拉动作用并不明显，产业集群集聚效应有待优化提升。

5. 产业发展要素短缺

健康产业是典型的知识密集、技术密集型的战略性新兴产业，但目前面临产业人才、科技、资金、制度标准和监管体系等多方面要素短缺问题。一是人才资源供给严重不足，健康产业人才培养供给侧和产业需求侧在结构、质量、水平上还不能完全适应，各地高端医疗保健人才、复合型经营管理人才和专业技能型人才普遍供给不足；二是我国卫生与健康科技创新体系仍不完善，稳定、可持续性投入缺乏，医产学研协同创新不够，科研成果与疾病防治实践之间存在"两张皮"问题，具有自主知识产权的新药、医疗器械等产品研发能力和市场竞争力薄弱；三是制度标准和监管体系有待完善，由于健康产业涉及发展改革委、卫生健康委等诸多部门，不同部门之间的政策制度及监管体系缺乏有效衔接，相关标准体系滞后，难以规范产业发展，健康产业机构设置标准、健康服务标准、人才培养标准、职业技能培训标准等均较为缺乏，现行以行业、机构为对象的分业监管模式极易造成监管缺位或多头束缚现象。

（二）海南大健康产业发展问题分析

海南省健康产业发展虽取得了一系列成就，但由于起步较晚，投入较低，目前发展仍处于初级阶段，在规模、发展速度、结构等方面与国内健康产业发达的省份相比还存在较大差距。

1. 健康产业体系不完善，产业链较短

完整的健康产业链条是集产品的研发、生产、销售和使用为一体的。健康产业的产业链条需要与健康产业内的各行业之间及其他产业合作，建立健康产业网络。如果产业内横向

机构间合作程度低,影响规模化发展;如果纵向机构内在深度挖掘方面不足,就会导致产业链短。目前海南省在健康产业方面,各个行业有一定程度的发展,但产业发展的规模较小,造成产业内相互带动作用差、产业链短。健康产业在终端产品开发方面种类太少,不能满足海南广大消费者的需求。比如在中医药方面,海南省不少地方种植中草药,资源非常丰富,在中草药种植、药品研发、生产加工、产品销售等方面已经形成体系,但是有的中药企业存在着规模偏小、设备陈旧的问题;有的企业存在着管理粗放、产品加工深度不够的问题。再加上技术落后,创新力跟不上,产品科技含量低,对中医药应用的深度开发明显不足,产业链较短。另外,海南省全国知名的龙头健康企业数量少,大多数企业同质性严重,没有突出的特色与品牌优势,集群效应未形成,体系不完善。

2. 健康产业标准缺失,存在无序竞争

健康产业与人民的生命健康和生活质量息息相关,是关乎国计民生的重要产业,需要政策支持与行业标准对市场加以严格规范。发达国家的健康产业有严格而系统的技术评定、质量安全等行业规章制度。但由于健康产业涉及领域众多,加之海南省起步较晚,发展尚不成熟,缺少必要的行业规则、产业标准。尤其是保健品行业,企业经营不规范、监管缺位错位、市场秩序混乱。各企业在利益最大化驱使下,将精力放在抢占客户、扩大市场份额方面,而不是提高产品质量、加强服务能力,导致产品、服务质量较低,甚至出现恶性竞争,市场秩序呈现多、小、散、乱的状态。

3. 健康产业专业人才缺乏

健康产业从业者的专业水平影响着健康服务的准确性和专业性。健康产业所需人才与医疗产业相比知识和技能要求更宽泛,需要专业能力强、综合素质高、集多学科知识和技能于一身的"通才"。近年来,海南省健康产业迅速发展,产业内企业数量不断上升,但是海南省健康产业从业人员中,没有明确的从业标准,甚至有的从业者并不具备应有的专业技能。目前海南省培养机制不健全,比如医疗人才方面,尤其是在很多城镇、乡村都没有建立起相适应的培训、培育和培养体系,即使现有的健康产业专业人才,水平参差不齐,造成后备人才供给不足,高端专业人才更是缺乏。由于缺乏专业人才,加上企业自主创新能力不强,市场上的许多产品和服务都相互抄袭模仿,造成产品供给和服务需求之间产生很大的差距,从而使企业无法实现可持续发展。

4. 健康产业创新能力有待提升

目前,海南省健康产业研发创新不足,对健康产业研发经费支出、投入强度都相对较低,与江苏、广东、山东等省份的差距较大。健康产业的技术更新较快,对科技创新能力的要求很高,海南省健康产业要实现持续发展,加大研发投入、提高自主创新能力是关键。另外,健康产业科技成果转化率较低,应注重发展热带医学,促使热带疾病治疗技术和热带疾病研究与成果转化。在健康产业发展中,自主创新、科技研发能力不仅体现在科研成果上,也体现在科研成果向实际生产的成功转化上。海南省的专利及科研成果难以从高校、科研院所迁移至企业实际生产中。部分创新成果止步于实验室,难以转化生产,不能投入市场,进而投入无法获得回报,影响后续研发投入;也有部分成果转化后效果不理想,市场接受度较差,难以满足消费者需求。

5. 健康管理行业发展滞后,亚健康服务不足

亚健康观念逐步为人们所接受,健康管理、亚健康服务将成为今后发展的重点,但是海

南省健康管理行业发展相对不足。目前体检中心、健身会所、健康咨询公司、健康网站等企业和机构都从事健康管理服务,市场相对混乱,缺乏权威的行业规范和标准,也缺少专业性的行业协会或学会的引导,品牌企业和产品服务都还没有确立,使得服务质量较差,难以满足消费者疾病预防的最终目的。

随着信息技术的发展,健康管理对信息系统和信息交流的要求越来越高。但是目前海南省并不存在一个为健康管理机构和医疗服务机构、康复护理机构提供信息交流的平台,健康管理机构内部的信息系统和数据交流系统建设不健全。而且缺乏数据管理、交流的标准和规范,造成个人健康信息缺乏持续性和可用性,制约健康服务水平的提高和健康管理行业的发展。

四、大健康产业发展对策建议

(一)我国大健康产业发展对策

1. 明确健康产业的发展定位,健全健康产业政策,加强顶层设计和统筹推进

健康产业关系国计民生,与每位居民的日常生活息息相关。发展健康产业,应该在国家层面将其定位为战略性新兴产业,在摸清我国健康资源及居民健康需求的基础上,借鉴国际健康服务的先进理念,从顶层做好发展目标、重点和规划等方面的设计。同时,建议我国尽早制定、推行合理的健康产业政策,并以产业政策为顶层统筹的基本工具,充分发挥政府职能,指导我国健康产业快速发展,增强我国健康产业的国际竞争力。一是明确健康产业结构政策,引导各地在健康产业供给、需求和周边发展态势分析基础上,提炼聚焦自身核心竞争优势,明确产业机构,并不断深化健康领域供给侧结构性改革;二是完善健康产业布局政策,包括重点产业领域的选择和空间布局的确定,引导各地结合自身特点,建设各具特色的健康产业示范基地,并探索可复制、可推广的试点经验,防止形成新的结构性问题。推动区域内、省域内加强协作,形成统筹规划、优势互补、组团发展的格局,实现健康产业科学有序发展;三是健全我国健康产业技术政策,通过加强知识产权保护、加大财政支持力度、加强国际合作等手段,推动健康产业科技创新能力提升,强化创新链和产业链有机衔接,推动科技成果转化应用,增加优质新型健康产品和健康服务等有效供给,满足不同群体不断升级的多样化健康消费需求。

2. 以医疗体制改革为契机,促进健康产业供给侧改革

健康产业涵盖多个领域,医疗体制涵盖健康产业中绝大多数重要领域。要通过医疗体制改革的契机,推动健康产业内容的升级和结构的优化,完善健康产业链,形成覆盖健康服务前、中、后端的全产业链条,促进健康产业的供给侧改革。在普及基础健康服务的同时,加快推进差异化、精准化健康服务,以满足不同层次的个性化需求。培育高端健康产业市场,推进中等层次健康管理促进服务,保障基础健康服务,形成高、中、低不同层次协调发展的健康产业体系。

抓住城镇化、农业现代化、制造强国建设及中国服务新品牌建设等发展机遇,积极推动互联网、大数据、物联网等信息科技向健康产业渗透、融合,加强健康产业内部的延伸融合以及产业间跨行业跨领域的重组融合,催生更多的新产业、新业态、新模式。各地在推进健康产业发展过程中,要重点培育一批健康产业的"领头羊""龙头企业",鼓励集群内企业共享

专业人才、市场、技术和信息等产业要素,同时重视引进为这些企业配套的上下游企业以及金融、法律、商务等生产性服务业,发挥群体竞争优势,形成集聚发展的规模效应。

在健康产业的服务领域可以适当引入民营资本,缓解健康产业融资难的问题,除资金优势外,其管理经验和理念中先进、可借鉴的部分可以倒逼公立医疗机构通过采取提高管理水平、降低成本等一系列措施来应对竞争,从而有助于整个健康行业发展水平的提高。

3. 补足要素短板,夯实产业基础

针对制约我国健康产业发展中的人才科技、标准体系和产业规制等主要短板,一是制定和实施符合国情的健康产业科学技术发展战略和人才发展战略,完善各类专业人才的培养培训制度,逐步规范健康产业职业资格证书制度及从业人员资质管理;二是尽快启动我国健康产业相关标准和规范的编制,确保产品和服务的质量与安全,在暂不能实行标准化的健康服务行业,广泛推行服务承诺、服务公约、服务规范等制度;三是健全全行业监管制度和准入、退出政策,建立政府监管、行业自律和社会监督相结合的审慎包容的行业监管体系;四是继续优化投融资引导政策,拓宽市场投融资渠道,充分发挥政府部门的组织协调优势和政策引导功能,鼓励建立健康产业引导基金,激发金融机构开拓健康市场的主动性。

(二)海南大健康产业发展对策

1. 加强政策引导,构建适合健康产业发展的良好市场环境

政府应积极制定相关政策,支持鼓励健康产业发展,引导企业制定适合自身的经营战略。加强政策引导与信息提供,构建适合健康产业发展的市场环境,健全相关法律法规、行业准则,吸引国内国际投资合作。同时,加强健康产业协会、企业、政府、医药健康类高校、科研院所及投融资机构等定期交流,使其更加了解健康产业市场需求及生产服务供给现状,协调产业发展,优化投融资体系,促进人才引进与培训,加强知识产权保护以鼓励企业自主创新,构建良好的产业发展环境。

由于健康产业尚属新兴产业,政府应在政策上有所倾斜,加大扶持力度。健康制造方面,鼓励企业进行关键技术研发及医疗产品开发;健康服务方面,鼓励企业进行消费者需求挖掘,在服务内容、服务方式上创新改进。在有重点地培育支持大型领军企业的同时,也要鼓励中小企业的发展,形成合理的市场层次分工,建立有序的市场竞争机制,以国际通用标准为基准提高海南省健康产业的产品和服务质量,创造、维护良好的市场环境,促进企业在良性竞争中进步成长。

2. 丰富健康产业内涵,构建多元化多层次健康产业市场

目前海南省健康产业应深入分析消费者需求,细分市场,进一步拓宽、丰富健康产业内涵,形成多元化、多层次的产业格局。具体来说,低收入人群对健康产业的需求较少,一般只局限于低价药品及中小医疗机构的消费。这类人群一般并非企业的目标客户,应适度增加医疗机构、医药行业的供给数量,并相应地提高服务水平。

中等收入人群具有一定的消费能力且占比较大,应成为健康产业重点关注的消费群体。此类群体以发展性消费为主,除传统的药品、医疗机构消费外,对保健食品、养生健身产品、家用医疗器械、疾病筛查与预防、心理健康咨询、健康干预等均有较大需求。因此针对此类人群,要加大此类产品服务的供给,兼顾产品的数量与质量,同时积极开发新产品、新服务,扩展产业内容。

　　高收入人群在消费中更多地呈现出享受性,相比其他消费群体,更加注重疾病的事前预防以及保健养生的舒适性、娱乐性,同时更加偏好个性化产品服务。因此针对高收入消费群体,要积极发展休闲养生、生态健身、健康服务个性化定制。

　　3. 搭建健康产业信息平台,打造健康产业集聚优势

　　根据全省经济社会发展总体部署,考虑健康产业发展基础和资源要素配置条件,海南省健康产业应以博鳌乐城国际医疗旅游先行区为核心,以海澄文一体化综合经济圈和大三亚旅游经济圈为两大增长极,有序推动全省东部、中部、西部三区健康产业的集群发展。首先,结合特色资源,因地制宜地实现健康产业集聚;其次,加强健康产业功能分区,完善健康产业相关基础设施,加强水电、道路、通信等硬件设施建设,进一步完善健康产业信息支持、融资投资、企业服务、科学技术支持等软件设施,提高健康产业园的产业承载力;第三,搭建健康产业协会、企业、政府机构、科研院所之间的健康产业信息平台,提高自主运行能力,激发健康产业园区主体活力。

　　4. 加强高校实践教学,建立校企联动培养机制

　　高校教学要深入企业一线,增强教学内容的实践性和应用性。要提高海南省健康产业人才培养能力,首先应加强高校教师的实践教学能力,创造条件派遣在职教师到健康产业发展成熟的省份或国家进行学习,吸收先进经验。与健康服务企业合作,聘请其专业技术人员、营销服务人员、经营管理人员等作为兼职教师,有针对性地制定教学计划,使学生培养与健康产业市场需求紧密结合,将实践指导融入理论教学。紧密结合课程与健康产业需求,建立校企联动培养机制,由医药类高校与健康制造、健康服务企业共同培养人才。企业为学校提供实践平台,学校为企业提供技术研发和医学理论知识等支持,并进行人才供给。

　　5. 加快健康产品和服务的研发及创新

　　提升医疗机构、医药医疗设备研发机构、康复保健机构的研发能力,增加研发投入,通过激励手段鼓励创新,发展健康产品和服务机构自身核心能力。借助互联网和大数据技术,建立健全健康产业信息统计系统和信息共享平台,为健康产业创新发展提供数据和信息支撑。

　　6. 着眼国际市场,形成全球化发展路线

　　以全球视野谋划和推动健康产业发展,全面提升海南在全球健康产业格局中的地位,力争成为中医药等若干重要领域的引领者和重要规则制定的参与者。充分利用"一带一路"倡议等国际合作平台,加强国际合作与宣传推介,凸显海南的健康产业比较优势,对社会急需、项目发展前景好的健康产业项目予以适当扶持,形成一批产业链长、覆盖领域广、经济社会效益显著的产业集群。积极开展国际健康技术合作交流,实现互利共赢。

附件:

2000—2018 年国家大健康产业主要政策出台情况

年份	政策文件
2009	《中共中央、国务院关于深化医药卫生体制改革的意见》
2013	《国发(2013)40 号国务院关于促进健康服务业发展的若干意见》

续　表

年份	政策文件
2013	《十八届中央委员会第三次全体会议,通过中共中央关于全面深化改革若干重大问题的决定》
2014	《国发(2014)29 号国务院关于加快发展现代保险服务业的若干意见》
2014	《国发(2014)31 号国务院关于促进旅游业改革发展的若干意见》
2014	《国办发(2014)50 号国务院办公厅关于加快发展商业健康保险的若干意见》
2015	《国办发(2015)32 号国务院办公厅关于印发中医药健康服务发展规划(2015—2020)的通知》
2015	《国发(2015)40 号国务院关于积极推进"互联网+"行动的指导意见》
2015	《国发(2015)50 号国务院关于印发促进大数据发展行动纲要的通知》
2015	《国办发(2015)70 号国务院办公厅关于推进分级诊疗制度建设的指导意见》
2015	《国办发(2015)84 号国务院办公厅转发卫生计生委等部门关于推进医疗卫生与养老服务相结合指导意见的通知》
2016	《习近平主席在全国卫生与健康大会上的重要讲话》
2016	《国发(2016)15 号国务院印发中医药发展战略规划纲要(2016—2030 年)的通知》
2016	《国办发(2016)27 号国务院办公厅关于强化学校体育促进学生身心健康全面发展的意见》
2016	《国卫财务发(2016)26 号关于实施健康扶贫工程的指导意见》
2016	《国发(2016)37 号国务院关于印发全民健身计划(2016—2020 年)的通知》
2016	《国办发(2016)47 号国务院办公厅关于促进和规范健康医疗大数据应用发展的指导意见》
2016	《国办发(2016)66 号国务院办公厅关于印发国家残疾预防行动计划(2016—2020 年)的通知》
2016	《国卫妇幼发(2016)53 号关于加强生育全程基本医疗保健服务的若干意见》
2016	《国办发(2016)77 号国务院办公厅关于加快发展健身休闲产业的指导意见》
2016	《国卫宣传发(2016)62 号关于加强健康促进与教育的指导意见》
2016	《国办发(2016)91 号国务院办公厅关于全面放开养老服务市场提升养老服务质量的若干意见》
2016	《国卫医发(2016)75 号国家卫生计生委关于开展医疗联合体建设试点工作的指导意见》
2017	《国办发(2016)100 号国务院办公厅关于印发国家职业病防治规划(2016—2020 年)的通知》

续　表

年份	政策文件
2017	《国发(2016)78 号国务院关于印发"十三五"深化医疗卫生体制改革规划的通知》
2017	《国发(2016)77 号国务院关于印发"十三五"卫生与健康规划的通知》
2017	《国卫规划发(2017)6 号国家卫生计生委关于印发"十三五"全国人口健康信息化发展规划的通知》
2017	《国办发(2017)12 号国务院办公厅关于印发中国防治慢性病中长期规划(2017—2025 年)的通知》
2017	《国发(2017)9 号国务院关于印发"十三五"推进基本公共服务均等化规划的通知》
2017	《国发(2017)13 号国务院关于印发"十三五"国家老龄事业发展和养老体系建设规划的通知》
2017	《国家卫生计生委等关于印发"十三五"健康老龄化规划的通知》
2017	《国办发(2017)32 号国务院办公厅关于推进医疗联合体建设和发展的指导意见》
2017	《国卫办疾控发(2017)16 号关于印发全民健康生活方式行动方案(2017—2025 年)的通知》
2017	《五部委关于促进健康旅游发展的指导意见》
2017	《国办发(2017)44 号国务院办公厅关于支持社会力量提供多层次多样化医疗服务的意见》
2017	《国办发(2017)52 号国务院办公厅关于制定和实施老年人照顾服务项目的意见》
2017	《国办发(2017)55 号国务院办公厅关于进一步深化基本医疗保险支付方式改革的指导意见》
2017	《国办发(2017)59 号国务院办公厅关于加快发展商业养老保险的若干意见》
2017	《国办发(2017)60 号国务院办公厅关于印发国民营养计划(2017—2030 年)的通知》
2017	《国发(2017)35 号国务院关于印发新一代人工智能发展规划的通知》
2017	《国卫办宣传函(2017)823 号国家卫生计生委办公厅关于加强健康教育信息服务管理的通知》
2018	《"健康中国 2030"规划纲要》
2018	《国卫医发(2017)73 号关于印发进一步改善医疗服务行动计划(2018—2020 年)的通知》
2018	《国办发(2018)3 号关于改革完善全科医生培养与使用激励机制的意见》

(黑启明　陈银平)

第十一章　自贸区(港)背景下的海南房地产转型研究

在中央的"因城施策""分类调控"的楼市调控精神指导下,2018年,海南省结合本地实际,出台最严房地产的调控政策。自调控政策实施以来,海南省房地产市场出现较大波动。总体来看,全省商品房的成交量和成交金额同比出现大幅下降,成交均价总体平稳,投资投机需求得以遏制。最严楼市调控政策的实施与落实,体现海南省调整经济结构,告别经济依赖房地产投资的决心。未来在全省建设自由贸易区(港),继续深化房地产市场调控的背景下,坚持持续调控,同时着重长效机制建设,包括建立多主体供应、多渠道保障、租购并举的住房制度;优先保障产业用地;实施积极的人才引进政策,建立相应的人才住房政策;建设住房保障体系,妥善解决好本地居民的住房需求问题,保障中低收入家庭的住房权利。

一、土地市场

(一)在全省建设自由贸易区(港)背景下,为加强土地管理与高效利用,海南出台严格的土地政策

首先,严控商品住宅用地供应及监管建设用地出让控制指标。2018年1月10日,海南省政府出台《关于进一步加强土地宏观调控提升土地利用效益的意见》(琼府〔2018〕3号),提出加强商品住宅用地计划管理,对位于生态保护核心区的市县,停止安排新增商品住宅用地供应计划;全面停止办理产权式酒店用地审批手续。2018年8月9日,海南省国土资源厅会同省发改委等单位联合印发了《海南省建设用地出让控制指标(试行)》和《关于实施产业项目发展和用地准入协议的指导意见》。文件提出海南将实行最严格的节约用地制度,设定相关用地效益指标作为土地供应的门槛,约定履约要求,建立土地退出机制,以此要求用地企业提高土地开发利用效益。相关政策表明,海南将严格管控项目用地,提升土地开发利用效益。

其次,实施整治违法用地与土地供给增减挂钩机制。2018年9月2日,中共海南省委办公厅印发《关于实施整治违法用地与土地供给增减挂钩机制的通知》(琼办发〔2018〕49号),海南将实行整治违法用地与土地供应挂钩,贯彻落实最严格的生态环境保护和节约用地制度。《通知》指出,在2021年前,违法用地面积较上一年度增长超过10%的,暂停该市县进入省土地统一交易市场进行经营性用地供应;2021年后未实现违法用地"零增长"的,暂停该市县进入省土地统一交易市场进行经营性用地供应。

（二）受"两个暂停"政策影响，2018年全省建设用地供应全年同比大幅下降

2018年，全省以招拍挂出让方式供应的建设用地461.00公顷，同比下降11.52%；成交金额125.38亿元，同比下降37.54%；其中2月、5月和6月三个月建设用地招拍挂出让出现零供应。

（三）房地产用地供应同比大幅下降，房地产用地出让收入同比腰斩，出让均价同比略增

从土地供应结构来看，2018年供应商品住宅用地和商服用地共195.65公顷，占供应总量42.44%，同比下降46.06%，其中商品住宅用地供应为101.46公顷，占供应总量22.01%，同比下降25.74%；商服用地供应量为94.19公顷，占供应总量20.43%，同比下降58.34%。

从土地出让收入来看，2018年商品住宅用地和商服用地供应出让价款102.96亿元，占出让总价款的82.12%，同比下降44.15%，其中商品住宅用地出让价款为62.44亿元，占出让总价款49.80%，同比下降32.91%；商服用地出让价款为40.52亿元，占出让总价款32.32%，同比下降55.62%。

从土地出让价格来看，2018年商品住宅用地出让均价为410.30万元/亩，同比下降9.65%；商服用地均价为286.79万元/亩，同比增长6.53%。

（四）2018年，海南省土地供应交易量主要集中在海口，三亚土地价格领跑全省

从区域土地供应来看，2018年只有海口、三亚、儋州供应了商品住宅用地，三个市县具体的供应面积和平均土地出让价格分别是：海口97.69公顷，419.59万元/亩；三亚0.10公顷，873.99万元/亩；儋州3.67公顷，150.87万元/亩。

海口、三亚、五指山、琼海、文昌、定安、屯昌、澄迈、白沙和琼中等十个市县供应了商服用地，其中，海口和三亚供应的面积最多，分别供应了51.67公顷和19.76公顷。三亚的平均土地出让价格是528.36万元/亩，均价远远高出五指山（272.04万元/亩）、海口（248.47万元/亩）和琼海（234.50万元/亩）。

（五）"两个暂停"和土地宏观调控等政策的执行，短期内导致房地产用地供应减少，长远看为自由贸易港的发展提供广阔空间

由于"两个暂停"和土地宏观调控等政策的执行，商品住宅用地供应量得到有效控制，2018年商品住宅用地招拍挂出让101.46公顷，同比下降25.74%。其他产业用地如工矿仓储用地、公共管理与公共服务用地和交通运输用地占比分别提高约11%、17%和1%，土地供应结构进一步优化。

二、商品房市场

（一）全省房地产开发投资额持续增长的态势被打破，投资增速首现负增长

近十年来，我省房地产开发投资呈现不断增长态势，2015年占同期固定资产总投资比重达到50.8%，是近几年以来同期的高水平，体现房地产开发投资以往对我省拉动经济增长的作用。

2018 年,全省固定资产投资 3536.3 亿元,同比下降 14.3%,为十年来固定资产投资额的首次下降。房地产开发投资额 1715.04 亿元,占同期固定资产总投资比重 48.5%,同比增速下降 16.5%,为近十年的首次较大降幅。其中,住宅投资 1310.51 亿元,同比下降 11.3%,住宅投资占房地产开发投资的比重为 76.4%。

表 11-1　2009—2018 年海南省房地产开发投资变动表

	全年全省固定资产投资（亿元）	同比增速(%)	房地产开发投资(亿元)	同比增速(%)	占比
2009 年	942.68	41.12%	287.9573	44.38%	30.55%
2010 年	1257.5	33.40%	467.8659	62.48%	37.21%
2011 年	1599.14	27.17%	663.0475	41.72%	41.46%
2012 年	2064.44	29.10%	886.644	33.72%	42.95%
2013 年	2625.59	27.18%	1196.7581	34.98%	45.58%
2014 年	3039.46	15.76%	1431.6515	19.63%	47.10%
2015 年	3355.4	10.39%	1703.996	19.02%	50.78%
2016 年	3747.03	11.67%	1787.6	4.91%	47.71%
2017 年	4125.4	10.10%	2053.11	14.85%	49.77%
2018 年	3536.3	-14.28%	1715.04	-16.47%	48.50%

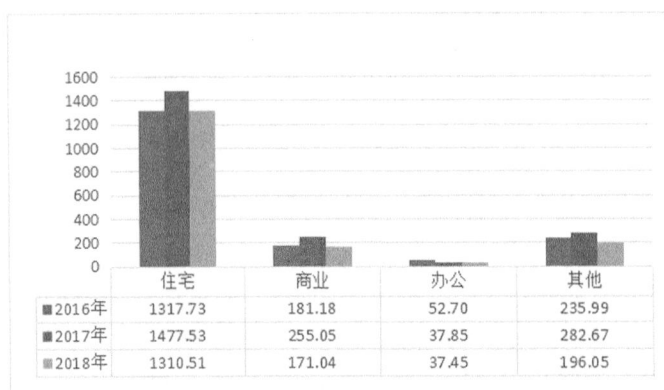

	住宅	商业	办公	其他
2016年	1317.73	181.18	52.70	235.99
2017年	1477.53	255.05	37.85	282.67
2018年	1310.51	171.04	37.45	196.05

图 11-1　2016 年—2018 年各类型房地产开发投资额

(二)全省商品房新开工施工面积和竣工面积同比小幅下降

2018 年,海南省竣工面积 1186.81 万平方米,较 2017 年小幅下降 6.3 个百分点;施工面积 9574.56 万平方米,同比小幅上涨 0.1%;新开工面积为 1944.64 万平方米,同比下降 7.8%。

表 11-2 全省商品房新开工施工面积和竣工面积

时间	房地产施工面积累计值(万平方米)	房地产施工面积累计增长(%)	房地产新开工施工面积累计值(万平方米)	房地产新开工施工面积累计增长(%)	房地产竣工面积累计值(万平方米)	房地产竣工面积累计增长(%)
2017 年 1—12 月	9567.39	7.1	2109.74	6.8	1267.16	-24.3
2018 年 1—12 月	9574.56	0.1	1944.64	-7.8	1186.81	-6.3

2018 年,海南省各类型物业房屋竣工面积中,商品住宅占比 83.20%,商品住宅竣工面积同比增长 3.5%,办公楼和商业营业用房竣工面积同比分别下降 69.6%和 43.1%。

表 11-3 2018 年各类型物业房屋竣工面积情况

指标	绝对量	占比(%)	同比增长量(%)
商品住宅	987.39	83.20%	3.5%
办公楼	13.94	1.17%	-69.6%
商业营业用房	87.72	7.39%	-43.1%
其他	97.75	8.24%	-13.7%

2018 年,海南省各类型物业房屋施工面积商品住宅占比较大为 73.73%,办公楼及商业营业用房占比分别为 2.35%和 11.89%,其中,商品住宅施工面积同比增长 1.1%,办公楼及商业营业用房施工面积同比下降 9.1%和 2.4%。

表 11-4 2018 年各类型物业房屋施工面积情况

指标	绝对量	占比(%)	同比增长量%
商品住宅	7058.88	73.73%	1.1%
办公楼	225.35	2.35%	-9.1%
商业营业用房	1138.34	11.89%	-2.4%
其他	1151.99	12.03%	-1.7%

2018 年,海南省各类型物业房屋新开工面积中,商品住宅占比 78.20%,总体比例较大,办公楼新开工面积增长幅度较大,同比增长 140.1%,商品住宅新开工面积同比下降 7.8%,商业营业用房新开工面积同比下降幅度较大,下降 38.9%。

表 11-5 2018 年各类型物业房屋新开工面积情况

指标	绝对量	占比(%)	同比增长量%
商品住宅	1520.62	78.20%	-7.8%
办公楼	37.44	1.93%	140.1%

续　表

指标	绝对量	占比(%)	同比增长量%
商业营业用房	144.29	7.42%	-38.9%
其他	242.29	12.45%	16.4%

(三)最严限购令背景下,市场低迷,商品房成交总量与成交额同比大幅下滑,区域分化明显

2018 年海南省实施全域限购政策,受此影响,全省商品房成交面积为 1432.25 万平方米,成交面积同比下降 37.5%;2018 年,全省房屋成交金额为 2083.29 亿元,成交金额同比下降 23.2%。2018 年,全省商品房成交均价 14545.6 元/平方米,同比增长 22.9%。

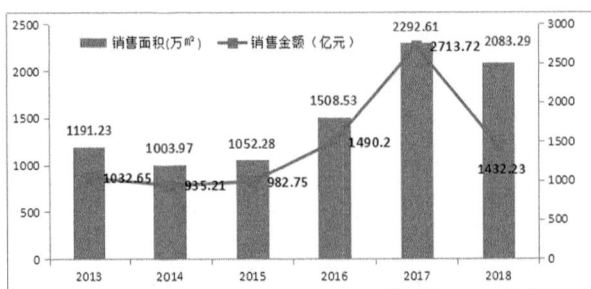

图 11-2　2013—2018 年全省房地产成交面积及金额

1. 各区域成交面积:全市县房地产成交总量同比大幅下降,除三亚和洋浦外,其他市县商品房成交面积同比均出现不同程度下滑。

2018 年,三亚市商品房成交面积 244.79 万平方米,同比增长 14.5%。洋浦商品房成交面积 7.46 万平方米,同比上涨 554.4%。海口市商品房成交面积 393.32 万平方米,同比减少 28.4%。在海南省生态区的四个县市,实施更为严格的只面向本县市居民成交的限购政策,受此影响,五指山市成交面积同比降幅最大,成交面积 5.41 万平方米,同比减少 80.8%;其次是琼中和保亭县,成交面积分别为 2.22 和 9.86 万平方米,同比分别减少 64.3% 和 64.1%。此外,琼海市、万宁市、陵水县、屯昌县、琼中县、东方市、临高县、乐东县、昌江县房地产成交面积同比降幅超 50%。

表 11-6　各区域商品房成交面积统计

地区	2018 年 1—12 月（万㎡）	2017 年 1—12 月（万㎡）	比上年同期增减	
			绝对数	%
全省	1432.25	2292.61	-860.36	-37.5%
海澄文	701.64	1017.83	-316.19	-31.1%
大三亚	355.02	498.31	-143.29	-28.8%
东部地区	931.76	1362	-430.24	-31.6%
海口市	393.32	549.47	-156.15	-28.4%

续　表

地区	2018 年 1—12 月 （万 ㎡）	2017 年 1—12 月 （万 ㎡）	比上年同期增减	
			绝对数	%
三亚市	244.79	213.79	31	14.5%
文昌市	97.01	136.92	−39.91	−29.1%
琼海市	58.61	138.77	−80.16	−57.8%
万宁市	48.98	108.88	−59.9	−55.0%
陵水县	89.14	214.16	−125.02	−58.4%
中部地区	82.34	154.45	−72.11	−46.7%
五指山市	5.41	28.23	−22.82	−80.8%
定安县	35.61	44.51	−8.9	−20.0%
屯昌县	14.39	30.4	−16.01	−52.7%
琼中县	2.22	6.21	−3.99	−64.3%
保亭县	9.86	27.5	−17.64	−64.1%
白沙县	14.85	17.61	−2.76	−15.7%
西部地区	418.15	776.16	−358.01	−46.1%
儋州地区	131.54	247.77	−116.23	−46.9%
儋州市	124.07	246.62	−122.55	−49.7%
洋　浦	7.46	1.14	6.32	554.4%
东方市	17.52	52.1	−34.58	−66.4%
澄迈县	211.31	331.44	−120.13	−36.2%
临高县	35.52	79.69	−44.17	−55.4%
乐东县	11.32	42.86	−31.54	−73.6%
昌江县	10.93	22.3	−11.37	−51.0%

2. 各区域成交金额：受最严调控影响,全省商品房年成交额同比下降 23.2%,仅有四市县商品房成交额同比增长

2018 年三亚市、定安县、白沙县以及洋浦的商品房成交额实现同比增长,其中,三亚市商品房成交金额为 601.37 亿元,同比增长 9.1%。海南省其余市县分别出现不同程度的跌幅,其中乐东县、五指山市、保亭县商品房成交额同比跌幅最高,同比跌幅分别为 77.7%、75.2% 和 68.7%,省会海口市商品房成交金额为 520.49 亿元,同比减少 21%。

表 11-7　各区域商品房成交金额统计

地区	2018 年 1-12 月（万元）	2017 年 1-12 月（万元）	比上年同期增减	
			绝对数	%
全省	20832908	27137184	-6304276	-23.2%
海澄文	8423993	10293180	-1869187	-18.2%
大三亚	8563819	10455231	-1891412	-18.1%
东部地区	16221327	20437600	-4216273	-20.6%
海口市	5204892	6587877	-1382985	-21.0%
三亚市	6013714	5514558	499156	9.1%
文昌市	1092907	1289764	-196857	-15.3%
琼海市	655522	1284671	-629149	-49.0%
万宁市	868803	1474759	-605956	-41.1%
陵水县	2385489	4285971	-1900482	-44.3%
中部地区	617028	949646	-332618	-35.0%
五指山市	49268	198393	-149125	-75.2%
定安县	321690	288313	33377	11.6%
屯昌县	80999	147504	-66505	-45.1%
琼中县	15314	31316	-16002	-51.1%
保亭县	64240	205127	-140887	-68.7%
白沙县	85517	78993	6524	8.3%
西部地区	3994553	5749938	-1755385	-30.5%
儋州地区	1261063	1848864	-587801	-31.8%
儋州市	1147321	1843608	-696287	-37.8%
洋 浦	113742	5256	108486	2064.0%
东方市	135394	367873	-232479	-63.2%
澄迈县	2126194	2415539	-289345	-12.0%
临高县	298299	526681	-228382	-43.4%
乐东县	100376	449575	-349199	-77.7%
昌江县	73227	141406	-68179	-48.2%

3. 各区域成交均价:洋浦商品房成交均价同比涨幅最高,仅有三市县均价同比下降,陵水商品房成交均价领跑全省

洋浦商品房成交均价为 15246.9 元/平方米,同比涨幅最高,为 230.7%。紧随其后的分别是定安县和澄迈县,商品房成交均价分别为 9033.7 元/平方米和 10062 元/平方米,同比涨幅分别是 39.5% 和 38.1%。乐东县商品房成交均价为 8867.1 元/平方米,同比跌幅

15.5%,其次是保亭县和三亚市,商品房成交均价同比跌幅15.5%和4.8%。

陵水县以26761.2元/平方米位居全省商品房成交均价第一名;位居二三位分别是三亚市和万宁市,成交均价分别为24566.8元/平方米和17737.9元/平方米。海口商品房成交均价为13233.2元/平方米,同比上涨10.4%。

表 11-8 海南省各市县成交均价

地区	2018年1-12月 (元/㎡)	2017年1-12月 (元/㎡)	比上年同期增减	
			绝对数	%
全省	14545.6	11836.8	2708.8	22.9%
海澄文	12006.1	10112.9	1893.3	18.7%
大三亚	24122.1	20981.4	3140.7	15.0%
东部地区	17409.3	15005.6	2403.8	16.0%
海口市	13233.2	11989.5	1243.7	10.4%
三亚市	24566.8	25794.3	-1227.4	-4.8%
文昌市	11265.9	9419.8	1846.1	19.6%
琼海市	11184.5	9257.6	1926.9	20.8%
万宁市	17737.9	13544.8	4193.1	31.0%
陵水县	26761.2	20012.9	6748.2	33.7%
中部地区	7493.7	6148.6	1345.1	21.9%
五指山市	9106.8	7027.7	2079.1	29.6%
定安县	9033.7	6477.5	2556.2	39.5%
屯昌县	5628.8	4852.1	776.7	16.0%
琼中县	6898.2	5042.8	1855.4	36.8%
保亭县	6515.2	7459.2	-944.0	-12.7%
白沙县	5758.7	4485.7	1273.0	28.4%
西部地区	9552.9	7408.2	2144.7	29.0%
儋州地区	9586.9	7462.0	2124.9	28.5%
儋州市	9247.4	7475.5	1771.9	23.7%
洋浦	15246.9	4610.5	10636.4	230.7%
东方市	7728.0	7060.9	667.1	9.4%
澄迈县	10062.0	7288.0	2774.0	38.1%
临高县	8398.1	6609.1	1788.9	27.1%
乐东县	8867.1	10489.4	-1622.2	-15.5%
昌江县	6699.6	6341.1	358.6	5.7%

三、房地产调控政策梳理及展望

(一) 调控政策

党的十九大报告提出："坚持房子是用来住的、不是用来炒的定位,加快建立多主体供给、多渠道保障、租购并举的住房制度,让全体人民住有所居"。中央经济工作会议提出："加快建立多主体供给、多渠道保障、租购并举的住房制度。完善促进房地产市场平稳健康发展的长效机制,保持房地产市场调控政策连续性和稳定性,分清中央和地方事权,实行差别化调控"。为进一步贯彻落实党中央精神,坚持"房住不炒"的定位,遏制投机性购房,稳定市场预期,保持海南省房地产市场平稳运行,防止大起大落,2018 年海南省政府出台了一系列的房地产限购政策。

2018 年 3 月 31 日,海南省住建厅向外发布《关于做好稳定房地产市场工作的通知》,要求全省加强严格购房资格审查,非本省户籍居民家庭在我省范围内只能购买 1 套住房。非本省户籍居民家庭在实行限购政策的区域购买住房,需提供至少一名家庭成员在我省累计 60 个月及以上个人所得税或社会保险缴纳证明。通知印发后购买的住房,自取得不动产权证之日起 5 年内禁止转让。

2018 年 4 月 22 日,实施全域限购,海口、三亚、琼海已实行限购的区域,非海南户籍居民家庭购买住房的,须提供至少一名家庭成员在海南累计 60 个月及以上个税或社保证明;上述区域之外,非海南户籍居民家庭购买住房的,须提供至少一名家庭成员在海南累计 24 个月及以上个税或社保证明。非本省户籍居民家庭在海南购买住房,申请商业性个人住房贷款首付款比例不得低于 70%;无论本省户籍居民家庭还是非本省户籍居民家庭,以及企事业单位、社会组织购买的住房,都要取得不动产权证满 5 年后方可转让。

海口、三亚都列入 5 年个税或者社保才能购买的程度,相比一线城市限购政策而言也是最严格的标准。位于海南生态区的四个县市的限购则更加严厉,只有该市县的居民才有资格购买。

(二) 政策展望

2018 年海南省实施严厉的房地产调控政策导致了全省商品住宅的土地供应量、房地产投资、商品房成交面积和成交金额均同比大幅下降,但全省各区域房价基本保持稳定。

2018 年,在房地产调控的大背景之下,海南省经济下行压力加大。房地产调控的同时也带来了海南经济发展转型的机遇,2018 年在房地产投资下降同时,全省进出口额、旅游总收入指标均实现增长。新形势下,旅游业、高新技术产业和现代服务业等新产业作为新动能得以培育与引进,未来将带动海南的经济发展。其中,较为瞩目的是互联网产业和生物医药产业,均以较快速度实现增长。

严厉的房地产调控,加上全岛建设国际自贸区(港)的背景,海南省的土地供给将重新梳理,重点在于强调优化产业布局,实行高效的土地利用管理,优先生态环境保护,避免土地财政依赖。从长远来看这些政策将对海南的经济发展将产生积极的影响,海南将腾出更大空间来培育新产业,当下的经济结构调整为未来经济将走向更健康、可持续发展的道路做铺垫。

未来我省房地产调控工作仍坚持"房住不炒"的定位,以建立符合海南本土实际,适应市场规律的住房基础制度和房地产长效机制为目标。重点是完善住房保障和建立多层次的供应体系,保障居民的住房基本需求;建立多层次的住房供应体系,重点发展"租售并举",完善住房租赁市场体系,是促进房地产行业长期健康发展重要举措。同时,根据海南建设自贸区(港)要求,做好土地的转型发展,优化产业用地布局,充分发挥土地在房地产市场中的调控作用。最后,加强房地产的金融监管,探索住房金融政策支持相关模式。

1. 完善住房制度,妥善解决好本地居民基本住房需求问题

目前,海南实施积极的人才引进制度,但与此配套的人才住房制度亟须建立和完善。今后,还应进一步明确人才家庭的认定标准。同时针对本地居民基本住房需求问题,有效化解本地居民因房价上涨带来的住房压力。加快住房供应结构调整,争取人才安居住房、低收入家庭公租房供应规模达到住房供应总量的一定规模,保障人才和中低收入家庭的住房权利。

2. 发挥土地调控功能,加快房地产供给侧结构性改革

首先是加大力度盘活存量建设用地。严格监管各市县供地的节奏把控,加快闲置土地的清理和盘活利用。研究出台具体措施,鼓励和指导已出让尚未开发的商品住宅用地转型用于发展其他产业或共有产权住房、限售商品住房、租赁住房等。根据房地产市场的消化进度和开发投资强度,适时调整供地节奏,通过暂停或减少一级市场住宅用地的供应,促进盘活存量国有建设用地。其次,对商品住宅用地,坚持"两个暂停"和土地宏观调控政策。属于暂停的市县,按照省政府的规定,暂停涉及商品住宅的相关农用地转用、土地征收用地、土地供应等审批;对不属于暂停的市县,严格商品住宅用地计划管理,保障商品住宅用地有计划、按步骤,有序供应。进一步加大对新增建设用地审批和土地供应的监管力度,强化土地供应把控,严格供应计划管理。第三,节约用地,提升土地开发利用效益。设定单位土地投资强度、产值、税收等相关用地效益指标作为土地供应的门槛,并约定履约要求和土地退出机制,倒逼企业提高土地开发利用效益。盘活低效利用的土地,建立健全低效用地再开发激励约束机制,推进存量建设用地挖潜利用和高效配置。最后,按照多规合一的要求,通过调整城乡规划、控制性详细规划等规划,加强商品住宅用地供应计划管理,严格控制、甚至停止在中部市县以及滨海、滨江、滨湖等以环境保护为主的区域进行商品住宅开发,大幅减少以工业发展为主的西部市县的商品住宅用地供应,优化我省的产业用地布局。

3. 加强房地产金融监管,探索住房金融政策支持相关模式

房地产市场长效机制的建立,需要以有效的金融监管作为制度基础。加强房地产资金监管,坚决打击违规资本涌入房地产市场,避免海南省的房地产金融风险积聚。同时,探索、推动住房金融政策支持的相关模式。充分利用住房公积金政策,加大住房金融支持,有效支持合理住房消费;探索房地产信托投资基金(REITS)、房地产证券化(MBS)等政策性住房金融产品,为住房租赁、保障性住房建设等提供金融支持,合理引导社会投资。

四、海南房地产业转型建议

(一)海南省房地产市场发展战略展望

海南省房地产业相关财政收入一直是地方财政收入的主要来源。目前,海南在自由贸易港建设的战略背景下严控房地产市场,实施全域限购政策,给传统模式下的房地产市场发

展带来巨大冲击,房地产业转型发展势在必行。积极培育新兴产业,探索多元化的社会经济发展模式,逐步打破地方财政依赖房地产的发展模式。其一,统筹管控,规划先行:以省域"多规合一"为引领,制定房地产发展规划或住房发展规划,为未来海南省房地产发展路径做好顶层设计;其二,产业集聚,联动发展:积极推动房地产业与其他产业经济联动发展,大力发展房地产+旅游、房地产+文化、房地产+教育、房地产+健康养老等产业;其三,招商引人,转型升级:以自贸港建设为契机,科学引导社会投资由房地产业向海南十二个重点产业转移促进房地产业转型升级;其四,生态宜居,合理布局:建立房地产绿色发展理念,在选址、开发、技术等方面做好生态评估,科学布局,促进生态宜居建设目标实现。

(二)海南省不同发展水平房地产市场区域转型路径

以海南省房地产市场的发展水平和发展速度差异作为海南省房地产市场区域差异的衡量指标,其中选取各市县商品房平均销售价格作为衡量房地产市场发展水平的指标,选取各市县平均商品房销售价格年均增长率作为衡量房地产市场发展速度差异的指标,聚类分析结果表明,海南省房地产市场可划分为较低、中等、较高发展水平三类区域,区域之间呈现出较为强烈的房地产市场发展水平与发展速度错位的特征:如以五指山、澄迈为代表的较低发展水平房地产市场区域平均商品房销售价格较低,但其商品房销售价格年均增长率却相对较高,即该区域房地产市场发展水平较低但发展速度较快;以三亚和陵水为代表的较高水平房地产市场区域则呈现出发展水平较高但发展速度较慢的特征。分析可能较低发展水平房地产区域经济发展水平较低但产业单一,仍需依赖房地产业带动地方财政,所以仍有快速提升房价意愿;较高发展水平房地产市场区域经济相对发达,但房价已接近天花板,没有快速提升空间。结合区域特点,提出针对性转型建议。

1. 海南省较高发展水平房地产市场区域转型路径分析

该区域包括三亚和陵水。其房地产市场呈现出较高发展水平和较慢发展速度的特征,一方面反映了该区域旅游资源禀赋优势促进房地产市场繁荣发展的现实情况,另一方面说明了该区域房地产市场的增速空间已近饱和。该区域的房地产业转型路径一是坚持实施全域限购政策,缓解人口因素对房地产市场的需求,依托重点产业和项目引进的高端人才,通过租赁型住房、人才房等多元化住房体系保障其住房需求[1];二是进一步挖掘旅游资源优势,科学规划旅游型房地产市场布局,同时实行最严格的节约用地制度,实施建设用地总量和强度双控行动,建设用地供应向建设自由贸易试验区和中国特色自由贸易港急需的基础设施、产业发展、社会发展、民生需求等倾斜,以自由贸易港的建设来作为区域社会经济发展的新引擎。

2. 海南省中等发展水平房地产市场区域转型路径分析

该区域包括琼海、保亭、海口、乐东、万宁等市县。其房地产市场价格和增长速度相对适中和平稳。一方面可通过调整土地供应结构从供给侧引导房地产转型发展[2],另一方面该地区要妥善解决好本地居民基本住房需求问题,加快建立多主体供给、多渠道保障、租购并举的住房制度,通过建设公共租赁住房、共有产权住房、限售商品住房以及实施棚户区改造等推动住有所居向住有宜居迈进,进而促进房地产市场与区域经济水平的协调发展。

3. 海南省较低发展水平房地产市场区域转型路径分析

该区域包括五指山、澄迈、临高、东方、文昌、屯昌、白沙、琼中、昌江、定安、儋州等市县。

其房地产市场发展处于较低水平,同时,较快的房地产市场发展速度也反映了该区域对发展房地产市场拉动地方经济增长的需求。可通过严格把控房地产投资建设方向,加强各市县商品住宅用地出让、规划报建和预售管控,严格审批新增房地产项目,严厉打击房地产市场投机行为等手段防止房地产市场过快增长,从供给侧保障该区域的房地产市场平稳发展[3]。同时考虑到该地区大部分市县处于海南省核心生态保护区内,应实行最严格的生态环境保护制度,率先建立现代生态环境和资源保护监管体制,引导房地产业健康可持续发展,建立健全形式多样、绩效导向的生态保护补偿机制。

(王 湃 韩念龙)

致谢:感谢海南大学政管学院 2016 级土地资源管理系学生齐梦娜在此文中做了数据采集与核对工作。

第十二章 海南省知识产权发展状况研究
——基于《中国知识产权指数报告》
(2011—2018)的分析

创新是中国经济转型、再发展及可持续发展的关键。中共十八大提出了"实施创新驱动发展战略",强调科技创新是提高社会生产力和综合国力的战略支撑,因此必须把创新摆在国家发展全局的核心位置。十八届五中全会提出了"五大发展理念",并把创新发展列为"五大发展理念"之首。而在鼓励创新、鼓励对创新的投资、鼓励创新理论的扩散和传播等方面,知识产权则成为创新发展的推动力,发挥着重要的保障与激励作用。可以说,知识产权的发展水平直接体现了一个国家和地区的创新水平。随着我国知识产权保护在改善营商环境、激励创新行为、支撑国家产业布局上的作用日益凸显,知识产权经济也将迈入升级版,并成为激发经济增长的又一新动能。

2018年4月,习近平在博鳌亚洲论坛2018年年会开幕式上发表主旨讲话时指出:"加强知识产权保护,这是完善产权保护制度最重要的内容,也是提高中国经济竞争力最大的鼓励"。随后的4月13日,在海南建省和成立经济特区30年之际,习近平又宣布了将在海南全岛建设自由贸易试验区和探索建设中国特色自由贸易区(港),分步骤、分阶段建立自由贸易区(港)政策和制度体系。海南将以发展旅游业、现代服务业和高新技术产业为主导,并先行先试,充分地享有改革自主权。2018年4月14日,在发布的《中共中央国务院关于支持海南全面深化改革开放的指导意见》中,又指出海南要实施创新驱动发展战略,鼓励海南探索知识产权证券化,完善知识产权信用担保机制。2018年5月31日,海口顺利通过国家财政部和国家知识产权局组织的2018年知识产权运营服务体系建设申报城市竞争性评审答辩,有望获2亿元知识产权运营服务体系建设资金支持。因此,比较分析中国各区域知识产权发展的总体特征,解读海南省知识产权综合实力情况,分析影响海南知识产权综合实力发展的重要指标状况,对推进"创新驱动发展"战略的实施,对海南知识产权运营服务体系的建设与完善,营造更加稳定、公平、透明的营商环境,推动海南经济转型的发展具有重大意义。

一、地区知识产权发展状况评价指标的构成及量化情况

(一)知识产权发展状况评价指标体系的构成

如何能够比较准确而形象地评价一个地区的知识产权综合实力状况?《中国知识产权指数报告》中将知识产权综合指数下设四个分项指数:即知识产权产出水平、知识产权流动水平、知识产权综合绩效、知识产权创造潜力;这四个分项指数又由若干个二级指标来解释;二级指标又由若干个三级指标来解释。具体如下:

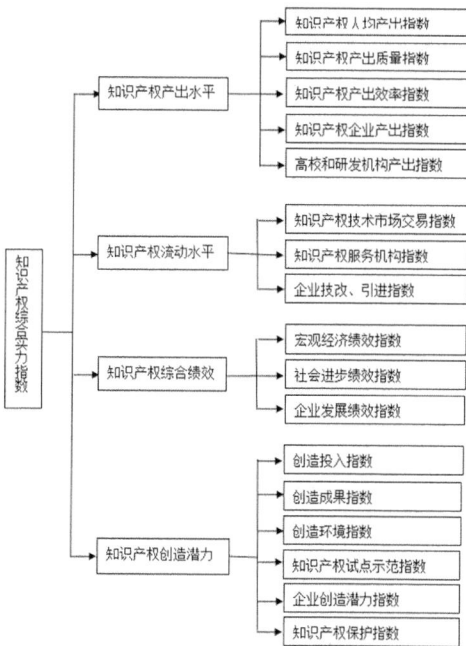

图 12-1　知识产权综合实力指数

(二)数据处理

1. 样本选取

《报告》选取的样本是我国内地 31 个省、直辖市、自治区(简称省份),以省份为单位进行区域知识产权综合实力的比较,以省为单位进行比较是因为我国的省级行政区是在政治、经济、人文、地理等多种因素作用下,经过长期历史演变而形成的具有特色的地区单元,省级政府既是国家宏观经济政策的承受者,又是发展省级经济的责任者,并且目前我国的知识产权管理机构设置在省一级较为完备。由于历史原因,台湾、香港、澳门等地区的统计数据与我国内地各省份的数据具有不同程度的差异,因此不在《报告》研究范围之内。

2. 数据收集

为保障数据的科学、准确,《中国知识产权指数报告》采用的举出数据全部来源于公开出版的年鉴或者相关部门公布的权威指标数据,具体如下:《中国统计年鉴》、《中国知识产权统计年报》、《专利统计年报》、《中国科技统计年鉴》、各省市统计公报、中华老字号评选委

员会、中国科技统计资料汇编、中国商标网、国家知识产权局网站。

3. 数据标准化

数据标准化主要是指数据无量纲化处理。

由于各项指标数据的量纲不同,因此,要对这些指标进行综合集成,所有指标数据都必须进行无量纲化处理。对于客观指标原始数据无量纲处理,《报告》主要采取阀值法对数据进行无量纲化处理。

阀值法的计算公式为:$X_i = \dfrac{(x_i - x_{Min})}{(x_{Max} - x_{Min})}$,

X_i 为转换后的值,x_{Max} 为最大样本值,x_{Min} 为最小样本值,x_i 为原始值。

逆向指标的计算公式为:$X_i = \dfrac{(x_{Max} - x_i)}{(x_{Max} - x_{Min})}$

X_i 为转换后的值,x_{Max} 为最大样本值,x_{Min} 为最小样本值,x_i 为原始值。

(3)综合评价指数的计算

《报告》结合国内外通用规则以及报告的具体目标,拟采用综合评价指数法对我国区域知识产权综合实力进行评价。综合评价指数法分为线性加权模型、乘法评价模型、加乘混合评价模型等几种形式。《报告》的指标体系各指标的重要程度较大,指标值的差异不大,而且各个指标间基本相互独立,各指标只影响综合评价值而指标之间不相互影响,因此采用线性加权模型进行计算。此外,各指标度量了区域知识产权综合实力的不同层面,其重要程度难以精确区分,因此在确定权重时各类指标按照不同层级取相等权重。

通过对上述指标体系量化和分析,公众可以得到一个相对直观的区域知识产权发展全貌、综合实力信息,清晰地比较出各省区知识产权发展状况,各个层面存在的差异,各环节间的内在联系和外在影响因素,明确各区域的优势、劣势、机遇和挑战。为政策制定者找准工作促进方向,制定相关决策提供依据。

二、中国各区域知识产权发展水平现状

根据《中国知识产权指数报告 2011—2018》中发布的数据可以看出,近年来中国知识产权区域分布呈现"总体集聚、梯田扩散"的特征,北京、上海、浙江、广东、江苏等东部沿线省份是中国知识产权发展的核心地区,以它们为原点,中国知识产权呈现"梯田扩散"的态势,由近及远,呈现出明显的距离衰减特征。这种分布特征不仅受近邻效应影响,也受到区域的技术水平、产业基础、人才储备、信息基础设施、生活环境以及区域地位与规划定位的影响。分析 8 年来各省份知识产权指数排名情况,安徽、广西、陕西三省知识产权进步最为显著。知识产权表现有起色,京津冀三地产权资源分布虽不平衡,却汇集了全国 30% 的有效专利和 46% 有效发明专利,协同效应初显。

(一)知识产权区域发展水平呈现总体集聚、梯田扩散的特征

从地区分布来看,华东、华南、华北和华中均领先于全国水平,西南、东北、西北地区落后于全国平均水平。其中华东地区(上海、江苏、浙江、安徽、福建、江西、山东)知识产权总体实力最强,知识产权综合指数大幅高于全国平均水平,且江苏和上海的辐射带动引领作用明

显；华南地区(广东、广西、海南)中广东一枝独秀,凭借粤港澳大湾区的政策优势,排名指数近年来一路上升,进一步缩小与北京的差距,尽管广西和海南一直位于全国中下游水平,不够通过粤港澳大湾区的政策效应,广东的知识产权优势有望向广西、海南二省辐射扩散,带动整个华南地区发展;华北地区(河北、山西、内蒙古、北京、天津)是我国城市群较为密集的地区,知识产权总体水平略高于全国平均水平,虽落后于华东地区和华南地区,但知识产权总体实力较强,京津冀协同效应稳固;华中地区(河南、湖北、湖南)区域内知识产权实力均衡,处于全国平均水平上下;东北地区整体表现不尽如人意,吉林、黑龙江略有进步,辽宁自2015年后一直未能进入前10位;而西南、西北地区,尽管经济基础十分薄弱,知识产权发展水平整体上也大幅落后与全国平均水平,但个别省市近年来却表现突出,十分亮眼,如重庆、陕西和四川,知识产权综合指数排名2017年分别为14、13和13位,2018年分别为10、13、和14位,在全国31个省市中位于中上游水平,体现了这些地区知识产权发展水平的不平衡性。

(二)知识产权区域发展西部省份进步显著,东部部分地区呈现疲态

从知识产权综合实力进步指数来看,中国区域知识产权综合实力进步指数最高的10个省份主要是江西、云南、福建、西藏、河北、四川、吉林、贵州、河南和湖南;最低的10个省份是青海、山东、江苏、内蒙古、西藏、天津、山西、陕西、辽宁和黑龙江。纵览近年来数据,不难发现,进步速度排名前10位的一直主要是中西部省份,表明了部分中西部省份起步虽然较晚,但是具备后发优势,正在缩短与发达地区的差距。同时,这些指数也反映了另外一个现象,即同区域内省份逐渐出现分化的趋势,部分西部省份进步显著,也有部分原地踏步,甚至倒退。东部地区也有部分省份呈现疲态,如江苏、天津等地的综合进步指数就处于排名后几位。同样,知识产权产出水平进步指数排名与综合实力进步指数趋势类似,仍然是中西部省份靠前,东部省份稍靠后。

三、海南省知识产权综合发展水平趋势分析

(一)知识产权综合实力呈震荡下行趋势

从全国和区域来看,海南省知识产权综合实力指数一直以来都低于全国的平均水平,但与西部地区的平均水平较为接近且略有优势,不过近两年下滑较为明显,甚至低于了西部地区的平均水平。而从海南知识产权自身发展状况来看,2011年至2018年,海南知识产权综合实力呈中等偏下水平,且呈现震荡下行趋势(如图12-2)。2012年,海南知识产权综合实力指数为0.201,综合排名为19;而至2017年和2018年,海南省知识产权综合实力指数分别下降为0.135、0.131,综合实力排名由2011年的23下降为2017年的26和2018年的27,成为八年来排名最低的2年(如图12-3)。

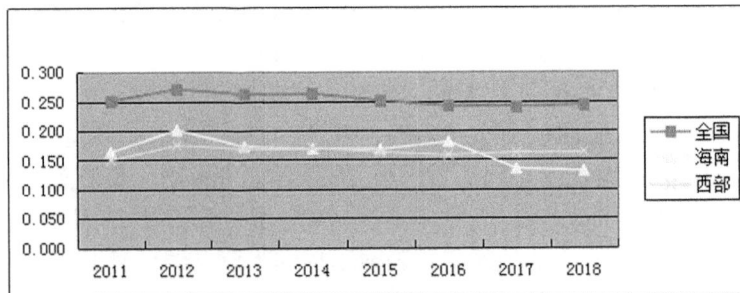

图 12-2　综合实力对比

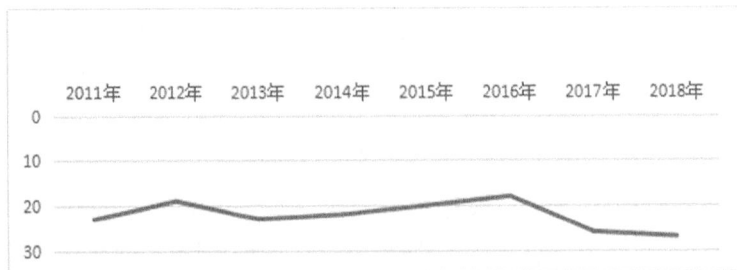

图 12-3　海南省知识产权综合实力排名

(二)知识产权产出水平呈快速下滑趋势

从全国和区域来看,海南省知识产权产出水平在 2011 年和 2012 年保持了全国的平均水平,但自 2013 年以来,其知识产权产出水平与全国的差距越来越大;与此相反,我国西部地区的知识产权产出水平后来居上,逐渐缩小与全国及海南的差距。至 2015 年开始,西部地区的知识产权产出水平已开始超过了海南的知识产权产出水平。从海南知识产权产出水平自身发展状况来看,2011 年和 2012 年有较快增长,但之后就呈现快速下降的趋势(如图 12-4)。2011 年和 2012 年,海南知识产权产出水平指数分别为 0.163 和 0.207,与全国的平均 0.167 和 0.199 的产出水平基本保持一致,综合排名分别为第 8 和第 9 名,处于全国的中上游水平;但至 2018 年,海南知识产权产出水平经过几年连续的下滑已下降为 0.077,远低于全国 0.198 的水平,甚至低于西部地区平均 0.133 的水平,居全国 31 个省的第 27 位。

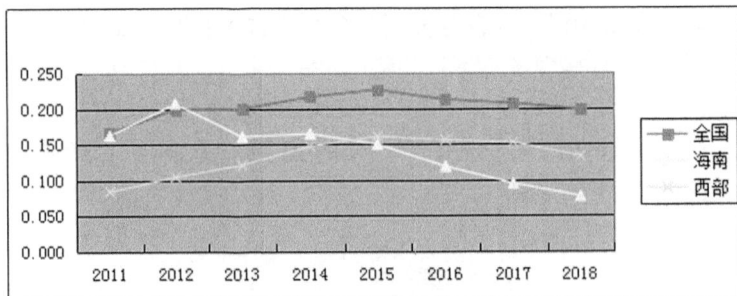

图 12-4　产出水平指数对比

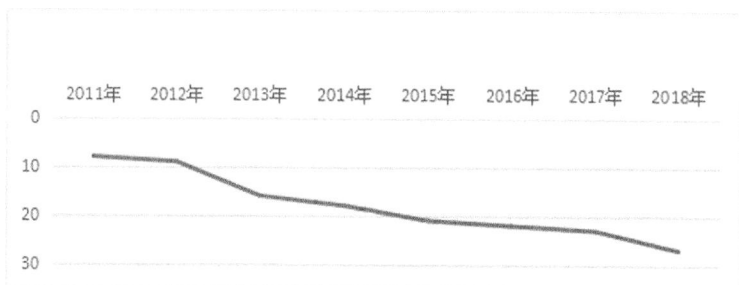

图 12-5　海南省知识产权产出水平排名

（三）知识产权流动水平低下且始终未有改观

知识产权流动水平考察的是所研发的知识产权投入使用创造效用和财富的指标。某地区知识产权流动水平越高,说明该地区知识产权的可使用性和使用后带来收益的能力越强。从全国和区域来看,海南省知识产权流动水平一直处于较低的水平,不仅远远落后于全国的平均水平,而且也落后于西部地区的平均水平。从海南知识产权流动水平自身发展状况来看,2011 年至 2018 年,海南知识产权流动水平指数从 2011 年的 0.008 到 2018 年的 0.017,虽有一定程度的增长,但始终处于低位且增长幅度不大,在全国的排名也始终在最末首的后三名 29 和 31 名之间波动。

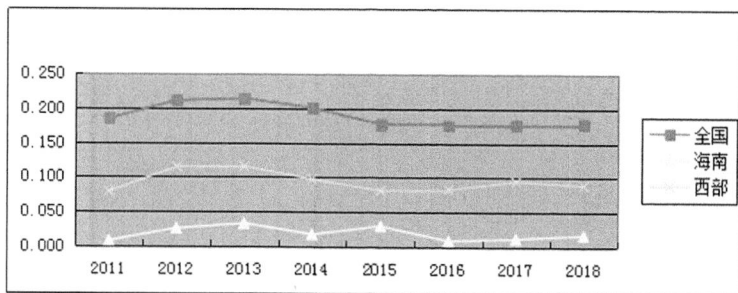

图 12-6　流动水平指数对比

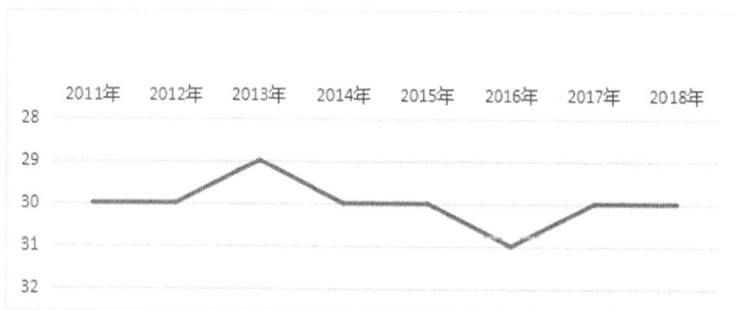

图 12-7　海南省知识产权流动水平排名

（四）知识产权综合绩效接近全国平均水平但略有下滑

知识产权综合绩效考察的是知识产权给当地经济和社会发展带来的影响。从全国和区域来看,2011-2018年,海南省知识产权综合绩效水平虽然略低于全国的平均水平,但却显著高于西部地区的平均水平,而且在2016年,海南省知识产权综合绩效水平还远高于全国的平均水平,在全国31个省中排名第七,这主要得益于省政府对十三五中所提到的"创新"的重视,并基于此制定了一系列的关于对知识产权成果转化、鼓励科研人员创新、建设与高校合作的科研成果转移转化中心等等有关的政策,并在当年大力推行。光是2016年一年海南省政府发布各类文件中与知识产权有关的就有205个。从海南知识产权综合绩效水平自身发展状况来看,2011-2018年,海南省知识产权综合绩效水平由2011年的0.373到2012年的0.439,再逐步下降至2015年的0.332,2016年有显著提高,达到了0.472,但2017和2018又显著下降至0.314和0.307,在全国31个省中的排名也由2016年的第7名落后至2018年的21名,体现出震荡下行的特征。

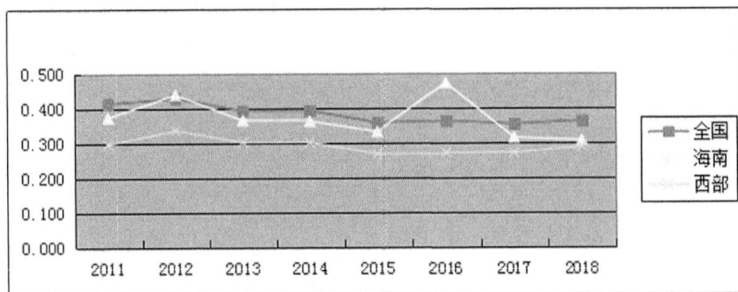

图12-8　综合绩效指数对比

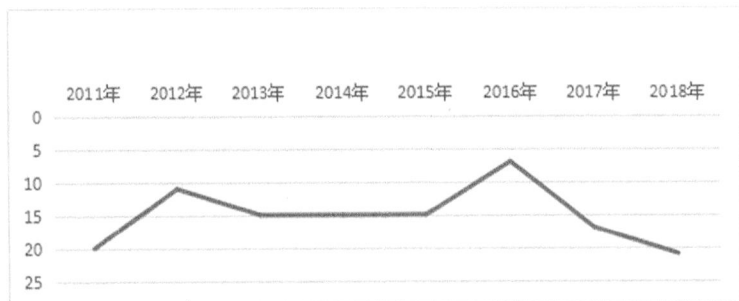

图12-9　海南省知识产权综合绩效排名

（五）知识产权创造潜力偏低且有进一步下滑趋势

从全国和区域来看,2011—2018年,海南省知识产权创潜力远低于全国的平均水平,且这种差距还有扩大的趋势。与西部相比,除了2015年略高于西部的平均水平外,其他年份都低于西部的平均水平,且在西部知识产权创造潜力近年有稳步上升的情况下,海南省反而有下滑的趋势。从海南省知识产权创造潜力自身发展状况来看,8年来其知识产权创造潜力一直处于较低水平,徘徊在31个省份中的20至27名之间,除了2015年有显著提升外,其他年份无显著变化。

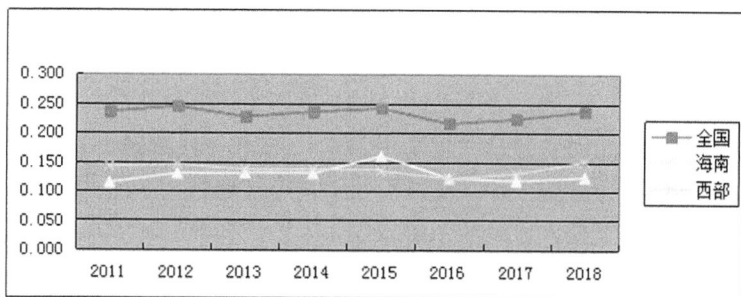

图 12-10　创造潜力指数对比

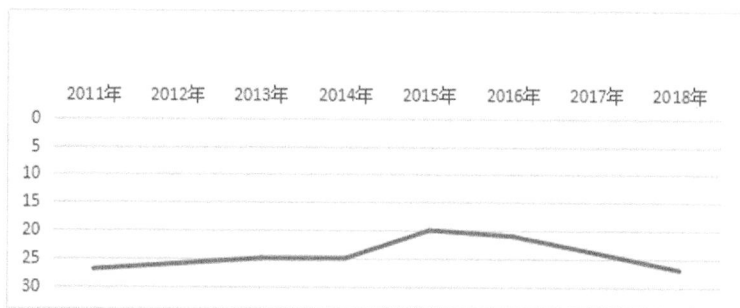

图 12-11　海南省知识产权创造潜力排名

海南位于我国最南端,人口较少,产业结构比较单一,知识产权基础薄弱。由以上分析及图 11 所示来看,海南知识产权综合实力在全国 31 个省区市中一直处于偏下水平,且近年来有进一步弱化趋势。从知识产权综合实力评价体系中的知识产权产出水平、知识产权流动水平、知识产权综合绩效水平、知识产权创造潜力四个二级分项指标来看,海南知识产权在各方面发展水平也很不平衡,除了知识产权综合绩效表现较为突出,接近全国平均水平外,其知识产权产出水平、知识产权流动水平、知识产权创造潜力都远低于全国平均水平。尤其是知识产权流动水平,海南知识产权流动性不仅远低于全国水平,甚至远低于西部地区的平均水平。因此,海南知识产权的发展还有赖于其各个环节的投入和加强,需要政府和企业的共同努力。

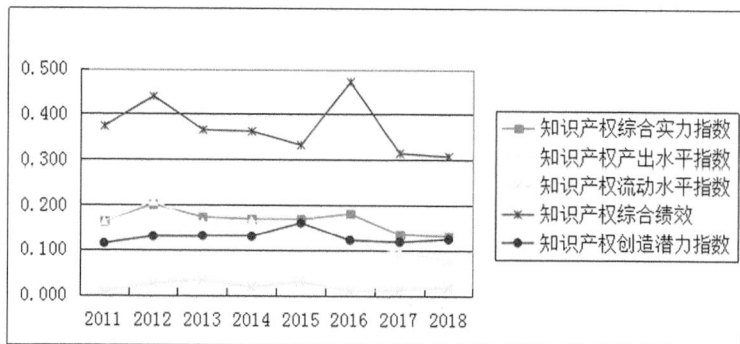

图 12-12　海南省各指标趋势图表

四、海南推动高质量知识产权发展的建议

(一)加强人才队伍建设

从上述的数据可知,海南省知识产权的创造潜力低下。创造潜力低的根本原因是创新型人才的匮乏,没有足够的创新人才来支撑海南省知识产权的发展。因此海南省知识产权的创造潜力想要提高,创新型人才是最为重要的。

1. 要加大力度建设高层次创新人才队伍。海南省正处于历史的转折点,要牢牢把握自由贸易区、自由贸易港这一有利条件,并且要深入贯彻落实海南省委根据习近平总书记在"4·13重要讲话"中提到的"海南要坚持五湖四海广揽人才"的重要指示所提出的"百万人才进海南计划"。人才是创新的根本,没有专业知识过硬的优秀人才,一切创新等于空谈。所以海南要做好"百万人才进海南计划"中所提及引进人才和培养人才的政策,落实和完善优秀人才进海南的福利政策和措施。此外还要利用好互联网这个平台让更多人了解到海南这一优惠政策,扩大海南的知名度。在此基础上要重点培养科技领军、企业创新以及科技成果产业化人才。在海南比较具有优势的研究领域,着力培养一批高水平创新带头人,形成优秀创新人才群体和创新团队。

2、要着力吸引高质量企业落户海南。自习近平总书记在海南所进行的"4·13讲话"后,海南省启动了"百日大招商"项目(活动)。已经吸引了上百家全球知名企业签约落户。比如阿里巴巴、普华永道、中旅集团等等。但是光把好的企业吸引过来并不是目的,目的是要充分利用好海南目前的优惠政策以及这些优秀企业的先进技术,创造一个全新的营商环境,并且通过由这些企业所带来的优秀人才发掘更多全新的创新视角,创造更有价值、更高质量的知识产权,推动海南省知识产权的发展。

(二)激励知识产权创造,推动高质量知识产权产出

知识产权是产权化了的创新成果,代表着先进的生产力。当今世界,拥有核心技术的知识产权已经成为企业、地区乃至国家创新能力和核心竞争力的重要标志。实现经济的高质量发展就要鼓励和支持创新主体的企业和高校院所加强自主创新,拥有核心技术并及时取得知识产权,才能提高市场竞争力,实现高质量发展。在习近平总书记的"4·13讲话"中提到"支持海南大学创建世界一流学科和国内一流大学",基于此,我们要大力加强对海南大学创新型人才的培养,加强海南大学与创新型企业之间的交流合作,坚持质量第一、效益优先,不断优化政策导向,进一步挖掘企业和高校院所的创新潜力,激发创新主体的创新创造热情,有效提高针对海南省实际所研发的专利产出质量,大力培育高价值核心专利,不断为海南省的实体经济发展注入新的动力,努力提升海南省企业的核心竞争力。首先海南省政府要大力支持企业申报国家知识产权示范、优势企业,规范对知识产权的保护,继续培育我省专利优势企业,着力培育一批知识产权管理体系完善、质量与效益突出、运用水平高、市场竞争力强的知识产权强企。其次要引导和鼓励企业,特别是民营企业通过与研发机构以及高校合作加强自主创新,加快取得核心技术的自主知识产权,增强核心竞争力。第三要组织和引导知识产权服务机构深入企业,指导企业学会运用知识产权制度,开展专利挖掘,培育更多高价值的专利,加速专利组合和专利布局,促进企业高质量发展。第四是要充分了解海

南的实际情况,结合海南省情及发展情况优先对海南的优势项目进行创新,力求在原先的基础上发展成为全国先进甚至是世界先进的领域。比如在海南得天独厚的条件下发展农业和海洋业等的创新。最广为人知的杂交水稻就是由袁隆平团队在三亚水稻实验基地研发出来的。

(三)优化营商环境,增强知识产权的流动性

良好的市场环境、有效的市场需求是高质量创造活动源源不竭的动力来源。市场是参与物质交换的场所,知识产权创造活动最终形成的产品也要在市场中进行物质交换,市场对质量的需求认可是知识产权创造逐渐提升成长的直接动力。市场需求可直接影响到知识产权创造活动的质量与方向,只有得到市场的认可,形成一定的市场需求,才能体现知识产权创造活动的价值。因此首先要了解海南的市场需求情况,知道在海南哪个领域的需求比较高,进而对这些领域进行重点培养和引进创新人才。高质量知识产权创造活动产出的新技术产品,销售不理想会导致个人及组织对高质量创新活动热情的下降,进而循环影响提升产品质量的热情。为此,政府应积极优化市场环境,提升市场环境的规范性,进一步完善各类要素市场,增加要素的流动性,使其能顺利向高质量创新活动集中。

(四)多渠道增加创新投入,发掘知识产权创造潜力

首先,应切实加大对基础性、战略性和公益性研究稳定支持力度,完善稳定支持和竞争性支持相协调的机制。完善激励企业研发的普惠性政策,使得企业真正成为技术创新投入主体。探索建立符合中国国情及海南省发展情况、适合海南省企业科技创业企业发展的金融服务模式。在自由贸易区这个非常有利的大环境下,大力发展知识产权证券化,利用金融创新来盘活知识产权。这不仅能够解决中小企业融资困难的困境、拓宽企业的融资渠道,还能鼓励企业积极创新,创造出更多更有价值的知识产权。同时政府在知识产权证券化推行的道路上,应该给予政策上以及资金上的支持。知识产权证券化虽然在一些发达国家很常见,但是对于中国来说是一个新鲜的东西,很多企业以及金融机构并不了解,所以政府要大力宣传知识产权证券化,让更多的企业以及金融机构能够去接受它并且愿意运用进来。此外鼓励银行业金融机构创新金融产品,拓展多层次资本市场支持创新的功能,积极发展天使投资,壮大创业投资规模,运用互联网金融支持创新。充分发挥科技成果转化、中小企业创新、新兴产业培育等方面基金的作用,引导带动社会资本投入创新。要进行产业关键核心技术攻关,培育各类创新平台创造高质量专利,建立以企业为主体的产学研高质量专利中心,形成研发创新与知识产权专业服务深度融合和知识产权的良好布局。

(五)多渠道协同互动,提高知识产权转化效率

高效率知识产权转化率和产业化率对促进高质量知识产权创造非常关键。经过上述的分析我们可以看出,海南省知识产权流动水平非常低,这说明海南省的知识产权质量不是很高,投入使用的转化效率也很低。2016年海南省政府曾经发布过一个关于《海南省促进科技成果转移转化专项行动实施方案》,但是没有足够优秀的知识产权,高效率的知识产权转化只能是空谈。高质量知识产权创造与高效率转化是相互促进的,知识产权转化是知识产权的价值体现,高质量知识产权产业化、商用化是高质量知识产权再创造的基础和保障,是

促使企业进入创新、获利、再创新良性循环的关键。可建立高质量技术转移中心,在海南大学、科研机构和企业形成一个高质量专利转移的良性互动机制,不仅能够在技术上进行创新,使企业得到良好发展,还可以为海南输送源源不断的优秀创新人才,实现产学研用合作的良性循环。引导形成高质量知识产权产业联盟,成立高质量知识产权成果转化基地,大力开发和运营知识产权资源,以海南省市场需求和社会民生为导向,加强高质量知识产权创造的实施和转化,积极推动高质量知识产权创造实现产业化生产。

(胡秀群　林子涵)

第十三章　自贸区(港)背景下海南诚信建设探索

在海南建省兴办经济特区 30 周年之际,中共中央国务院出台了《关于支持海南全面深化改革开放的指导意见》,决定支持海南全岛建设自由贸易试验区,支持海南逐步探索、稳步推进中国特色自由贸易港建设。在中国特色社会主义进入新时代的大背景下,赋予海南经济特区改革开放新使命、新标杆和新机遇,是习近平总书记亲自谋划、亲自部署、亲自推动的重大国家战略,必将对构建我国改革开放新格局产生重大而深远影响。作为自贸区(港)建设首当其冲的便是社会诚信建设,结合国务院和省政府发布的《社会信用体系建设规划纲要(2014—2020 年)》的总体要求,做好海南社会诚信建设显得意义重大。

一、海南诚信建设现状

在党中央、国务院的决策部署、国家发改委的指导和省委省政府高度重视下,海南省社会信用体系建设初见成效,尤其 2018 年 12 月 15 日,省长沈晓明主持召开省政府专题会议,强调努力"把海南建设成为全国最讲诚信的地方",把我省诚信建设提到了更高要求。

(一)成立专门行政机构推动诚信建设

省政府发文(琼府办 38 号) 设立海南省信用管理办公室,调整了我省社会信用体系建设联席会议牵头单位和成员单位,总牵头单位由省发展改革委负责,联席会议总召集人由省委常委、省政府常务副省长毛超峰负责。信用管理制度逐步建立,2014 年 10 月省政府印发了《海南省企业失信行为联合惩戒暂行办法》,2015 年 9 月印发了《关于在行政管理事项中使用信用记录和信用报告的实施意见》;为深入贯彻落实《国务院关于深化泛珠三角区域合作的指导意见》《社会信用体系建设规划纲要(2014—2020 年)》《泛珠三角区域深化合作共同宣言(2015—2025)》等文件精神,发挥泛珠三角区域合作平台作用,推动泛珠内地九省区社会信用体系建设融合发展,2018 年 12 月 5 日泛珠三角区域内地九省区发展改革部门主要领导签署了《泛珠三角区域内地九省区信用合作框架协议》。

(二)海南诚信建设取得新进展

1. 海南自贸区(港)信用信息共享平台开发基本完成

新信用平台上线了 6 个子系统,实现了 283 项功能,支撑了信用信息归集、数据清洗、信用公示等基础功能和联合奖惩、信用预警、"信易+"等应用。"信用中国(海南)"网站于 2018 年 9 月 25 日上线试运行,设置了 16 个主栏目 50 个子栏目,具备信用信息发布、信用异议处理、信用查询、实名认证等多项功能,上线以来,访问量已达 5 万余人次,企业信用查询量达3万余次。同时还开设了"信用海南"微信公众号,在"椰城市民云"APP开设信用专题模块。另外,海南省在部分领域信用信息归集取得突破。在个人信用信息方面,9月份,省工信厅先期向省信用平台归集了2000万条个人基础信息,实现了海南省信用平台个人数据归集零的突破。在失信被执行人信息归集方面,9月份,省发改委协调省高院一次性全量归集了海南省2.7万条失信被执行信息和6.6万条限制高消费信息。另外,海南省以省社会信用体系建设联席会议工作办公室名义印发了首个信用数据归集通报。通报的印发取得了积极效果,截至10月11日,各单位各市县共补报各类信用数据68万余条。

2. 在信用立法、管理规定年度计划等方面取得新进展

启动信用立法:2018年10月初,省发改委正式委托国家公共信用信息中心开展海南省信用立法咨询研究,并签署合同,明确了主要研究内容、总体要求,结合海南省立法计划确定了研究的时间节点。管理规定方面,印发《海南省社会信用信息异议处理规范(试行)》,从10月1日起实施,明确了信用信息异议处理相关单位责任、异议申请条件、受理单位、申请材料及异议处理流程等内容,进一步规范海南省社会信用信息异议处理工作。

制定信用体系建设的年度计划:印发《2018年下半年海南省社会信用体系建设工作计划》,结合国家要求和海南省实际,对海南省信用体系建设工作进行部署。

推进联合奖惩工作:海南省主要在系统嵌入、专项治理方面有所进展。其中,联合奖惩模块嵌入审批系统已明确了嵌入方式、技术方案等主要问题,目前正在推进嵌入实施。

开展失信专项治理:海南省发改委积极配合省高院推进解决执行难问题,对失信被执行人联合惩戒措施进行条目化处理,并向审批系统提供查询接口,协助省高院草拟失信被执行人信息嵌入省行政审批系统实施方案,确定了嵌入的步骤和方式方法。另一方面,根据中央文明委《关于集中治理诚信缺失突出问题 提升全社会诚信水平的工作方案》,9月初,省发改委协助省文明办拟制了《海南省关于集中治理诚信缺失突出问题 提升全社会诚信水平的实施方案》(征求意见稿),拟对海南省经济社会领域出现的19个方面的失信突出问题进行专项治理。

海南省人力资源和社会保障厅公布了海南君晟餐饮管理有限公司、北京天顺成建筑工程有限公司等6家单位拖欠农民工工资"黑名单"案件,有效地加大了对重大劳动保障违法行为的惩戒力度,强化了社会监督,促进用人单位自觉遵守劳动保障法律法规规章,维护了广大劳动者劳动保障权益和社会公平正义。海南省住建厅下发了《关于外商独资建筑业企业在琼承揽建筑工程项目有关事项的通知》,规定各级住房城乡建设行政主管部门应按照《海南省建筑企业诚信档案手册管理办法》(试行)及第一批信用主体评分标准等有关规定,对外商独资企业建筑业企业及从业人员统一纳入诚信管理,完善"守信激励、失信惩戒"机制,营造一流营商环境,为推进自贸试验区建设信用行业领域制度创新,完善我省社会信用体系建设做了有益探索。

3. 开展多元信用合作

由省发改委向省建设银行提供各类涉企信用信息,省建设银行向前者提供本行客户信用卡、贷款等履约、违约信息,并拟定于近日签订合作协议。另外,从2018年9月开始,以系统对接方式,通过信用平台向省旅游和文化广电体育厅、省地方金融监督管理局等多家单位提供信用数据支持,帮助开展行业评价分析、金融风险预计和贷款风险管控等。同时与国家公共信用信息中心、国际合作中心、BBD等机构进行了初步沟通,就信用数据共享、企业风

险评估、外商信用识别等方面达成了一些合作共识。

2018年9月10-12日，国家公共信用信息中心在南京举办了第二届全国各级信用信息共享平台和信用门户网站建设观摩培训活动，27家省级单位以及49家城市单位进行观摩评比，海南参加了省级组的观摩评比，并取得了第7名的好成绩，排名较2017年观摩评比活动大幅提升（2017年海南省排名第23名），并获得"示范性平台网站奖"。

4、探索诚信理论体系，助力海南诚信体系建设

海口市诚信文化研究会用20年精心探索、研究与践行，完成了我国第一部26.5万字关于诚信建设的专著——《诚信学》。本书属海口市社科联资助项目，用本书为教材，2018年成功培训了全国第一批"诚信指导师"。该书不仅获得国家版权证书，还获得北京大学中国信用研究中心、山东大学信用研究中心、海南大学等机构和诸多专家教授的高度认可。《诚信学》关于"诚信的概念定义"的研讨报告也于2018年11月被人民日报网络版《大国信用》栏目全文转载。该书已发行到包括澳洲和台湾在内的国内外30多个地市，先后被国家图书馆、首都图书馆、中山图书馆、海南图书馆收藏。在应用方面，作者以"诚信信念和精神"为内核，以诚信理论、体系和诚信学科宣传为手段，曾于2004年与2016年亲手打造了"诚信城"和老陶义工社诚信交通队，其社会价值和经济效益都得到了充分证明。"诚信城"在停业14年后其顾客还来找诚信城，老陶义工社诚信交通队硬是靠"诚信"信念和精神，在国兴大道交通岗义务坚守13个月后，才站出了海南这支优秀的义工队伍，先后获公安部及省市的大力表彰，不仅为海口"双创"作出了突出贡献，还获得了每年一两百万元的政府购买服务，现在活跃在海口街头的大部分义工就是这支队伍。2018年9月，海口市诚信文化研究会又启动了社会"诚信大厦"建设的宏伟计划。由省商务厅主办的2018年"诚信兴商"宣传月活动主要宣传贯彻党中央、国务院关于加强社会信用体系建设的重要精神及部署，宣传诚信兴商工作成效，宣传信用联合奖惩工作措施及成效，宣传信用体系建设相关政策法规等，活动期间，组织开展了"商务信用建设""失信惩戒 寸步难行""信用交通""诚信纳税 助企业发展""品质消费 美好生活"等系列主题宣传活动，丰富宣传形式，引导企业、消费者积极参与宣传月活动，形成"部门主导、多方参与、共同治理"的良好格局。在社会诚信建设方面，海南省诚信企业协会出台了海南省诚信企业管理办法，制定了海南诚信企业星级认定标准，成立了海南省诚信企业认定工作委员会，组织企业诚信建设交流互访，让企业学有经验，学有榜样；2018年3月15日成功举办了海南首届诚信建设论坛，为获得2016—2017年度星级诚信企业颁奖、授牌。海南南国食品有限公司、金棕榈园艺景观有限公司等共15家单位获得五星级诚信企业认定，另有10家单位和3家单位分别获得四星级和三星级诚信企业认定。8月中旬海南省诚信企业协会参加内蒙古第七届中国信用体系建设经验交流会，把全国各地信用组织机构的先进经验学回来，与内蒙古信用商会建立信用建设合作关系；12月20日与内蒙古信用商会联合举办信用建设座谈会，省发改委领导与内蒙古信用商会会长相互交换了信用建设的成功经验。

二、海南诚信建设存在的问题及原因

我省诚信建设尽管取得了以上成绩，但仍处于探索理论基础、实践和发展阶段，还存在着不少问题和难点，离大众认可的诚信建设体系尚有不少距离。例如：市县政府组织体系不健全、平台建设滞后、信用信息共享不充分、行业发展不均衡、信用市场不健康、奖惩机制不

完善、履约践诺、诚实守信的社会氛围尚未真正形成等。除此之外,更重要、更根本的原因还在以下三方面:

（一）对诚信、信用概念认知模糊、建设混搭

中国政府一直高度重视社会诚信建设,自朱镕基总理 2001 年的"不做假账"开始,习近平主席自 2013 年到 2018 年,6 年时间里共 15 次在国内外不同场合都强调了诚信建设,尤其 2014 年一年就 5 次,其中 5 月一个月就 2 次谈及,分别在北京大学和海淀民族小学座谈会上强调的,在 2019 年 1 月 15-16 日中央政法工作会议上,习主席又再次强调要让全社会充满正气、正义,要坚持依法办事,让遵法守纪者扬眉吐气,让违法失德者寸步难行;在法律法规层面,为诚信建设总共出台了多少政策不详,仅 2018 年一年,从国家层面就颁布了 80 多部文件;在诚信建设机构规模上,从国家到省市甚至到县级,都有大大小小数不清的机构;还有每年的"诚信活动周"、"质量月"、"安全生产月"、"诚信兴商宣传月"、"3·5"学雷锋活动日、"3·15"消费者权益保护日、"6·14"信用记录关爱日、"9·20"公民道德宣传日、"12·4"全国法制宣传日等等。除了黑名单制度发挥了重要作用外,其他都效果不理想。用《中国诚信报告》一句话说就是"画饼充饥"。黑名单制度其本身就不属于诚信建设范畴,而是加强法制建设的体现。所以,找到一条正确的诚信建设之路才是关键所在。另外,在诚信建设方向上也值得商榷,目前基本上是引用西方一套,只站在经济上来考量,就连名称也悄无声息的变成了"信用建设"。其实诚信根本就不同于信用,它们有本质的区别,诚信是真实靠谱的结果,是一种规律性的客观状态! 不以人的意识为转移,是自己的行为结果! 具有可建设性! 而信用是诚信被使用,是他人的用后评价,是主观的! 是别人评的! 主观的信用评价有人为随意性,无从建设。一个有诚信的人别人愿意和他交往,他就有信用;如果没诚信,别人就不愿意和他交往,他也就没信用或信用不好。信用是建立在诚信基础之上的,"无诚之信"犹如水中月空中楼,迟早都会坍塌。而今天,我们在建的这种以经济为基础、以评价为依据、以利益为目标的信用建设并没以诚信为根基,所以,这其实就是海市蜃楼,永远也不可能建起真正的诚信大厦。2018 年 8 月,曾经可评国家信用的大公信用评级遭证监会处罚,这是何等的奇耻之辱! 海南也曾经发生的信用授牌机构被告上法庭,最终败诉的案例都是明证。因此,信用的地基是诚信,信用建设必须以诚信为基础,离开诚信的"信用建设"就是空中楼阁、画饼充饥、异想天开。人民日报人民论坛的发文《让信用的地基坚固起来》和《社会信用体系建设的十点难处》等理论性文章的呼唤足见信用不等于诚信。

（二）诚信的资本价值认可不高,守信激励尚未等值兑现诚信回报

诚信是立命之本的道理无人不知,《诚信学》核心理论"诚本论"强调诚信是资本。但在理论和实践中却很少有人去遵循并应用! 现在的诚信建设、诚信教育大多处于喊口号、走形式。"诚本论"之"诚本性质"告诉人们诚信不仅是一种无形的道德资本,也是一种给人以放心可靠、有形、能兑现、可量化、人人皆可拥有、小至让人相信一句话,大到护佑生命的行为结果资本。诚乃一生利,利乃一时财。诚值大于价值,价值大于价格;"诚本论"之"诚本来源"告诉人们诚是从心出发的行为结果,此结果累积的深厚表明其诚本的多少;信是诚的言行过程或表象,可以是诚的表述,又并非一定出于诚且是诚之果,诚本源于诚,无诚之信毫无诚本可言;"诚本论"之"诚本价值回报"告诉人们诚本价值来源于得利的同时相互承担一定风险。诚本好交易成本低,甚至无;反则成本高,甚至无交易。建立在信任交易上的经济才是信用经济,信用经济的形式表现为相互消费、集群消费、长久消费。离开交易,诚本毫无价值可言。在"诚本"规律面前,有人毫无知觉,有人视而不见,有人明知故犯,所以诚信建设尽管做了不少努力,但仍不尽人意。今天的诚信建设,就因为没有遵循"诚本"规律和诚信是结果的资本原则,普遍认为诚信是单纯的精神愿望、是说教,是对别人的要求,才导致建设方法上只停留在喊口号和惩戒上;做法上认为诚本是评出来而不是做出来,以"评价信用为资本",这就违背了诚本来源原则,在诚本的价值回报原则上,宣传做得好,但行为结果上基本做不到。所以,搞诚信建设必须遵循"诚本"规律并兑现诚信价值回报!

（三）缺乏相应人才,在规划和行动上不一致

任何一件事没有专业人才肯定是做不成的,尤其诚信建设更是如此。人才短缺也是所有行业都面临的现象,《马说》早就告诉我们"千里马常有,而伯乐不常有"的简单道理,而现在的伯乐和伯乐制度消失殆尽。所以,在用人机制上,如果跳不出象牙塔思维,唯体制内、唯学历、唯文凭才用,那肯定是短缺,我们要真正做到不拘一格,改变用人机制,"唯才是用"才是硬道理。还有在寻找人才方式上,也不能总把眼光盯在外面,盯在文凭上,更应该善于发现人才、培养人才,《海南省社会信用体系建设"十三五"规划》第七条第三点"开展信用研究,加强人才培养"就明确要求积极推动高等院校建立信用管理学科,开展在职信用教育和培训,广泛开展信用建设和信用管理研究,为海南省社会信用体系建设工作提供人才和智力支持。加强信用管理学科专业建设。把信用管理列为国家经济体制改革与社会治理发展急需的新兴重点学科,加强信用专业人才培养,加强信用从业人员培训。面向各级政府、各有关部门举办信用建设和公共信用管理专题讲座和培训班,增强政府信用管理人员的政策理论水平和信用专业能力。结合培育信用服务机构和推进企业内部信用管理体系建设工作,广泛开展信用管理职业培训,推广国家信用管理师职业资格认证,不断提升各类信用服务机构及相关企事业单位信用从业人员的职业素养和业务技能。邀请国内外信用专家来海南省举办各类专题讲座和培训研讨活动,进行信用知识和诚信理念的全员教育。加强信用研究。依托省内科研机构,广泛调动社会各方面力量,积极组织开展信用领域重大问题专题研究和学术交流,为海南省社会信用体系建设的创新发展提供科学的理论支撑。但事实上这些工作又都做得很不尽人意,离规划差距甚远。

另外,诚信建设主体定位不准确,导致诚信建设单一靠政府推动,社会、企业和个人被动执行,缺乏科学的统一体系。

三、自贸区（港）背景下海南诚信建设对策

纵观历史,推进社会进步的因素不外乎政治、文化、经济、科技与制度变革。海南拿什么来完成"中国风范、中国气派、中国形象"的时代使命? 政治上党中央统一布局,经济上赶超北上广深很难,科技上更缺条件,只有在文化和制度上创新创造才是突破口。因此,在生产力发展受限的前提下,探求新的社会关系,探索建设以建立人际间信任关系为核心的"和谐文化"和以共享物产使用权为核心的"共享制度"或许是海南实现这一使命的伟大创新与创举。而"和谐文化"与"共享制度"最基础最根本的就是诚信建设! 同时,诚信建设又是改善营商环境的前提和必须,是社会治理的重要元素,也是最有竞争力的选项和路径! 是软环

境、软实力！更是通往世界，引领全人类实现命运共同体的真正硬实力！还是社会主义核心价值之要义！是习近平总书记自 2013 年以来在国内外不同场合的十五次重点强调！也是沈晓明省长"让海南成为全国最有诚信的地方"的明确要求！和空气、水一样，文化与诚信又都是人类赖以生存的必须和基础，而文化与诚信的本原却没有相应的科学供人类应用，甚至连一个精准且具行为指导性的概念都没有。因此，正确认知"说得清、看得见、做得到"的文化和诚信"概念"，并找到它们的运行规律和效行方法是人类发现的又一基础软科学！它将彻底转变人们长期以来对文化与诚信都是"虚、空"的认识，这才是爆炸性的伟大创新！也才具备完成使命的可能！更何况自贸区（港）建设及其成果必将是中华民族伟大复兴的文化象征，所以，自贸区（港）建设绝对离不开诚信文化与文化诚信！

（一）认知精准且具应用指导性的"文化""诚信"概念

1. 文化就是存留下来的人类创造

文化，是个非常广泛又最具人文意味的概念，说法多样。有的说就是地区人类的生活要素形态的统称：即衣、冠、文、物、食、住、行等，有的说文化是相对于政治、经济而言的人类全部精神活动及其活动产品，据此解释，怪不得今天写一本书就成了文化，开一个洗脚房也叫文化，建一座城更是文化，好似真的到了文化大繁荣时代。所以，给文化下一个准确或精确定义，的确是一件非常困难的事情。但仔细琢磨一下，自古以来被称之为文化的东西并不多，如：赵州桥、象形文字、海南船屋、陕北窑洞、天安门、中华民族等等，好像又并非如此，从诚信理论角度和今天这些现象对照，它们又有明显的区别。赵州桥是文化，一千多年前它解决了人类便捷过河的问题，过河是其核心价值，因为桥文化，今天可以造高架桥，也可以建珠港澳大桥，但后者都算不上文化，当然有可能会变成另一种文化。再比如更早的象形文字是文化，它解决了人与人之间除语言交流外的另一种交流方式，嫁接了人与物之间的链接，文字的发明，让中华民族屹立于世界 5000 年，并且仍在不断发展与延伸，而今天的文字，甚至很多书都不叫文化。海南的船型屋、陕北的窑洞是文化，它为人类生命提供了安全保障。北京天安门是文化，它是中华人民共和国成立、中华民族站起来的象征。中华民族是世界文明文化，而且是没有发生过断层的文化，就像一条流淌了数千年的河流，还依然充满了活力，而同时代的古巴比伦早已消失，现在的埃及和印度也根本不是以前的古埃及和古印度。所以，真正的文化就像高山的敬仰、海洋的胸怀和太阳的光芒，也象征着中国风范、中国气派和中国形象，它永远给人类生存、发展、繁荣带来无限的智慧、潜能和力量。所以，今天这些所谓的"文化"概念或许蒙蔽了以上真文化的内涵，甚至根本就不是文化。因此，只有真正认知文化的核心与内涵并给其概念下个"精准定义"，才会对文化的应用与创新具有有效的指导意义和创造价值！才能让人们从这个清晰、精准又能做得到的概念指导下去创造文化！创新文化！所以，文化的概念应该是：存留下来的人类创造，核心是价值。这里"存留下来"和"人类创造"是文化两个缺一不可的要素，其中存留下来是指时间，只有经得起时间洗涤的才是价值，并且对任何时代、任何人都有作用、有需求，才不会被人类淘汰。所以，文化有其根源性、有无限开发和无限延伸使用性。而今天大家所称的"文化"概念有可能仅仅是文化现象或文化产品，并不是文化本身。

2. 诚信是给人以放心可靠的结果

之所以说《诚信学》是诚信文化，建设诚信社会为创建"和谐文化"与"共享制度"打下了根基,是因为《诚信学》顺应了文化规律,不仅给诚信下了"精准定义",进而给"诚信状态""诚信资本"和"诚信建设原理"以及诚信现象和产品等等区分得清清楚楚。这不仅具有划时代之历史意义与价值,也注定必将成为文化。同时,也是一个新学科的建立和新时代的开始。

诚信就是给人以放心可靠的结果,是一种状态,是客观的!是自己的行为结果!也是一种规律,诚信的本质是"真",形态是"稳"。形象上像树(见图13-1):

老实　　　　诚信　　　　聪明

图 13-1　诚信树

"诚信"是由"诚""信"二字构成,在行为结果上,诚会变成"诚"或"不诚",信也会变成"信"或"不信",那么"诚""信"相加则起了化学反应,变成"诚信""不诚信""诚而不信"和"信而不诚",再遇到其他客观原因还会变成另一种结果——"过错"(如图13-2)。

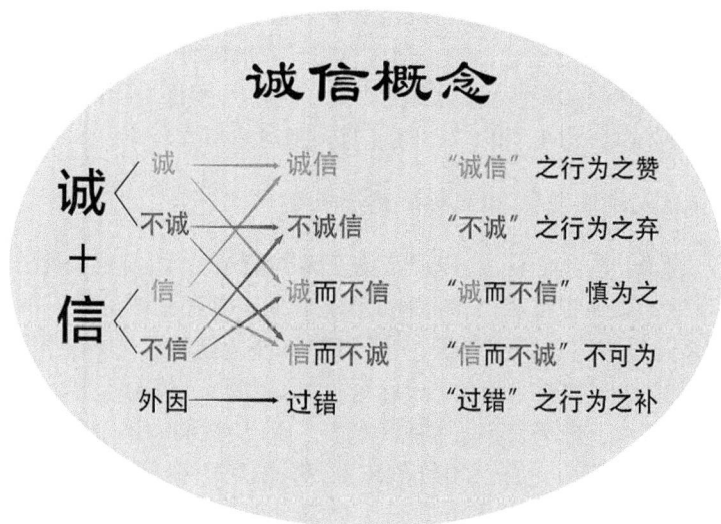

诚信概念

诚　诚——诚信　　　"诚信"之行为之赞
＋　不诚——不诚信　　"不诚"之行为之弃
信　信——诚而不信　　"诚而不信"慎为之
　　不信——信而不诚　"信而不诚"不可为
　外因——过错　　　　"过错"之行为之补

图 13-2　诚信概念

而今,对诚信现象的判断和认识不是"诚信"就是"不诚信",还有百分之八十的"诚而不信""信而不诚"和"过错"等现象明明是现实的存在,我们却不认识它。因此,让我们感到无比痛苦又无可奈何的"诚信恐慌"就这么永远活在人们无知的渴望与愿望之中。其实,"诚而不信""信而不诚"现象早就存在,孟子说"大人者,言不必信,行不必果,惟义所在"指的就是"诚而不信",孔子说"言必信,行必果,硁硁然小人哉!抑亦可以为次矣"指的就是"信而不诚"。再比如生活中"善意的谎言"和"黑道的义气"也是典型的"诚而不信"和"信而不诚"。

基于以上的文化本质和诚信根源,我们探索诚信文化和搞诚信建设就不是喊口号,而是面对历史、敢于担当、勇于付出,用时间和生命去创造条件、朝着既定的目标和方向践行。

(二)紧紧抓住时代机遇,敢于创新、勇于担当

文章开篇即已明示,海南自贸区(港)建设就是海南的又一次春天。1979 年,世纪伟人邓小平在当时地图上都找不到的一个边陲小镇划了一个"圈",如今它已发展成一个国际大都会。1990 年,国务院宣布开发开放上海浦东,现在浦东也已发展成国际金融中心,而同时代的海南却错失了两次机遇,现在面临的是千载机遇,所以我们决不能一而再,再而三错过!

在海南省人民政府企业家咨询会议上,五位机构当选成员都一致认为海南必须"换道超车",但在创新理念、体制和环境方面,尤其在这千载难遇的历史机遇面前,我们仍缺必要的担当精神和勇气,比如不符合形式、不在体制内的不要,不符合程序的不接,没学历无资质的不理等等。沈晓明省长也说海南因改革而生,因改革而兴,改革是海南与生俱来的基因。改革就是围绕目标,设计路线,采用一切有效措施解决问题、实现目标。当然,我们更要正视怎么换怎么改和"换、改"背后所隐藏的风险和困难,因此"敢于创新""勇于担当"便是当务之急,更需情怀和信念来支撑,所以我认为朝着目标,以诚信社会为扎实根基,围绕以下三方面来创新就有制胜可能:第一、解决人民日益增长的美好生活需要和不平衡不充分发展之间的矛盾,第二、发现天下大同的"和谐文化"与"共享制度"理论或规律,创建新学科、新文化,第三、相信"高手在民间",充分发挥老百姓的智慧和能量,相信"世有伯乐,然后有千里马"。在担当上,要有用好"高手"的理念,要有放任"千里马"的胸怀,要有"不破不立、大破大立"的格局,打破现有用人体制和激励机制,在见识上、专业上、胆魄上用好能做事、敢做事、做成事,且与时代相一致的仁人志士,相信这才是创新、担当之所在!

(三)创建"诚信人诚信体系"彻底解决诚信问题

据多年的探索和研究,我们认为:以经济为基础的信用时代,与欧美西方比,海南没有更多优势,与经济发达的其他省市相比,海南也无法超越。国家在诚信建设的思考上也指出:我国社会信用体系建设应注意制度创新、实践创新和理论创新。未来我国社会信用体系建设工作的推进,应加强制度整体设计和统筹,厘清"信用服务"概念边界,培育新型信用服务市场,以群众需要为指引,创新社会信用建设实践。所以,我们应该重新思考,思考在诚信理论和实践方面的创新,重新构建自己的价值体系,努力探索、研究并实践"和谐文化"与"共享制度",只有这样,海南诚信建设才可能走在全国前列,才可能成为实现自贸区(港)建设美好愿望的创新点、着力点和突破口。所以,站在文化的历史背景下,应用《诚信学》理论、体系和方法,创建"诚信人诚信体系"才能彻底解决诚信问题。诚信人诚信体系是诚信人诚信建设体系的简称,是指以"诚本论"(即诚信是资本)为核心理论,以"三观一环境"为指导思想,以"打造诚信人"为根基,以"建设诚信社会"为目标而搭建的诚信建设体系,构建上包含六大要素(见图 13-3)。

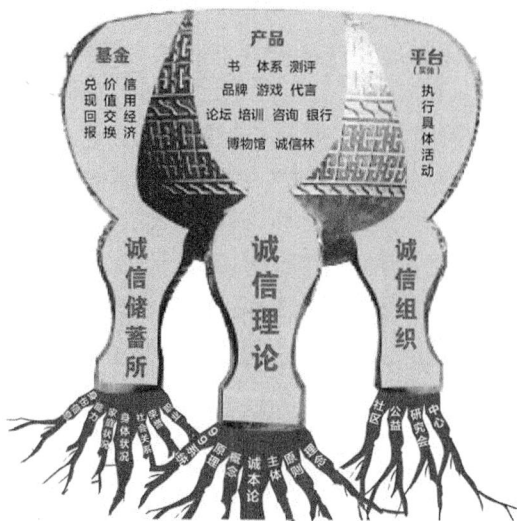

图 13-3 诚信大厦施工图

"三观"是指弘扬以"诚信价值观"、回报以"诚信财富观"、操作以"诚信职业观","一环境"是指在"三观思想"指导下,营造一个有章可循、相对纯净、真实良好的能进行诚信交易的环境。

第一,诚信理论(诚信概念、诚本论、诚信建设原理和诚信建设)

第二,诚信产品(体系本身、品牌、测评、培训、中介、咨询及其他实体)

第三,诚信储蓄所(诚信资质的体现)

第四,诚信人基金(公开收支账、透明所有权归所有诚信人)

第五,诚信人组织(海口市诚信文化研究会、诚信社区等)

第六,诚信人平台(经营实体、诚信培训中心、网络)

根据诚信人诚信体系,操作方法和步骤上可先行实施:

1. 大力开展以结果为导向的诚信教育

诚信是中华民族的优良品德,但自改革开放以来,随着经济的失衡发展,诚信教育未能与时俱进,甚至出现"诚信恐慌"现象,此时,人类史上第一部全面从理论、体系和方法上关于诚信建设的专著——《诚信学》逢时在琼州大地诞生,它是揭示诚信规律、化解诚信困惑,助推社会诚信建设的哲学社会科学,也是一种化纠结、修身心、增互信,毕生所需的人生智慧。主要内容包括什么是"能做得到"(指可建设)的诚信?怎么做?怎么用?以及怎么建立信任关系等。所以,诚信建设首先应全方位、多角度、立体开展学习、践行并推广《诚信学》,要从认知诚信和诚信建设开始,要从以解决问题为结果的诚信教育开始。还必须选择一批有信念、有思想、有能力、敢担当且视"诚信为人生最大资本"的诚信人或诚信组织来承担建设主体,积极搭建与国内外信用服务同业合作与交流的平台,建立业务合作和信息联动机制,通过多形式的交流、培训、学习借鉴先进经验。同时,各级政府、各有关部门应加强社会信用体系建设经费、人员保障,对诚信体系建设组织工作、管理工作经费予以积极支持,对诚信基础设施建设、重点领域创新示范工程等方面的资金需要优先给予安排。鼓励支持民间资本投资诚信服务业。各级主流媒体在开展诚信褒扬、失信惩戒等方面宣传报道时,尽量减少宣传费用。具体方式或做法有:

(1)充分发挥培训、沙龙、比赛等传统模式进行推广与应用。尤其在高校设置专业课程,在社会开设诚信经营师培训等。

(2)深入学校、社区、企业和机关等开展诚信主题活动。突出"诚信海南"建设,宣讲诚信政策法规,普及诚信知识,积极营造"知诚信、守信用"的社会氛围。鼓励各类商会、行业协会等社会组织或团体组织举办各类诚信创建、诚信承诺宣传活动,倡导文明诚信经商。

(3)充分利用广播、电视、报刊、图书、互联网、手机短信、微信、微博、电子显示屏、交通工具、社区宣传栏等传播媒体,广泛运用新闻报道、言论评论、专题节目、公益广告、网上论坛、微博、微信、文字标语等形式和手段,深入开展社会诚信和信用体系建设宣传,发挥舆论引导作用,全方位、多角度弘扬诚信文化。

2. 做"诚信人"

通过学习《诚信学》和全新的诚信教育,我们知道了诚信的标准和做法,又体验了诚信是立命之本、为人之本,还知道诚信资本(即诚信度)是靠长长久久、日积月累的诚信积累。通过大力倡导诚信道德规范,弘扬中华民族积极向善、诚实守信的传统文化和现代市场经济的契约精神,拉开声势浩大的"做诚信人"活动序幕。

(1)组建诚信公益社团。公益社团可以在较短时间内吸纳更多有公益心又要诚信的人凝聚在一起,他们是诚信正能量的积极推动者和传播者。

(2)强调诚信度认知。定期或不定期举办寻找诚信人和诚信典范活动,树立诚信典范,发辉榜样的力量。广泛开展道德模范、"海南好人"评选,鼓励公民积极参加志愿者服务,结合各行各业诚信创建活动,深入挖掘宣传诚实守信的典型人物、典型企业和典型事迹,让诚实守信者受到尊重。用区块链手段,建立全市人口(包括非户籍)诚信档案。海南省社会信用体系建设"十三五"规划第三条第一点就明确要求政务诚信是社会信用体系建设的关键,起先导作用,加快推进政务诚信建设,加强公务员信用管理和诚信教育。建立公务员诚信档案,将公务员个人有关事项报告、廉政记录、年度考核结果、相关违法违纪违约行为等信用信息作为干部考核、任用和奖惩的重要依据。强化公务员诚信守法和道德教育,加强法律知识和信用知识培训,增强公务员法律和诚信意识,建立一支守法守信、高效廉洁的公务员队伍。同时也要求加强自然人信用建设,建立完善自然人诚信信息记录。突出自然人诚信建设在社会信用体系建设中的基础性作用,依托国家、省人口信息资源库,建立完善自然人在经济社会活动中的诚信记录,尤其要加强重点人群职业信用建设,如企业法定代表人、律师、会计从业人员、注册会计师、统计从业人员、审计师、评估师、认证和检验检测从业人员、证券期货从业人员、上市公司高管人员、保险经纪人、医务人员、教师、科研人员、专利服务从业人员、项目经理、新闻媒体从业人员、导游、执业兽医等人员诚信记录。

(3)设立诚信基金并建立真正的守信激励与失信惩戒机制。建立多部门、跨地区诚信奖惩联动机制。通过信用信息交换共享,使守信者一路畅通、失信者处处受限。诚信基金是用来兑现诚信回报并鼓励想要诚信的人去努力做到诚信。目前,"黑名单"制度是诚信建设最好最有效的措施和手段,也起到了很好的作用,但真正诚信建设更需要落到实处的守信激励措施,诚信基金的设立就是为守信激励设计的,就是要让诚信者得利,从正面去引导人们诚实守信,用好守信激励的方法实际比用失信惩戒,无论从成本还是效力上都要好很多,也实惠得多! 只有这样充分尊重并应用诚信规律,使每个人感受到守信不吃亏,失信必惩戒,诚实守信才可能成为全社会的共同价值追求和自觉行动。

3. 建"诚信城""诚信小镇"或"诚信村",营造诚信环境

"诚信城"是一个充分遵循诚信价值规律,通过学习《诚信学》和做诚信人后,践行良性和谐营商环境的诚信交易场所。它既是诚信文化的载体和诚信海南的缩影,又能让人们用切身行为充分感受诚信经营所带来的轻松愉悦和利益回报。诚信城建设可以视条件小到一栋别墅(2004年—2010年曾经在海口进行尝试),大到一个生活小区乃至一个小镇。诚信城的经营布局和规划可以包括诚信建设机构和培训机构、诚信商城、诚信产品生产与服务、诚信博物馆、诚信金融机构、诚信社区、诚信论坛和诚信文化等等。具体方式或做法有:

(1)建诚信城(诚信小镇、诚信村)、种诚信树(指同时建诚信实体和精神象征物)。

(2)打造诚信城里人际间信任关系。

(3)用经济效益检验诚信建设成果。

基于大气雾霾、食品安全、老人跌倒不敢扶、万事都求人,甚至保姆杀人等社会公害的无法治理,基于海南得天独厚的自然生态,也基于人类对美好生活的向往与追求,海南只有从诚信角度对文化和从文化角度对诚信进行重新认知和挖掘,开创性提出"和谐文化"与"共享制度"的伟大创新与实践,进而扭转社会风气,造就和谐氛围,成为人人向往的神圣乐土,届时,"中国风范、中国气派、中国形象"的美好愿景自然水到渠成!

(但华章)

第十四章 自贸区(港)背景下海南国际化特色人才体系建设

国际化人才关乎一个国家或地区综合实力、核心竞争力的战略资源。国际化人才指具有国际化意识、胸怀以及国际一流的知识结构,视野和能力达到国际化水准,具备较高的政治思想素质和健康的心理素质,能经受多元文化的冲击,不丧失民族的人格和国家的国格,其活动范围超过本国边界,实现国际流动的现象,在全球化竞争中善于把握机遇和争取主动的科技和专业人才。

当前,经济全球化、世界多极化、社会智慧化正经受着愈来愈多深刻变化和诸多挑战,步入新时代的中国,业已成为代表人类最广泛价值认同的“命运共同体”,国际新秩序的坚定守护者、参与者、受益者、贡献者和引领者。其中,海南作为最大经济特区,肩负全面深化改革开放、探索建设中国特色自由贸易港这一当今世界最高水平的开放形态、为全国提供更多可复制可推广的经验的重大使命。海南必须在深化人才发展体制机制改革上有突破,实行更加积极、更加开放、更加有效的人才政策,创新人才培养支持机制,构建更加开放的引才机制,全面提升人才服务水平,让各类人才在海南各尽其用、各展其才。在中国情境下,以中国特色自由贸易港为背景和切入点,探索其国际化特色人才创新培养体系构建及实践,是主动适应新时代国家经济社会全面深化改革与扩大开放新形势新需求,精准对接和贯彻落实“一带一路”倡议对人才培养的新挑战新要求,更是确立我国在国际新秩序和全球化进程中的新地位新角色。

一、海南人才事业发展概况及存在问题

建省 30 年以来,海南不断地创新人才政策,加大引进力度,在人才事业方面取得了较大的成绩。但对比我国其他经济发达的省份而言,海南仍然是人才缺口最大的省份之一,特别是拥有良好教育背景、较高外语水平、熟知外贸流程、通晓国际惯例、适用国际发展的高端复合型国际化人才更是紧缺,现有的人才总量和人才结构远远不能满足自由贸易试验区(港)建设的刚性需求。

(一)海南人才事业发展概况

习近平总书记强调,“当今世界聚才、用才,应该包括国际国内两个方面的人才,也就是择天下英才而用之”。建设美好新海南,关键在于建设一支规模宏大、结构合理、素质优良的人才队伍。一直以来,海南坚持不懈实施人才强省战略,采取了加强人才队伍建设的一系列重要举措,人才发展呈现出前所未有的新局面。人才总量由 2010 年的 82.88 万人增加到 2015 年的 128.93 万人,5 年虽然增长了 55.5%;但海南人才总量不足,人才资源缺乏现象依

然存在。2018年,海南省《政府工作报告》中提道:"各方面资源和人才都十分缺乏。人才总量、结构有待提升。"根据海南省2017年统计年鉴数据显示,海南省事业单位专业技术人才合计131681人,包括工程技术人员、农业技术人员、科学研究人员、卫生技术人员、教学人员及其他专业技术人员。这些专业技术人才主要分布在教育行业以及卫生、社会保障和社会福利业,分别为94959人和25617人;占比72.1%和19.5%。相比之下,文化、体育和娱乐业、公共管理和社会组织、科学研究、技术服务和地质勘查业、信息传输、计算机服务和软件业、农林牧渔业、金融业等其他支撑海南自由贸易区(港)建设的专业技术人员占比不超过2.4%。

据不完全统计,截至目前,海南发放的外国人许可签证共1866件,其中外国高端人才(A类)50件,外国专业人才1037(B类)件,其他外国工作人员(C类)779件。外国高端人才和专业人才主要分布于制造业、教育行业、科学研究和技术服务业、卫生和社会管理工作、农林牧渔业、商务服务业、交通运输业、住宿和餐饮业、制造业、农林牧渔业、旅游和商务服务业等;外国工作人员主要分布在交通运输业、住宿和餐饮业、商务服务业。

2009年12月印发的《国务院关于推进海南国际旅游岛建设发展的若干意见》(国发〔2009〕44号)正式拉开了海南建设国际旅游岛的征程。然而,在建设国际旅游岛10年及海南建省办经济特区30年的时间点审视海南人才事业发展,成绩并不令人满意。根据《中国区域人才竞争力研究报告(2017)》和《2017中国区域国际人才竞争力报告》蓝皮书显示,中国国际人才竞争力总体水平不高,国际人才比例远低于世界平均水平;海南区域人才竞争力指数和国际人才竞争力综合指数分别位列全国第29位和第25位(表14-1)。值得一提的是,海南在国际人才居住环境方面具有较好潜力,其空气质量和公园绿地面积等,对于更加注重生活品质的国际人才来说具有一定吸引力。此外,海南也具有国际人才发展、外资企业发展环境和对外贸易发展环境的优势,但由于产业落后,社会经济发展滞后,导致海南区域人才和国际人才发展严重滞后。

表14-1 2017年海南区域人才竞争力和区域国际人才竞争力指数全国排名

人才竞争力项目	排名
一、海南区域人才竞争力综合指数	29
分项目:人才资源指数 人才效能指数 人才环境指数	25 28 29
二、海南区域国际人才竞争力综合指数	25
分项目1:国际人才规模指数 留学生规模指数 境外专家规模指数	16 19 14
分项目2:国际人才结构指数 国际人才学历结构指数 国际人才职业机构指数	30 26 21

续　表

人才竞争力项目	排名
分项目 3:国际人才政策指数	23
国际人才政策创新指数	24
国际人才政策配套指数	25
分项目 4:国际人才创新指数	20
国际人才创新基础指数	17
国际人才创新贡献指数	21
分项目 5:国际人才发展指数	10
外资企业发展环境指数	9
对外贸易发展环境指数	11
分项目 6:国际人才生活指数	18
国际人才社会保障指数	28
国际人才旅行指数	26
国际人才居住环境指数	4

来源:笔者根据《中国区域人才竞争力研究报告(2017)》和《2017 中国区域国际人才竞争力报告》蓝皮书整理。

(二)海南人才事业发展历程

海南人才事业发展经历两次发展机遇期。一是海南经济萌发期(海南建省初期至 20 世纪 90 年代初),这一时期主要是海南实行比经济特区更加开放、更加特殊的政策。全国各地人们认为海南建省办特区带来的发展希望,可能创造经济腾飞的新奇迹! 来自祖国四面八方很多人才辞退原有工作,很多大学毕业生怀着到海南寻梦、创业的梦想,出现了第一个"十万人才下海南"的人才大潮,也是我国有史以来规模最大的地区人才迁移。1993 年国家对房地产进行调控,1995—2006 年,海南出现房地产泡沫,社会经济发展受到重创,海南人才事业发展也随之进入低迷期。二是海南经济腾飞期(海南国际旅游岛建设提升为国家战略至今),经济稳步持续增长,人才事业进入新的发展期。2009 年底,《国务院关于推进海南国际旅游岛建设发展的若干意见》发布,海南遇到发展的第二次重大历史机遇。2010 年海南 GDP 突破 2000 亿元,短短几年时间,海南经济实现腾飞发展,2017 年实现 GDP 达到 4462 亿元;其标志着海南人才发挥作用的舞台和空间增宽,吸纳集聚人才的能力优化,人才队伍得到较好发展。

(三)海南人才事业存在问题

人才发展的历程证明,科技和专业人才是推动地区区域经济发展的重要推手,有助于抢占社会积极发展的先机。海南省委、省政府出台了多项有利政策吸引人才,激发内地及海外的高端人才投身海南建设,使海南人才的数量不断扩大。但是,相对于海南建设自由贸易区(港)的重要任务,人才发展不足和结构化不合理仍然是其主要瓶颈。其存在的问题主要表现为:

1. 国际化、高水平人才缺乏

海南现有的各类人才中,高水平的科技创新人才短缺,享受国家特殊津贴的专家和在国内外具有一定影响力的专家学者不多,两院院士屈指可数。据海南省 2018 年统计年鉴数据,2017 年海南省研究与实验人员合计 13486 人,大学本科及以上学历科技人员占比较多,具有硕士以上学位的研究与实验人员仅 1718 人。其具备国际化、高水平的创新人才严重短缺,制约甚至阻碍着自由贸易区(港)的建设和发展。

2. 行业人才区域分布不均

海南行业专业人员主要分布在省会城市海口和旅游重点城市三亚,海南东、西和中部地区高学历行业专业人员缺乏。此外,具有高学历、高水平的科技人才主要集中分布于高等院校、科研院所和少部分重点企业,事业单位和一般企业科技人才匮乏。极大部分出现岗能不匹配,甚至出现部分人才所学专业与就业岗位不一致,难于有效激发人才活力,效率低下。

3. 政策丰富,动力不足

海南建设国际旅游岛提升为国家战略后,省委省政府高度重视引才、用才、留才,不断更新和完善人才政策,先后出台了 22 项人才政策(表 13-2)。其人群涵盖院士、海归、技术人才、高端创新创业人才、候鸟人才、百人专项、创业英才、科技创新团队和柔性人才等不同人才群体。内容涵盖人才发展规划、人才配置、人才使用、人才产权、身份管理、人才激励、生活、住房和家属保障等方面。

海南由于社会经济发展缓慢,产业分布不均,缺乏重点产业支撑,基础设施建设及配套设施薄弱,CPI 价格指数高涨,人均收入水平不高等内生动力不足,制约海南吸引人才。由于人才吸引力不足,海南尚未建立起完善的智力共享平台,导致海南人才的国际化、市场化、区域化程度不高,学术交流的机会和渠道不多,缺乏人才集聚效应和整体团队的合作与支撑,无法形成人才的规模效应,使人才整体效用的发挥大打折扣。

表 13-2　海南建设国际旅游岛提升为国家战略后海南人才政策一览表

政策类型	出台时间	相关人才政策	备注
引才用才政策	2006 年 9 月	《海南省吸引高层次专业技术人才暂行办法》	技术人才
	2009 年 2 月	《海南省引进高层次创新创业人才办法(试行)》	创新创业人才
	2010 年 9 月	《海南省中长期人才发展规划纲要(2010—2020 年)》	全体人才
	2014 年 9 月	《海南省柔性引进人才暂行办法》	候鸟人才
	2014 年 10 月	《海南省院士工作站管理办法(试行)》	院士
	2015 年 2 月	《海南省高层次人才认定办法(试行)》	高层次人才
	2015 年 7 月	《海南省引进海外高层次人才实施办法》	海归人才
	2015 年 7 月	《海南省引进科技创新团队实施办法》	科技人才团队
	2016 年 1 月	《海南省创业英才培养计划实施办法(试行)》	创业人才
	2017 年 1 月	《关于充分发挥"候鸟型"人才作用的意见》	候鸟人才
	2017 年 6 月	《关于深化人才发展体制机制改革的实施意见》	全体人才
	2018 年 5 月	《百万人才进海南行动计划(2018—2025 年)》	全体人才
	2019 年 2 月	《海南省"候鸟"人才工作站管理实施办法(试行)》	候鸟人才
	2019 年 3 月	《海南省教育行业创新创业人才确认暂行实施细则》	教育创新创业人才
人才配套政策	2009 年 12 月	《海南省委省政府直接联系重点专家办法》	人才配置制度
	2012 年 3 月	《海南省人才奖励办法》	人才激励制度
	2015 年 4 月	《海南省杰出人才奖评选奖励实施办法》	人才激励制度
	2015 年 9 月	《海南省高层次人才医疗保障实施办法》	生活保障制度
	2017 年 8 月	《海南省引进人才落户实施办法》	身份管理制度
	2018 年 2 月	《海南省高层次人才子女入学实施办法(试行)》	生活保障制度
	2018 年 6 月	《关于引进人才住房保障的指导意见》	生活保障制度
	2019 年 2 月	《海南省引才奖励实施办法(试行)》	人才激励制度

来源:笔者整理

二、自贸区(港)背景下海南人才事业发展新态势

《中国(海南)自由贸易试验区总体方案》(国发〔2018〕34 号)要求,"海南自由贸易区(港)建设将紧紧围绕'三区一中心'的主要任务,对标国际先进,深化改革探索,实行更加积极主动的战略,建立开放型、生态型、服务型产业体系;建成投资贸易便利、法治环境规范、金融服务完善、监管安全高效、生态环境质量一流、辐射带动作用突出的高标准高质量自由贸易区(港)"。人才是推动社会发展的第一资源、第一生产力。在世界多极化、经济全球化背景下,全球人才竞争显现出新的特征和发展态势,海南对人才事业发展也提出了新要求、新重点。

（一）自贸区(港)背景下海南人才事业发展新趋势

人才是社会经济高质量发展的重要资源，是实现民族振兴、赢得国际竞争的战略资源。大力发展人才事业是海南建设自由贸易区(港)的重要战略。

一是招才引才政策不断优化。海南要用好国家政策，制定优化人才改革政策，提高利用外资质量，开展国际人才管理改革试点，实行外籍和港澳台地区技术技能人员按规定在海南就业、永久居留。推行在中国高校获得硕士及以上学位的优秀外国留学生在海南就业和创业，扩大海南高校留学生规模。海南还要按照习近平总书记的要求，不断完善人才配套政策，聚焦"三大领域""五大平台""十二个重点产业"，协同引进人才、平台、团队、项目等，确保人才引进提质增效。将坚持引进、培养"两条腿"走路，有序开展人才培养工程，注重对创新型、技能型人才的培养，加大海南本地人才培养力度，实施党政人才、重点产业人才、农村人才培养计划，打造"南海名家""南海工匠"等人才品牌，进一步发挥本土人才与引进人才叠加优势。在海南全境建设自由贸易试验区，探索实行符合海南发展定位的国际人才事业发展政策。

二是海南人才发展更加开放化。海南用好特区立法权，实行更加开放的人才政策，主动参与国际人才竞争，不唯地域引进人才，不求所有开发人才，不拘一格用好人才，在大力培养创新人才的同时，更加积极主动地引进国外人才特别是高层次人才，让各类人才各得其所，让各路高贤大展其长。热忱欢迎外国专家和优秀人才以各种方式参与自由贸易区(港)的建设。

三是海南人才发展更趋向国际化。习近平总书记强调："引进国外人才和智力是中国对外开放的重要组成部分，是我们长期坚持的重要战略方针。"海南自由贸易区(港)的建设，对标国际先进，深化改革探索，实行更加积极主动的战略，建立开放型、生态型、服务型产业体系，建成高标准高质量的自由贸易区(港)。海南将依赖于人才及其凝聚于内心的知识、技术、创新、创意和创意的精神。"广开进贤之路，广纳天下英才。"

（二）自贸区(港)背景下海南人才事业发展新要求

一是坚持党管人才，以用为本。突出政治站位，充分发挥党的思想政治优势、组织优势和密切联系群众优势，健全党管人才领导体制和工作机制，创新党管人才方式方法，为推动人才发展提供坚强的政治和组织保证。对标自贸区(港)建设的产业和经济社会发展要求，重点以"引进国际人才及其管理改革"为试点，探索建立与国际接轨的全球人才招聘、服务管理制度；深入实施百万人才进海南行动计划，坚持国际人才引进和培养"双轮驱动"。

二是人才服务自由贸易区(港)发展。注重人才引领，围绕全面深化改革开放需求，统筹全省人才资源，引进国内外高端人才，优化人才培养体系，科学谋划发展思路和政策措施，推动人才优先发展，形成人才发展与经济社会发展的良性互动格局。创新启动人才发展体制机制改革，推动人才体制机制改革创新，加快推进人才国际化进程，构建具有全球竞争力的人才制度体系、与国际接轨的科学高效人才管理服务体系，努力让世界各地英才进得来、留得住、用得好，形成各类人才迅速成长、优秀人才充分汇聚、人才能力全面发挥的良好格局。

三是突出市场导向，促进人才流动。强化市场主体地位，充分发挥市场在人才资源配置中的决定性作用,保障和落实用人单位在人才引进、培养和使用中的自主权,最大限度激发和释放人才活力。重点推进世界知名企业和社会组织落户海南,形成人才就业的优势市场主体,打造优越的人才流动环境,健全人才市场流动机制,推进人才落户海南、合理流动、优化就业的良性人才流动机制。

(三)自贸区(港)背景下海南人才事业发展新重点

一是创新人才体制机制改革。全面深化改革,加快转变政府人才管理职能,着力破除制约人才发展的体制机制障碍。扩大人才开放,主动参与国际人才竞争,聚四方之才推动海南自由贸易试验区(港)建设。加强国家创新体系建设,强化战略科技力量。创新启动人才发展体制机制改革,推动人才体制机制改革创新,加快推进人才国际化进程,构建具有全球竞争力的人才制度体系、与国际接轨的科学高效人才管理服务体系,努力让世界各地英才进得来、留得住、用得好,形成各类人才迅速成长、优秀人才充分汇聚、人才能力全面发挥的良好格局。把深化改革作为推动人才发展的根本动力,坚决破除束缚人才发展的思想观念和制度障碍,构建与社会主义市场经济体制相适应、有利于科学发展的人才发展体制机制,最大限度地激发人才的创造活力。

二是实施人才高端引领。全球人才发展已经到了一个全新的阶段,人才高端化、共享化、国际化等特征明显。海南牢固确立人才高端引领发展的战略地位,采取访学、柔性引进多种方式实施高端人才引进和使用,聚集高端人才,实施高端人才团队引领,推动行业和地区发展。

三是推行人才整体开发。加强人才培养,注重理想信念教育和职业道德建设,培育拼搏奉献、艰苦创业、诚实守信、团结协作精神,促进人的全面发展。关心人才成长,鼓励和支持人人都做贡献、人人都能成才、行行出状元。统筹国内国际两个市场,推进城乡、区域、产业、行业的人才资源开发,实现各类人才队伍协调发展。

(四)自贸区(港)背景下海南人才事业发展的新挑战

"人才资源"是第一资源。海南的发展和腾飞,需要具有国际视野的国际人才和行业精英,引领和推进自由贸易区(港)的建设。反之,海南自贸区(港)建设对人才事业发展也提出新的挑战。

一是人才战略重要性日益凸显。在快速发展的高科技时代,人才成为社会发展的催化剂,谁最先拥有一流的人才资源,其必将主宰和引领着社会发展。如何在全球竞争中凸显自身的竞争优势和比较优势、确立自己的地位、拓展发展的空间。各国各地重新谋划,积极总结既往人才发展得失,不断探索市场规律和人才规律、紧跟时代发展步伐,制订满足人才发展需求的人才竞争策略。海南建设自由贸易区(港)的进程中,必须更加重视人才在未来发展的重要意义,有效融合发展进程中积累的资本、技术、信息、市场优势,探索更新、更快、更特、更优的人才竞争策略。

二是人才流动国际化。人才流动决策取决于个人因素、动机、意愿及其综合环境、综合竞争力的共同作用。全球专业人才流动报告显示,决定人才移居的重要因素分别是提高就业机会(18%)、全新的体验(16%)、增加薪酬的可能(16%)。因此,地方的吸引力及其能够为人才创造价值的可能性成为人才流动最主要的变量。一方面国际优秀人才必将聚集在为人才提供新体验、增加薪酬、提供丰富的就业机会的地方。海南在条件先天不足且无整体优势的情况下,应抓住全球人才流动的机遇,抓紧建构具有吸引力的平台来集聚和吸引优秀的国际人才,已经成为刻不容缓的重要命题。

三是人才竞争日益白热化。海南国际化人才制度和发展环境与国内一线城市、国际一流水平还有一定差距。政府、市场、社会等在国际化人才工作中角色、边界尚未界定明晰,市场在国际化人才资源配置中的基础性作用尚未得到有效发挥。有效保障国际化人才各种权益,促进国际化人才脱颖而出,人尽其才、才尽其用、各得其所的法律体系还没完整建立。知识、技术、管理、技能等要素参与分配的激励机制还未完善,与工作业绩紧密联系、鼓励国际化人才创新创造、充分体现国际化人才价值的分配机制尚未健全。推动人才创新创业的融资、税收、政府监管、研发投入、贸易支持、知识产权、政府采购等政策支持体系还需不断优化完善。在全球竞争白热化的情景中,我们如何缩短与发达国家、地区的差距、弥补发展短板,建构新的国际化人才发展战略,实现跨越发展,这是很大的挑战。

三、自贸区(港)背景下海南人才事业发展亟须突破的几个问题

(一)亟待提高人才国际化水平

海南建设中国特色自由贸易区(港)需要逐步提高人才国际化水平。自由贸易区(港)建设对海南人才事业发展的挑战,更多地表现在人才国际化水平的鲜明提高上。

海南现有的人才体系建设更多表现在注重人员培养的国内化发展趋势,没有很好地在这一方面凸显出应有的国际化特征。国内化属性的体现在于,如何开展国内事务,如何与国内其他省份人才打交道,拘泥于国内化业务范畴的发展趋势之下,没有与国际化接轨,没有形成良好的国际化发展思维,不能站在海南自由贸易区(港)建设高度上,与国际上其他国家或地区进行自由贸易区的沟通与交流。受此影响,海南中国特色自由贸易区(港)建设受制于人才国际化水平偏低,难以获得更为良好的有效发展。

(二)亟待强化人才特色化内涵

人才特色化内涵的培养与强化是关系一个国家或地区能否积极开展相关工作,能否推动海南人才事业发展的重要因素。海南在建设中国特色自由贸易区(港)的过程中,对人才特色化内涵提出了更高的要求,也对海南现有的人才事业发展提出了新的挑战。

海南人才特色化内涵主要表现为:不同行业、不同岗位人才所具备的特色化能力,能否推动中国特色自由贸易区(港)建设的发展尤为重要。所以就现阶段而言,海南在建设中国特色自由贸易区的时代背景下,需要积极强化人才特色化内涵的提升,根据人才岗位、人才行业、人才学历及其人才实践能力不同,形成各具差异化、更有针对性的特色化内涵提升机制,只有如此,才能应对中国特色自由贸易区(港)建设对海南人才事业发展的时代挑战与冲击。

(三)亟待明确人才精准性引进

海南人才事业发展过程中,必须积极形成精准性引进机制,才能有效应对中国特色自由贸易区(港)建设具体发展形成的挑战与冲击。

现阶段的海南人才事业发展,人才体系构建,缺乏精准性引进机制,往往是不分行业、不分岗位的统一引进;不同政府部门、相关机构的人才引进,往往只关注人才的现有学历,关注人才的综合能力,却不考虑相关人才与相应岗位、相应行业的契合度,其精准性引进力度并不理想。正因为如此,海南人才事业发展进程中,实施统一化、非精准人才的引进模式,导致了岗能匹配度存在偏差,人岗切合度不够,使得自由贸易区(港)建设背景下不同行业工作的开展仍有较大的提升空间,也存在较多的发展不足。

海南自由贸易区(港)建设过程中,海南人才事业亟待完善实施人才精准性引进,才能不断应对新挑战,逐步优化自由贸易区(港)的自主建设。

(四)亟待完善人才长效化培养

长效化培养机制的形成,对海南人才事业发展具有不容忽视的实施价值。海南建设中国特色自由贸易区(港)的具体过程中,对于海南人才事业的发展,尤其是人才长效化培养的具体实施提出了新的挑战,海南亟待完善人才长效化培养,才能应对相应的冲击与挑战。

当前,海南省不同地区政府部门、企业等不同主体在培养不同类型人才的过程中,往往受限于自身认知不足、资金不足等不利因素的影响,人才培养通常呈现出短暂化、非持续化的不良发展趋势,难于形成长效化的人才培养机制,人才综合能力的提升也受其限制。受此影响,海南人才事业的实施不能呈现出国际化、高效化、时代化的发展趋势,其人才素养表现得更加参差不齐,既不利于海南人才事业的有序发展,难于对海南社会经济的发展提供有效的智库支撑,也将严重阻碍海南自由贸易区(港)建设的进程。

因此,新时代人才事业发展需与时俱进,精准对接国际化、时代化的需求,不断完善人才培养体系,构建人才培养的长效机制。

(五)亟待健全人才评价标准化认定

海南国际化特色人才体系建设,海南人才事业发展都离不开人才评价标准化认定工作的积极实施,任何人才是否具有相应的岗位工作能力,能否在不同的岗位上做出更多的贡献,其重要的衡量标准就是人才评价标准化的实施。

海南在建设自由贸易区(港)的过程中需要立足自身的区位优势,积极与国际接轨,形成国际化特色人才评价体系。然而,当前海南很多地区的人才事业发展过程中,人才评价标准化认定工作的开展并不健全,很多新型人才认定缺乏统一标准,没有形成权威认定机构,也没有夯实特色化国际化人才评价标准认定流程。比如:在职业农民认定体系上,海南各地仍然存在着职业农民认定工作缺失的不良状态,即不能让这些职业农民更好地发挥应有的人才作用,也难以让职业农民与国际化相契合,这也使得自由贸易区(港)建设难以得到人才评价标准化认定体系的支持。

人才评价标准化认定不健全的挑战,既使得海南人才事业的发展难以尽善尽美,也让海南建设自由贸易区(港)进程中,难于获得更具标准化、规模化人才建设体系的有效支持,同时也不利于自由贸易区(港)建设与其他国家(地区)自贸区发展的契合与融入,难以推进海南自由贸易区(港)建设在国际范围内占据更为有利的发展地位。

（六）亟待提升人才专业化程度

人才专业化程度，是反映海南人才事业是否高效化，能否国际化的重要因素，其专业化程度的体现，是与之前的评价标准化息息相关，而专业化程度的提升，也是与海南自由贸易区（港）建设中的人才与岗位契合度相关联。对于海南人才事业的发展及其国际化特色人才体系建设来说，由于受到自由贸易区建设时代背景更高要求的冲击，其人才专业化程度不足也日渐显现。

海南的人才培养更多地注重复合型人才及其综合人才的培养。这在某种程度上忽视了专项人才的重视与落实，使得很多人才呈现出多而不精的发展状态，难以在某个行业或某个岗位上做出更为卓越的贡献，导致海南人才事业的发展难以得到专业化程度的有效支撑，也使得海南自由贸易区（港）建设只能在综合人才保障下予以开展，让部分需要专业化人才支撑的行业，或者岗位存在着人才层面上的不足与缺陷。

人才专业化程度提升是自由贸易区（港）建设对海南人才事业发展新挑战的重要体现，也为海南当前人才事业发展，尤其是国际化特色人才体系建设，提出警钟，需要海南省相关政府部门、企业管理层等不同主体予以更多的重视与关注。

（七）亟待增强人才职业化能力

人才职业化能力的增强，同样是反映海南人才事业成熟化的重要标志，也是推动海南国际化特色人才体系建设的关键指标。而人才职业化能力表现为：人才在从事某一行业、某一岗位的具体工作时，所能够具备的与岗位契合度较高，贡献度较高的相关能力，并具有与其他非职业人员相比，形成的差异化、高标准化的能力体现。

海南人才职业化能力被长期忽视，往往不具备较为良好的职业素养，其能力也难以呈现出职业化的发展态势。在这样的情况下，海南自由贸易区（港）建设无法得到人才职业化能力层面上的支持与帮助，既不能让海南人才事业进一步得到优化与发展，也让自由贸易区（港）建设难以获得应有的积极提升。

（八）亟待确立人才市场化监管

海南尚未建立人才自由流动机制。人才到海南就业后，无法通过市场的调节和有利配置，导致人才流动受阻，制约人才发挥自由贡献度。

由于海南社会经济发展的落后，难于吸引世界和国内知名企业落地海南，无法营造良好的人才流动环境，缺乏与国际接轨的人才流动机制和薪酬体系。当前，海南人才事业的发展，在抛除数量庞大的公务员、事业单位工作人员之后，所留下的人才数量、质量都不尽人意，无法形成良性互动的人才市场，导致人才只能在单一部门就业，如果流动就必须离开海南的尴尬局面。基于此，现有的人才市场化监管机制也没有形成更大范围、更具规模的实施状态。海南人才市场化不足，市场化监管缺失，导致海南人才事业的发展难以呈现出高效化、市场化的良性发展状态。海南需要积极优化海南用人市场，不断完善人才市场的监管体系，积极应对海南建设的新挑战。

四、国内外自贸区(港)人才体系建设的典型经验与启示

(一)国内外自贸区(港)基本概况及人才体系建设

1. 美国辛辛那提

美国辛辛那提自贸区主要依托美国五大湖区域,依靠河港中心,发展内陆贸易,成为美国主要的出口加工型自贸区。笔者通过表格形式,对美国辛辛那提自贸区的地理选址、产业选择、人才体系建设等方面进行逐一探讨。

表 13-3　美国辛辛那提自贸区基本概况及人才体系建设经验一览表

	具体内容
地理选址	位于五大湖区域,依靠河港中心重点开展内陆出口贸易
产业选择	加工制造业产业为主,加工贸易、转口贸易为主要形式
人才体系建设	1. 制造业、出口贸易行业专门化人才培养渐成体系; 2. 人才培养长效化得到更多体现

来源:笔者整理

从表 13-3 可以看出,美国辛辛那提自贸区在人才体系建设上,一方面,制造业、出口贸易行业专门化人才培养渐成体系;另一方面,人才培养长效化得到更多体现。

2. 荷兰鹿特丹

荷兰鹿特丹自贸港,依托位于鹿特丹市具有地域区位优势的港口设施,积极拓展国际贸易,并逐步探索港城一体化有序发展,实现了鹿特丹第二产业、第三产业与港口自贸发展的融合。

表 13-4　荷兰鹿特丹自贸港基本概况及人才体系建设经验一览表

	具体内容
地理选址	依托鹿特丹港口,形成自由贸易型海港
产业选择	港城一体化下的第二、第三产业协同化发展
人才体系建设	1. 人才运行机制与国际化需求相契合 2. 人才特色内涵得以凸显

来源:笔者整理

从表 13-4 可以看出,荷兰鹿特丹自贸港在建设人才体系的过程中,一方面,重视人才运行机制与国际化需求的相互契合,另一方面,则逐步凸显国际化人才的特色内涵,依托不同岗位的实际需求,使得人才特色内涵挖掘与岗位契合度相结合,人尽其职,岗位融合。

3. 新加坡

新加坡自贸区依托新加坡逐步提升的国际影响力,借助自有的区位优势,发展空港贸易,推动国际空港经济发展,逐步以服务贸易为主,架构贸易中心发展模式,新加坡自贸区也在建设国际化人才体系上形成了一定的经验。

表 13-5　新加坡自贸区基本概况及人才体系建设经验一览表

	具体内容
地理选址	扼守马六甲海峡,依托新加坡国际影响力,开展国际贸易
产业选择	以服务贸易为主,架构贸易中心模式
人才体系建设	1. 人才精准化引进方式日臻成熟 2. 人才标准化认定达到国际水平

来源:笔者整理

从表 13-5 可以看出,新加坡自贸区在围绕自由贸易区工作开展过程中,建设人才体系时,主要在人才精准化引进方式日臻成熟,人才标准化认定达到国际水平等形成了既定优势,正因为如此,新加坡自贸区的人才体系建设逐步纳入正轨,为越来越多入驻新加坡的跨国公司提供了鲜明的专业化人才保障。

4. 迪拜

迪拜自由贸易区作为阿联酋发展工商业的重要功能区,展现出较为鲜明的区位优势,而在迪拜市政府的支持下,物流业、金融业、高科技产业等得到较好发展。

表 13-6　迪拜自贸易区基本概况及人才体系建设经验一览表

	具体内容
地理选址	扼守东西方交流咽喉,区位优势显著
产业选择	物流业、金融业、高科技产业等得到较好发展
人才体系建设	1. 多元化、国际化人才特色内涵得以凸显 2. 人才引进的精准性明显

来源:笔者整理

从表 13-6 可以看出,迪拜自贸易区在依托自有鲜明区位优势,积极开展人才体系建设时,一方面,多元化、国际化人才特色内涵得以凸显;另一方面,人才引进的精准性明显。

5. 香港

香港自贸区依托香港这一国际化大都市的综合影响力,地理位置优越,奉行自由贸易,以不设置关税壁垒的方式,开展一般商品国际贸易,香港自贸区在人才体系建设上同样形成了一定的有效探索。

表 13-7　香港自贸区基本概况及人才体系建设经验一览表

	具体内容
地理选址	地理位置优越,拥有国际竞争性强的港口
产业选择	奉行自由贸易,以不设置关税壁垒的方式,开展一般商品国际贸易
人才体系建设	1. 依托香港影响力,优化人才精准化引进 2. 人才职业化水平提升渐成系统

来源:笔者整理

从表 13-7 可以看出,香港自贸区在发展、建设人才体系时,不仅充分依托香港影响力,优化人才的精准化引进,而且使得人才职业化水平提升,渐成系统。香港自贸区正是基于人才的精准化引进,吸引更多的专门化人才到香港工作,夯实了自贸区的人才基础。

6. 台湾

台湾在发展自由经济示范区(即:自经区),主要依托高雄市已有的区位、港口、贸易优势,形成了以物流产业、服务贸易为主导的产业体系,在人才体系建设上,也形成了一定的优势。

表 13-8　高雄自经区基本概况及人才体系建设经验一览表

	具体内容
地理选址	依托高雄港口,辐射香港、东南亚,发展国际贸易
产业选择	以物流产业、服务贸易为主导,架构国际化产业发展体系
人才体系建设	1. 人才培养长效化方面形成较多探索 2. 人才职业化水平得以日渐优化

来源:笔者整理

从表 13-8 可以看出,高雄自经区在建设人才体系上,不仅在人才培养的长效化上进行了更多探索,而且逐步优化人才职业化水平,使得自经区的发展,能够得到职业化人才的支持。

7. 上海市

上海自贸区立足上海市,依托四大海关监管区,金融业、生产性服务业、物流业等产业发展逐步呈现出规模化良性趋势。

表 13-9　上海自贸区基本概况及人才体系建设经验一览表

	具体内容
地理选址	依托大都市上海,辐射日韩,积极凭借空港优势发展对外贸易
产业选择	金融业、生产性服务业、物流业等产业发展呈现规模化趋势
人才体系建设	1. 国际化人才引进的精准性明显 2. 人才培养的长效化得到广泛落实

来源:笔者整理

从表 13-9 可以看出,上海自贸区在建设人才体系过程中,融合国际化元素,不断展现人才引进的精准性,并使得人才培养的长效化得到广泛落实。

8. 深圳市

深圳蛇口自贸区毗邻香港,背靠广东地区在现代服务业、高端制造业、出口加工业等产业上形成较多发展优势,成为连接广东与香港密切合作的重要枢纽。

表 13-10　深圳蛇口自贸区基本概况及人才体系建设经验一览表

	具体内容
地理选址	毗邻香港,拥有较长海岸线,国际贸易优势明显

续 表

	具体内容
产业选择	现代服务业、高端制造业、出口加工业上渐具优势
人才体系建设	1. 人才治理体制国际化探索 2. 人才的专业化程度不断提升

来源:笔者整理

从表 13-10 可以看出,深圳蛇口自贸区在开展人才体系建设时,重视国际化元素的展现,实现人才治理体制的国际化方向探索,并逐步提升人才的专业化程度。

(二)对海南人才事业发展的启示

综上所述,迪拜自贸易区、上海自贸区、深圳蛇口自贸区、荷兰鹿特丹自贸港等国内外自贸区(港)在各自开展国际化人才体系建设的过程中,形成了不同侧重点的建设经验。一是建立起对接国际的人才治理体制和人才运行机制,二是精准引进满足地区发展的专业化人才,三是凸显多元化、国际化的人才特色内涵,四是实施行业化的人才认定认可标准,人才职业化水平不断优化,五是建立起专门化、长效化的人才培养体系等。基于以上国内外自贸区(港)人才事业发展的优秀经验,将对海南省的国际化人才体系建设发展形成更多更好的借鉴价值。

五、自贸区(港)背景下海南国际化特色人才体系构建

(一)进一步完善国际化人才治理体制

以自由贸易区(港)建设为背景,海南省积极构建国际化特色人才体系,推动人才事业的优化发展,首先需要进一步完善国际化人才治理体制,人才治理体制的逐步完善与优化是构建国际化特色人才体系的基础要素所在,只有逐步重视人才治理,完善人才治理,优化实施人才治理体系,才能使得海南省国际化特色人才体系的构建,得到更多的基础性保障,也才能让相关政府部门、企业管理层等不同主体更多地了解到如何依托人才治理构建特色人才体系。

具体措施:首先,从素质模型构建入手,形成基于胜任力的人才治理体系,人才治理体制的积极构建并不是空谈,也不是基于纯粹理论的基础上予以开展的,而是需要通过基于胜任力的素质评估模型,对当前不同主体下的人才进行更为科学、更为全面的素质评估,让国际化人才治理体制,尤其是人才治理效果的实现能够建立在趋于科学、完善的素质评估基础上进行探索与完善。其次,优化测评工具。不同主体可以将三百六十度访谈、问卷评估与反馈等一系列科学化测评工具,引入人才治理体制内容之中,让人才治理效果的实现与国际化特色人才体系构建以及不同人才自身的个体发展相契合,进而让人才治理体制更为科学。不仅如此,人才治理体制的实施是需要建立在国际化实施氛围之下开展的,这就要求海南省相关政府部门、企业管理层等不同主体立足国际化发展,借鉴他国(地区)的先进经验,尤其要借鉴其他国家自由贸易区建设过程中人才体系构建所形成的经验内容,从中挑选适合海南省省情的先进情况,并予以勤于思考,与本土化的人才治理体制相结合,形成更具国际化发

展需求,更能反映人才治理本质的治理体制。

(二)进一步建构国际化人才运行机制

国际化人才运行机制的建构,对于海南省构建国际化特色人才体系具有不容忽视的重要价值。为此,海南省相关政府部门、不同企业的管理层等主体需要积极多措并举,进一步建构国际化人才运行机制。

具体措施:首先,海南省政府各部门需要坚持党管人才原则,并使得党管人才原则与国际化人才发展需求相契合,充分发挥政府部门的相关政府职能,明确党管人才的重要性。调动政府力量,积极引导相关企业以及其他组织机构充分了解西方发达国家关于自由贸易区建设背景下,国际化人才体系构建的先进经验,并对其进行进一步的梳理与借鉴,为国际化人才运行机制,形成必要的政策资金技术等扶持保障。其次,以省委省政府牵头,强化各方协同,拓展人才运行参与主体,明确人才运行实施原则,制定人才运行监督机制,进而逐步为国际化人才运行机制的建构与完善形成参与主体、协同发展、监督评价等多方面的实施保障。

国际化人才运行机制的实施,是海南国际化特色人才体系构建的重要构成部分,而且这一运行机制的积极落实,需要充分发挥政府力量,调动不同参与主体的参与积极性,共同明确人才运行机制,并依托不断完善的监督评价,使得国际化人才运行机制,能够得到趋于良性的发展保障。

(三)进一步凸显多元化人才特色内涵

特色人才体系构建中的人才特色内涵体现,更多地表现在:不同行业、不同岗位能力的特色化要求上。只有相关人才具有相应的特色内涵,才能增强自身与相关行业、相关岗位的契合度,进而发挥出更多的人才效用,所以,在自由贸易区(港)建设背景下,海南积极构建国际化特色人才体系,就需要进一步凸显多元化人才的特色内涵。

具体措施:首先,海南省政府各部门、相关企业管理层等不同主体,需要明确相关行业、相关岗位对于人才的综合要求,以岗位需要来定人才的特色内涵组成内容。其次,进而以此为基础,根据岗位需求优化人才特色内涵,使得相关人才能够在工作过程中,积极向获得更多的特色化内涵体现而努力,在政府企业的大力支持下,凸显人才特色内涵的多元化特质。

(四)进一步提高人才引进的精准性

人才引进的精准性,是积极构建海南国际化特色人才体系,推动海南人才事业发展的重要举措。为此,海南政府各部门及其相关企业需要积极提高人才引进的精准性。

具体措施:首先,海南各地政府部门需要立足宏观调控,加强政策引导,形成明确的人才引进政策,并积极向人才引进的精准性倾斜,为不同行业、不同岗位,引进精准化人才,优化人才优势。其次,不同企业及其相关组织机构,同样需要强化人才引进的精准性,积极按照自身所在行业,所需引进人才岗位的实际需求,提高人才引进的精准性趋势。使得引进的人才能够与所需引进的岗位形成较高的契合度,着重提高专门化人才的引进力度,并逐步避免多而不精人才劣势的长期存在。

（五）进一步增强人才培养的长效化

人才培养的长效化，是积极构建海南国际化特色人才体系的关键所在，只有使得人才培养能够呈现长效化、持续化发展，才能使得特色人才体系构建，人才质量的稳步提升得到更多保障。为此，海南省相关政府部门、各企业等需要进一步增强人才培养的长效化。

具体措施：首先，海南各地政府部门需要积极认识到人才培养长效化的重要性，并在为相关企业等组织机构提供多元化保障的同时，还需要借鉴美国辛辛那提自贸区、高雄自经区的先进经验，形成人才培养长效化指导政策，使得不同企业在开展人才培养长效化时，能够得到来自相关政府部门的针对性扶持。其次，不同企业等机构可以通过人才培养长效化方式，确定长效化效果评价，长效化落实团队构建，长效化培养课程拟定等一系列方式，促使人才培养长效化明确落实，进而让人才培养能够在持续化、长效化的良性氛围下予以开展。使得特色人才在与国际化相接轨的同时，还能够呈现出时代化，更具竞争化的良性发展态势。

（六）进一步加快人才认定认可标准化

人才标准化认定，是构建海南国际化特色人才体系的关键体现。所以，海南省不同主体需要积极加快人才认定认可的标准化建设，赋予人才职业化认证化、资质化的发展优势。

具体措施：首先，海南省政府部门起到引导牵头作用，根据不同行业、不同岗位等工作需求，细化职业认定标准，并以层级化方式，形成认定体系与晋升原则。其次，以上述举措为基础，引导海南省各地政府以及不同企业推动人才认定标准工作的积极开展，依托海南省省级政府部门形成的标准化认定体系，通过资质考试，借助笔试、面试、实践性考试等不同类型的认定方式，使得相关人才通过集中的培养学习，获得相应的职业知识，提升职业素养，锻炼职业能力，进而使其积极通过标准化认定，成为国家认可的专门性人才，进而与国际化挂钩的同时，优化海南省现有的特色人才优势，充分发挥人才认定认可标准化在国际化特色人才体系构建中的重要价值。

（七）进一步全面强化人才的专业化程度

人才专业化程度的提升，关系到专门化人才能否得到良好的培养，能否为海南国际化特色人才体系的构建形成必要的实施基础。所以，海南省无论是政府部门还是相关的企业，都需要积极正视这一因素，进一步全面强化人才的专业化程度。

具体措施：首先，政府部门发挥自有作用，结合美国辛辛那提自贸区、深圳蛇口自贸区等先进经验，将国际化因素引入人才的专业化发展过程。其次，不同企业以及涉及自由贸易区(港)建设的相关政府部门，在具体开展人才专业化程度强化上，需要积极细化人才岗位，明确人才专门性素养，将复合型人才与专门化人才培养相结合，明确提升人才的数量，满足岗位发展需求，积极缩小海南省专业化人才与国际人才的现实差距，还可以适度邀请其他国家的人才对专门化人才进行有针对性的培养。

（八）进一步系统提升人才职业化水平

人才职业化水平的系统提升同样至关重要，海南省政府各部门、企业等主体同样需要注重人才职业化水平的稳步提升。

具体措施：首先，政府部门强化人才职业化建设，发挥政策推动作用，使得职业化人才队伍不断呈现庞大化、规模化发展。其次，海南省不同的企业，根据自身所处行业实际情况，细化企业内部的不同岗位，并根据岗位对于人才的实际需求，形成人才职业化水平提升框架，进而在这一框架范围内，逐步提升人才的职业化水平，区分职业化人才与非职业化人才在相关职业能力上的差距，进而凸显人才职业化优势。而且，人才职业化水平的提升，不能脱离海南省国际化特色人才体系构建的实际需求。职业化人才既能够胜任海南省省内或者国内的业务开展，更需要积极了解他国的行业需求，为更多的外贸企业积极发展涉外业务形成职业化水平上的积极保障。

(九)进一步健全人才市场化监管制度

人才市场化监管制度的不断健全，能够为海南国际化特色人才体系的构建，形成保障性支撑。为此，海南省需要由政府部门牵头，不同企业及其他组织机构共同参与，逐步健全人才市场化监管制度。

具体措施：首先，海南省各级政府部门需要发挥牵头作用，将市场化引入人才体系构建过程之中，并可以扩大人才市场化监管范围，在条件允许的情况下，将公务员、事业单位工作人员等纳入市场化监管制度之中，以市场化监管保证海南省不同部门、不同企业现有人才体系构建。其次，包括企业在内的各类机构，需要认识到架构健全人才市场化监管制度的重要价值，并通过优化市场化监管机制，构建市场化监管团队，明确市场化监管原则等一系列举措，逐步对其实现应有的健全与完善。

(蒙生儒)

第十五章　展望

2018 年 4 月 13 日,习近平总书记在海南建省办经济特区 30 周年纪念大会的讲话中宣布,党中央决定支持海南全岛建设自由贸易试验区,支持海南逐步探索、稳步推进中国特色自由贸易港建设,分步骤、分阶段建立自由贸易港政策和制度体系。十九大报告提出"推动形成全面开放新格局"中强调"赋予自由贸易试验区更大改革自主权,探索建设自由贸易港"。因此建设一个自由程度更高、具有中国特色的自由贸易港,已成为对外开放时代背景下需要完成的任务,这一任务落在海南自贸区(港)建设上来。

海南自贸区(港)建设始终应从新时代中国对外开放格局和中国已有自贸试验区运行情况作为逻辑起点。本部分展望篇,在结合本报告所有相关内容的基础上,重点突出海南自贸区(港)的建设展望①。主要考虑有三:一是海南自贸区(港)应立足于中国特色,重点在于体现中国特色;二是海南自贸区(港)应体现新时代的特征,因此要突出特定历史发展阶段和特定历史使命;三是海南自贸区(港)应面向国内外发展的新环境,尤其是新机遇与新挑战。

一、国际贸易格局下的海南自贸区(港)特色与定位

(一)打造海南作为低税率、零壁垒的国际结算枢纽地

20 世纪 80 年代,全世界货物贸易总量中成品贸易与中间品贸易的比例 7∶3;到 2018 年,这个比例约为 4∶6,即全世界 60% 的贸易量是中间品贸易(包括零部件贸易和原材料贸易)。现如今的高科技产品由几千个零部件、组件和模块组成,这些组件的背后是各种原材料和中间材料的支撑。产品组装也会涉及成百上千家企业,它们分布在全球不同国家、不同地区和不同城市里。围绕着产品价值链,分布在不同国家和地区的企业每天都在进行着"国际贸易",他们通过互联网和信息系统在某个地区形成一个结算点,即形成了这种离岸金融结算,能够实现这种结算的往往是自由港。根据相关数据统计,我国加工贸易产生的大量金融结算业务流失境外,也就是大部分结算是在境外实现的。基于这样的历史条件,海南应当更多承担相应的历史使命,建议包括:

一是海南离岸账户能够允许开放,并有与国外自由贸易区相同的税制。唯有如此,才有可能促成离岸金融结算量回流,相应地会产生相当体量的银行收入、就业和税收。

二是海南自贸区(港)要实现政策性和制度性创新。按照盛斌教授的观点,目前中国已

---

① 针对"海南自贸区(港)建设",由海南大学、南开大学、海南省旅游和文化广电体育厅主办的第四届海南国际旅游岛发展论坛上,相关专家和学者,对相关议题进行了研讨,本章亦引用了很多相关学者的建议和观点。

有自贸试验区的制度创新中有相当的比重属于程序性创新,比如简化程序、缩减时间等,而属于政策性或体制性的重要创新,例如国际贸易单一窗口、FT 账户、人才流动制度等,数量较低,且在实际落地并发挥巨大市场效果上与预想相比仍有差距。

三是创立海南特色的负面清单。按照赵晋平教授的观点,全国统一的负面清单实施外资准入管理不能很好适应海南自身优势和重点产业发展的需要,而从已有自贸试验区的经验来看,传统管理和监管模式与新经济、新业态发展需要之间不相适应的矛盾仍然突出,海南特色的负面清单是当前极为重要的任务。

(二)海南自贸区(港)首先要破解服务业开放,成为中国服务业开放的标杆

根据中国商务部与世界贸易组织秘书处联合发布的《2018 年世界贸易报告》的数据:全球服务贸易占比将由目前的 21% 增至 2030 年的 25%,发展中国家贸易占比将由 2015 年的46% 增至 2030 年的 57%。在服务业外商投资准入方面,2018 年经济合作与发展组织(OECD)公布了 62 个主要经济体的外资准入限制性指数,中国综合评价居第 4 位,其中服务业高居第 2 位,说明服务业开放水平与发达国家相比存在较大差距,也低于 OECD 国家的平均水平。这对海南现实发展提出了严峻的挑战,因此提出以下建议:

一是在服务业开放上针对海南自贸试验区实施特殊的服务业负面清单,促进特色服务外包。以外资准入的负面清单为例,已有自贸试验区禁止投资、股权限制和数量型经营限制等限制程度较高的措施占比偏高。盛斌教授认为对一些服务业部门,如金融、交通运输、快递、教育、医疗、娱乐等行业的外资准入限制也较高,海南急需服务业的开放。

二是创造服务业开放的制度与国际合作环境。在海南自贸区(港)建设过程中,旅游产业、大健康产业、教育产业、娱乐产业等都急需开放政策,唯有如此才能顺应国际贸易开放的格局。随着跨境电商、保税物流、保税维修等新兴服务贸易的发展,监管的相关法律法规也亟待完善。按照陈波教授的观点,海南应加大对外招商引资的力度,特别是在设计规划、旅游开发、文体娱乐等领域与国际知名企业和联盟合作。

(三)海南自贸区(港)要重视数字贸易发展趋势,创建有利于数字贸易的营商环境

数字贸易是指依托互联网为基础,以数字交换技术为手段,为供求双方提供互动所需的数字化电子信息,实现以数字化信息为贸易标准的、创新的商业模式。目前全球服务贸易中有一半以上已经实现数字化,超过 12% 的跨境实物贸易通过数字化平台实现。这种贸易趋势会越来越明显,至此提出以下建议:

一是数字贸易领域的接轨方面,实施有条件的互联网开放。由于外商投资企业管理人员和工作人员上境外的邮箱和交流软件不太方便,影响跨国资料和数据交换,因此海南可率先在江东新区等地实现有条件的互联网开放。

二是建立与国际规则接轨的数字贸易规则。国际上互联网平台公司不跨界垄断、不搞金融、网络交易缴税、网络支付与信用卡体系竞争问题、涉及共享经营平台发展的约束规则等都与中国国内发展的状况不同,因此海南要创造与国际规则接轨的数字贸易规则。

三是破解"数据异构"问题。政府数据信息不畅制约了政府效率的提高,最关键的是解决数据标准和格式统一的问题(包括候鸟人口、俄罗斯游客的具体统计目前尚无建立统一标准),进而形成数据治理的有效机制。

（四）自贸区（港）为体系的政府职能

中国目前自由贸易试验区的政府职能往往是由省级政府机构管辖下的厅局级单位,专门为自由贸易试验区设置的机构,一般通常为"自由贸易试验区管委会",并在试验区内行使一定的行政自主权。按照全国人民代表大会财政经济委员会副主任委员黄奇帆的观点,海南省自贸区（港）建设是以全岛作为自贸区（港）,因此海南省委省政府同时就是自贸区（港）体系的政府职能。海南需要利用好这一自贸区港体系的政府职能设置,具体建议包括:

一是以省部级,而不是厅局级,直接与国家各部委进行沟通和协调,进而逐步落实相关方案。与中国区域经济的长三角经济发展区、粤港澳大湾区和河北雄安新区等都不同,海南明确作为一个省级单位进行改革创新,一方面避免了区域之间的协调的难度,另一方面避免了作为厅局级单位与国家部级单位之间不对等的地位难题。

二是解决"职责同构"问题。2018年,中共中央《关于深化党和国家机构改革的决定》,第一次从推进国家治理体系和治理能力现代化的高度,论证了党和国家机构改革的战略性思路。《决定》所提出的"赋予省级及以下机构更多自主权""允许地方因地制宜设置机构和配置职能",也就是海南省可以实现突破"职责同构"的难题[1]。海南应该抓住历史性契机,以"一对多"或"多对一"的形式与国家部门进行沟通,进而开展整体性的高度深化机构改革和加快政府职能转变。

三是切实提高与自贸区（港）相关的事权。按照赵晋平的观点,从已有的自贸区建设的情况看,依然没有解决的一个问题就是行业管理事权与地方扩大开放、改善营商环境匹配性。因此需要通过中央和海南省的通力合作,适当下放改革和开放所需要的事权,除了国家重要事项之外,其余事项基本上下放海南自贸区（港）,具体事项的范围、幅度等由自贸区自行确定。因此梅振中认为要充分利用好经济特区立法权,应明确在海南经济特区范围内应当优先适用经济特区法规。特区立法权是全国人大授予的立法权限,其层级高于部委规章或者规范性文件,所出台的经济特区法规的效力也应当高于部委规章,特别是部委规范性文件。而当前负面清单中的各项特别管理措施缺乏明确的国家和地方层面的法律法规依据描述。[2]

二、海南自贸区（港）的政府职能与营商环境建设

全球经济在生产力布局的时候,按照资源优化配置,涉及市场准入、知识产权、互联网环境等,因此必须有国际对标的营商环境,营商环境的国际化、法治化和便利化是产业发展、招商引资和政府职能转变的关键。

（一）对标国际化的制度与营商环境

海南必须能够对标国际化的相关标准。第一是对标多边贸易规则,第二是对标高水平

---

[1] 按照朱光磊（2018）年的定义,"职责同构"即上下对口,左右对齐,五级政权管理大体相同的事情,相应地在机构设置上表现为从国务院对口对到基层政府,于是增加沟通成本、出现"条块矛盾"、增加用人就成了必然,并导致转变政府职能长期不能到位。

[2] 梅振中.建设自贸区（港）如何争取国家事权下放海南.新东方,2018年,234（3）:29—32.

区域贸易协定(RTAs)中的"规制融合类"新商业规则,例如投资、知识产权、技术标准、竞争政策、环境、电子商务等,为适应全球贸易投资新规则进行压力测试和风险评估;第三是对标高质量的国际营商环境,参考国际通行的对企业投资经营不同阶段的关键指标(如世界银行的"营商环境指数")对自贸区的综合营商环境进行数据搜集、实地调查、诊断分析和有针对性的改善提高。

(二)从"优惠政策"向"营商环境"转变

白雪洁认为通过政策红利扶持产业的优势不再有效,通过资源、价格和土地优惠的政策模式不再适应新常态发展形势,新一轮区域竞争不仅是企业、项目和资金的竞争,更是营商环境的竞争。

优惠政策导向	营商环境导向
● 税收优惠 ● 财政补贴 ● 土地优惠 ● 易于模仿、恶性竞争	● 行政审批制度深化改革 · 构建"互联网+行政服务"体系 · 浦东新区"证照分离"改革试点 ● 完善投资硬环境 ● 创新负面清单管理模式 ● 良好的法治环境和政府信用

图 15-1　优惠政策导向与营商环境导向

(三)促成"营商环境-高端经济要素-产业体系"的循环体系

"海南国际旅游岛平台"的建立使得海南形成"生态资源—旅游资源—消费资源"和"生态资源—土地资源—经济资源"的资源整合与转化链条,推动经济快速发展,但也出现旅游产品品质不高、依赖房地产等问题。白雪洁认为良好的生态环境对吸引人(人力资本和劳动力)这一活跃生产要素是锦上添花,而非关键因素。生态—经济—社会的优势水平梯度锐减的现实导致对高端生产要素,如高水平人才、技术创新要素及其与之相关联的现代金融资本的吸引力不足,缺少能够打破现有产业体系的新产业新要素注入。因此"海南自由贸易区(港)"应当促成"营商环境-高端要素-产业体系",尤其是创新要素的引导性集聚,可能培育机遇型产业,形成创新驱动发展模式。比如,从建设海洋强国的国家战略高度,在海南整合海洋相关的科技创新资源,搭建从基础研究到科研成果转化,到创业苗圃、孵化器、加速器直到产业园的海洋产业创新联盟的全过程。

(四)系统精准降低区域商务成本

海南营商环境建设要克服"未富先高"的局面,从企业经营环境来看,海南面临的主要问题在于,制度成本高、物流成本高、人工成本负担增加和创新激励不足等等,这严重影响了海南经济和社会持续发展能力。但海南应以"系统精准降低商务成本"为工作目标,在综合成本上下功夫。如图15-2所示:

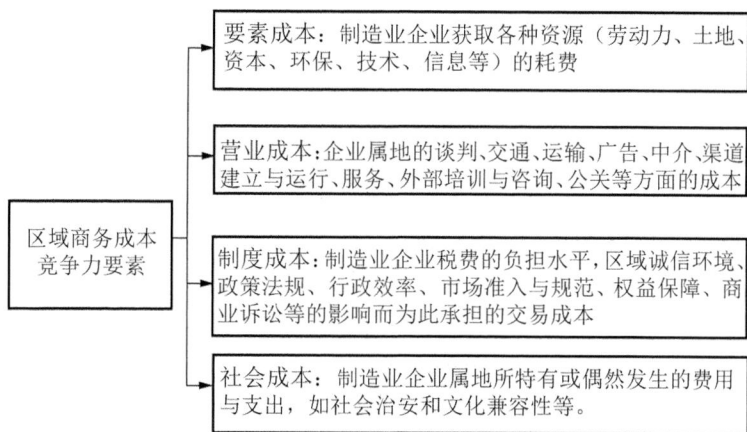

图 15-2 区域商务成本竞争力要素

比如海南应进一步吸引和降低轻资产产业的成本,包括信息基础设施建设、知识产权保护制度等。这方面巴厘岛正在做全新的探索和实验,巴厘岛创业生态系统正在繁荣发展,而较低的生活成本和美丽的自然环境也成为吸引创业者的重要元素,科技创业已经成为巴厘岛新的活力源泉。因此建议海南打造创业社区的产业氛围,优化创业成本,使得创业元素在海南不断延伸。

三、海南自贸区(港)建设的特色产业发展

习近平总书记的"4·13"讲话指出"海南要坚决贯彻新发展理念,建设现代化经济体系,在推动经济高质量发展方面走在全国前列"。"十九大报告"提出"我国仍处于并将长期处于社会主义初级阶段的基本国情没有变,我国是世界最大发展中国家的国际地位没有变"。我国已经是世界上第二大经济体,社会生产力水平总体上显著提高,现在更加突出的问题,是发展不平衡不充分。对于海南而言,发展不充分的矛盾依然严峻,海南经济总量小、综合实力弱,现代产业体系仍不完善,教育、医疗等社会事业仍较滞后,城乡居民收入水平不高,从发展不充分上来看,欠发达省情尚未根本改变,海南需将"产业发展"作为海南发展的首位。

(一)海南自贸区(港)建设的关键在"产业发展"

陆岚认为海南自贸区的发展关键在产业发展,因为高级人才的高薪就业岗位和成果转化应用的机会均来自产业。海南贸易(投资)的自由化和便利化根源还是在产业,营商环境的服务对象仍然是产业。而海南自贸区(港)建设,首要的挑战在于"产业基础薄弱",比如"四方五港"中无大港深港、洋浦缩在北部湾;海南经济呈现出非产地、无腹地、贸易和物流量小、弱的特点;中央明确不以转口贸易和加工制造为重点(含生态限制)等。

海南自贸区(港)建设过程中,产业发展的机会在于:中国已有的自由贸易试验区存在很多历史性矛盾和掣肘因素,海南建立自由贸易区(港)可以大胆闯、大胆试;中国已有的自由贸易试验区存在"有岸线没有陆地空间,有陆地空间又没有岸线"的局限性,而海南的很多港口则兼具陆地空间和岸线资源。

(二) 重点突破服务业开放

海南自贸区(港)建设,应重点实现现代服务业开放,应将旅游会展、医疗健康、教育培训、体育娱乐应作为海南自贸区(港)建设前期突破点:

一是旅游会展方面,以夏威夷(海洋文化)、克里特岛(历史人文)、济州岛(购物)、普吉岛(娱乐)等为样板。突出海洋文化、热带风情、国际服务(语言、签证、兑换、购物)、多样选择(拓展旅游娱乐服务产品);

二是医疗健康方面以马来西亚为样板,突出旅游健康产业,设立合资/独资医院、医学研究所、国际养老、国际医师资格认证、国际医疗保险服务、特种医药产品的检验检疫创新等;

三是教育培训方面,着重语言、文化、体育、医疗、热带农业、海洋环境等方面的国际人才培养,对留学生、研修生提供长期学生签证并给予工作签证方面的优惠;

四是体育娱乐方面,大幅度放宽影视业(好莱坞电影)、娱乐团体的演艺准入,发展体育彩票,以及经济、培训、运动健康研究与服务等产业。

(二) 实现产业融合式发展

一是房地产业转型的关键在于结合产业。王湃认为,海南自贸区(港)建设绕不开房地产业的转型,而房地产业的转型关键在于"产业集聚,联动发展",积极推动房地产业与其他产业经济联动发展,大力发展房地产+旅游、房地产+文化、房地产+教育、房地产+健康养老等产业。另一方面,坚持实施全域限购政策,依托重点产业和项目引进的高端人才,通过租赁型住房、人才房等多元化住房体系保障其住房需求。

二是海洋产业应建立互联互通的产业体系。陆岚认为海南自贸区(港)可在"海洋产业体系"上进行突破,为此海南省海洋产业重点选择深层海水利用,尤其是结合温差能发电、养殖和海洋生物医药;海洋装备制造,需要下决心发展修造船业;海洋渔业,需构建以苗种培育为源头、科学养殖与捕捞为基础、精深物流加工为环节、品牌培育为支撑、休闲渔业为延伸的现代渔业产供销价值链;航运服务与金融,应争取保税油政策;海洋旅游业尤其是国际邮轮母港、开放更多西沙旅游、海洋运动娱乐等方面。

三是结合生态资源发展大健康产业体系。黑启明认为海南自贸区(港)建设中的"大健康产业"有很大前景,具体建议包括:把健康融入所有政策,健康立法先行。同时海南把健康产业作为海南自贸区优先发展的产业,树立"健康事业≠健康产业""健康旅游≠医疗旅游"和"健康产业>健康服务业"的信念,围绕大健康产业建立产业体系,积极打造博鳌乐城医疗健康旅游产业高地。

(三) 提升海南物流功能与口岸建设

一是提高物流功能。海南产业发展的掣肘因素是物流问题,而海南物流存在孤岛物流的非网络特性、进出岛非平衡性,如房地产业目前建筑取土都需要从广西入琼等等。为此,陆岚认为:海南的物流先要面向印度洋主航道,使得海南具有相应物流枢纽区位优势;其次,海南大幅度提高琼州海峡物流能力,采用"粤海铁路货运滚装+两侧铁路物流园区"的思路,大幅提高时效和规模、充分利用通达全国的铁路网。同时海南本岛可建立直达三亚的西环货运铁路,同时借力湛江高铁提速客运,借助高铁建成后释放的货运能力。

二是提升口岸服务功能。刘军认为：自贸区（港）对口岸工作十分重视，口岸管理体制各有不同，但其指导思想都是有利于对外交流和贸易便利化。因此海南提升口岸服务功能，具体包括：尽快实现通关环节双向延伸，而申报、纳税与实物查验分离是缩短通关时间的关键；重视商务管理、重点审核选择、后续稽查等系统对口岸协同管理的重要作用；采用单一窗口通关模式；执行通关担保制度，可以有效提高通关效率。

四、以"人"为核心的海南新型城市化

海南自由贸易试验区以旅游业、现代服务业、高新技术产业为主导，更加注重通过人的全面发展充分激发活力和创造力。国际学术界已普遍认同一个观点，即城市化发展的核心是"城市便利性和生活质量"，唯有如此才能实现人力资本集聚，高质量生活是高技术人才和创新人才集聚的重要动因。

（一）突出社会型自贸区的定位

李仁君认为，从功能方面来看，国内其他几个自贸区本质上都是园区型自贸区，其功能主要是生产相关性的，基本功能不外乎是：生产功能、贸易功能旅游功能和金融功能等四种，而海南自贸区由于范围覆盖全岛，因而具有了典型意义上的社区型自贸区的功能，这种社区型自贸区除了生产功能、贸易功能、旅游功能、和金融功能这四种之外，还将增加生活功能和环境保护功能。所以海南自贸区最大特色体现在其功能上是生产、生活、生态三生融合型的。

（二）"人才强岛"的基石之一是教育国际化和便利化

陈扬乐认为：海南教育水平偏低，尤其是基础教育较弱，无法满足高素质人才对小孩教育的较高需求，是海南吸引人才和留住人才的重要瓶颈。

美国佛州形成了以旅游业、现代服务业和高新技术产业为主导的多元产业体系，与海南类似。但佛州目前有30多所学院和大学、30余所社区学院，保证了发达的教育服务；有80多个艺术长廊和博物馆、4个主要交响乐团、4个主要表演艺术团体、4个著名演出场所，提供了多样的文化服务。

以新加坡为例，新加坡工作签证种类多，任何工作都可根据自身学历、技能水平获取不同签证。新加坡重视高等教育，吸引国内外人才流入，USNEWS世界大学排名，有两所大学进入世界前一百名。

（三）注重打造高质量的生活形态

一是高素质人才相互交流的社群，虽然信息技术使得人们的交流更方便，但是高质量的生活形态是金融社群、研发社群、国际商务社群等具有面对面交流的机会。因此江东新区等建设需打破过去新区规划中出现"空城""死城"等现象，从增加人与人的交流频次为主要规划目标。

二是服务业成本的降低。自贸区（港）城市的房地产价格，限制进入的往往从事生活性服务业或者消费性服务业的人，这些人群不够的话，将会对很多金融人才、管理人才、贸易人才、技术人才等的服务增加很多不必要的麻烦。根据世界银行的统计，如果一个城市来1个

高科技人才,他会带来 1 个律师、1 个医生,接下来就是超市收银员、家政服务员、餐厅服务员。因此,为生活性服务业和消费性服务业的从业人员提供在自贸区港的机会,将成为海南自贸区(港)建设不得不面对的问题。

　　海南自贸区(港)建设不是一蹴而就的,而是不断实践的过程,在实践中不断总结经验,在实践中不断先行先试,争创中国特色社会主义实践范例。

（蒙生儒　张振晓）

参考文献

[1] Bearden D J, Maedgen B J. Emerging theories of liability in the managed health care industry [J]. *Baylor L. Rev.* ,1995,47:285.

[2] Chase-Lubitz J F. Corporate practice of medicine doctrine: An anachronism in the modern health care industry[J]. *Vand. L. Rev.* ,1987,40:445.

[3] Devaraj S, Kohli R. Information technology payoff in the health-care industry: A longitudinal study[J]. *Journal of Management Information Systems*,2000,16(4):41-67.

[4] Gary Jarrett P. An analysis of international health care logistics: The benefits and implications of implementing just-in-time systems in the health care industry[J]. *Leadership in Health Services*,2006,19(1):1-10.

[5] Gordon Edlin and Eric Golanty. Health & Wellness,13thed,Jones and Barltlett , 2018.

[6] HYDROGEN. Global professionals on the move - 2013 [EB/OL].(2013-05-15) 14-07-3. http://www. hydrogengroup. com

[7] Koberg C S, Boss R W, Senjem J C, et al. Antecedents and outcomes of empowerment empirical evidence from the health care industry [J]. *Group & Organization Management*, 1999,24(1):71-91.

[8] Kumar A, Ozdamar L, Peng Ng C. Procurement performance measurement system in the health care industry[J]. *International Journal of Health Care Quality Assurance*,2005,18 (2):152-166.

[9] Pilzer P Z, Lindquist R. *The end of employer-provided health insurance: Why it's good for you and your company*[M]. John Wiley & Sons, 2014.

[10] Relman A S. The health care industry: Where is it taking us? [J]. *New England journal of medicine*,1991, 325(12): 854-859.

[11] Sehwail L, DeYong C. Six Sigma in health care[J]. *Leadership in Health Services*,2003,16 (4):1-5.

[12] Vandenberghe C. Organizational culture, person-culture fit, and turnover: A replication in the health care industry[J]. *Journal of Organizational Behavior*,1999,20(2):175-184.

[13] 百万人才进海南行动计划(2018—2025 年)[N].海南日报,2018-5-15.

[14] 包樱,江苏省农业知识产权保护现状及发展对策. 现代农业科技, 2016(18):第 268—269、271 页.

[15] 保罗·皮尔泽. 财富第五波[M]. 路卫军,庄乐坤,译. 北京:中国社会科学出版社,2004.

[16]柴海瑞.河南省健康产业发展现状浅析[J].全国流通经济,2018(26):61—63.

[17]陈宁.辽宁省健康产业发展态势与对策研究[J].卫生经济研究,2017(04):35—38.

[18]程美芬,知识产权管理现状与发展思路.金融电子化,2012(05):第6、53—55页.

[19]迟福林,建设自由贸易区(港)海南三十而立再出发.商业观察,2018(06):第36—43页.

[20]仇蕾安与何悦,对我国知识产权发展现状的思考与分析.情报理论与实践,2014.37(02):第23—26页.

[21]丁小宸.美国健康产业发展研究[D].吉林大学,2018.

[22]董翠华.成都市健康产业发展研究[D].西南石油大学,2016.

[23]都柏林大学知识产权与信息技术专业法学硕士李星雨,关于打造海南自贸区(港)知识产权新高地的建议,海南日报2018.

[24]范月蕾,毛开云,陈大明,于建荣.我国大健康产业的发展现状及推进建议[J].竞争情报,2017,13(03):4-12.

[25]费娇艳.中国服务贸易发展形势与展望[J].国际贸易,2018(02):48-52.

[26]龚雯.2017年中国大健康行业并购交易将创新高[EB/OL].(2017-03-31)[2018-04-18].http://jjckb.xinhuanet.com/2017-03/31/c_136172678.htm.

[27]国家统计局.中华人民共和国2017年国民经济和社会发展统计公报[EB/OL].(2018-02-28)[2018-04-18].http://www.stats.gov.cn/tjsj/zxfb/201802/t20180228_1585631.html.

[28]国家统计局.健康产业统计分类(2019)[EB/OL].http://www.stats.gov.cn/tjgz/tzgb/201904/t20190409_1658560.html.

[29]国家卫生计生委.2017年6月底全国医疗卫生机构数[EB/OL.(2017-08-30)[2018-04-18].http://www.nhfpc.gov.cn/mohwsbwstjxxzx/s7967/201708/d05b1b2964ac4780a2ba75b5aaa84b94.shtml.

[30]国家中长期人才发展规划纲要(2010—2020年)[N].人民日报,2010-6-7.

[31]黄一洺,海南建设自由贸易区(港)背景下招商引资问题研究.行政事业资产与财务,2018(20):第3—4页.

[32]李俊,潘敏.中国服务贸易发展形势与展望[J].海外投资与出口信贷,2019(01):26-29.

[33]刘静,曾渝,李果果,钟丽.海南省健康产业发展的可行性分析及发展策略探讨[J].中国卫生产业,2014,11(04):195—196.

[34]刘民培,卫淑霞,颜洪平:《房价波动的理论分析与实证检验——基于货币供给的视角》,《海南大学学报(人文社会科学版)》2016年第4期,第67—74页。

[35]马治国,中国西部知识产权保护面临的问题分析.西北大学学报(哲学社会科学版),2004(02):第49—53页.

[36]秦雷雷,河南省知识产权发展现状分析及启示.科技管理研究,2012.32(13):第182—190页.

[37]邵刚,徐爱军,肖月,赵琨,单婷婷.国外健康产业发展的研究进展[J].中国医药导报,2015,12(17):147—150.

[38]深圳市健康产业发展促进会,深圳市保健协会编:《深圳健康产业发展报告(2016)》[M],中国经济出版社,2017.

[39]石也连.我国健康产业发展对策研究[D].合肥工业大学,2016.

[40]苏小芳,朱军与石磊,浅谈我国知识产权发展现状.中国管理信息化,2018.21(16):第182—186页.

[41]孙德斌.宁波市健康服务产业发展研究[D].宁波大学,2011.

[42]覃筱楚等,基于专利分析的广东省知识产权发展现状研究.科技促进发展,2018.14(10):第966—976页.

[43]谭曼,西部民族地区旅游商品知识产权创新路径探索.法制与社会,2018(21):第217—219、228页.

[44]汤浒,苏红键.我国健康产业发展现状、趋势与对策研究[J].城市,2016(11):57—65.

[45]田香兰.养老事业与养老产业的比较研究——以日本养老事业与养老产业为例[J].天津大学学报:社会科学版,2010,12(1):29—36.

[46]汪怿.全球人才竞争的新趋势、新挑战及其应对[J].科技管理研究,2016,36(04):40—45、49.

[47]王朝晖等,广西桂林市知识产权现状及战略发展研究.企业科技与发展,2018(01):第9—13页.

[48]王昊,张毓辉,王秀峰,王荣荣,郭锋.国际健康产业发展趋势与经验研究[J].卫生软科学,2018,32(06):7—9.

[49]王荣荣,张毓辉,王秀峰,王昊,郭锋.我国健康产业发展现状、问题与建议[J].卫生软科学,2018,32(06):3—6.

[50]王晓迪,郭清.对我国健康产业发展的思考[J].卫生经济研究,2012,(10):10—13.

[51]王晓红.全球服务贸易形势分析及展望[A].国际经济分析与展望(2017~2018)[C].:中国国际经济交流中心,2018:23.

[52]王正志,中国知识产权指数报告2011.

[53]王正志,中国知识产权指数报告2012.

[54]王正志,中国知识产权指数报告2013.

[55]王正志,中国知识产权指数报告2014.

[56]王正志,中国知识产权指数报告2015.

[57]王正志,中国知识产权指数报告2016.

[58]王正志,中国知识产权指数报告2017.

[59]王正志,中国知识产权指数报告2018.[60]薛菲,袁汝华:《城镇化水平对我国房地产业影响的实证分析》,《经济地理》2014年第4期,第78—83页。

[61]杨天霞与高天云,浅析甘肃省知识产权发展现状及提升措施.甘肃科技,2018.34(14):第9—11、34页.

[62]杨忠黎,山东省知识产权发展现状及对策研究.价值工程,2019.38(11):第193—196页.

[63]姚正海与赵莹,徐州知识产权密集型产业发展现状、问题与对策.科技创业月刊,2018.31(04):第114—116页.

[64] 应验. 人才环境指标体系及优化路径研究——以海南为例[J].经济与社会发展,2017, 15(06):78—83.

[65] 张海晴. 中国服务贸易发展形势与展望[J].现代商贸工业,2019,40(08):30-31.

[66] 张沛沛, 张海霞与王洁,浅析区块链技术应用于会计领域的优势. 中国商论, 2019 (11): 第212—213页.

[67] 张艳,王卫红. 美、日等国健康产业的发展经验及其对我国的启示[J].现代商业,2012, (13):64—70.

[68] 张瑶. 英国商业健康保险经验借鉴[J].保险研究,2010,(12):77—80.

[69] 张毓辉,王秀峰,万泉,翟铁民,柴培培,郭锋. 中国健康产业分类与核算体系研究[J]. 中国卫生经济,2017,36(04):5—8.

[70] 张中华,林众,雷鹏:货币政策对房价动态冲击效果研究——基于供求关系视角[J].经济问题,2013(2):4—8。

[71] 赵紫燕,于飞. 中国区域人才竞争力研究报告(2017)[J]. 国家治理, 2017,No. 142 22 5—27.

[72] 中共中央国务院."健康中国2030"规划纲要[M]. 北京:人民出版社,2016.

[73] 中共中央网络安全和信息化委员会办公室. 第39次中国互联网络发展状况统计报告 [EB/OL]. (2017-01-22)[2018-04-18]. http://www.cac.gov.cn/2017-01/22/c _1120352022.htm.

[74] 中国保险监督管理委员会.2016年保险统计数据报告[EB/OL]. (2017-02-22) [2018-04-18].http:/ bxjg. circ.gov. cn /web /site0 /tab5257 /info4060001. htm.